Nase vorn!

Mathematik

2A

Arbeitsheft

Erarbeitet von
Eva Brosi
Anna Harrich-Voßen
Gesa Hochscherff
Uwe Nienhaus
Anna Pöllinger

Illustriert von
Friederike Ablang
Antje Hagemann
Josephine Wolff

Cornelsen

Inhalt

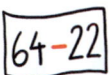

1 Zwanzigertafel.

		3		5					
	12			15				19	

2 Nachbarzahlen.

3 Kleiner, größer, gleich.

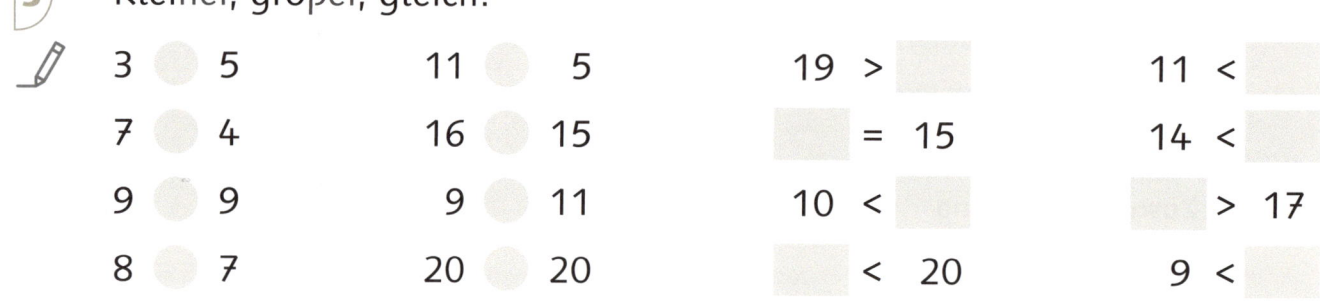

3 ○ 5   11 ○ 5   19 > ▢   11 < ▢

7 ○ 4   16 ○ 15   ▢ = 15   14 < ▢

9 ○ 9   9 ○ 11   10 < ▢   ▢ > 17

8 ○ 7   20 ○ 20   ▢ < 20   9 < ▢

3. Teilweise mehrere Lösungen möglich.

4 Zahlenreihen.

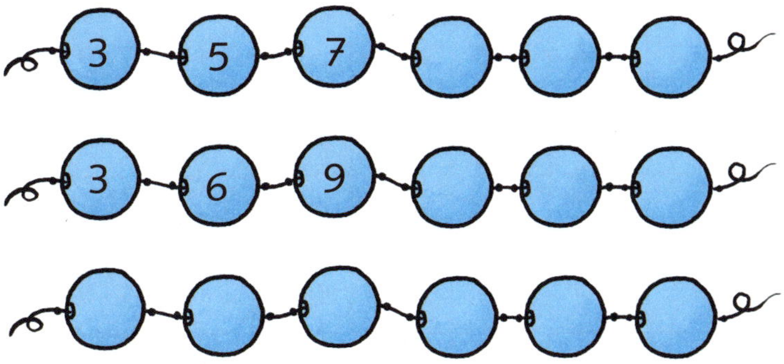

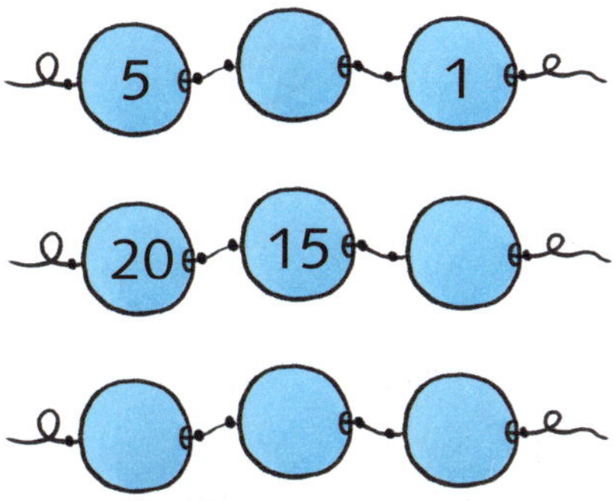

Reihe 1: 3 · 5 · 7 · ○ · ○ · ○   5 · ○ · 1

Reihe 2: 3 · 6 · 9 · ○ · ○ · ○   20 · 15 · ○

Reihe 3: ○ · ○ · ○ · ○ · ○ · ○   ○ · ○ · ○

Wie weit geht deine Zahlenreihe?

5

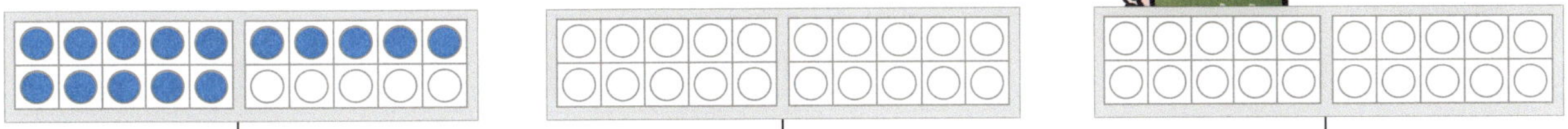

Z	E

(Ergebnis: ☐)

Z	E

(Ergebnis: 19)

Z	E
1	8

(Ergebnis: ☐)

6 Zahlenhäuser.

16

12	+	
8	+	
14	+	
3	+	

20

11	+	
17	+	
	+	12
	+	5

12

5	+	
	+	2
	+	9
6	+	

13

	+	4
1	+	
	+	3
7	+	

7 Ordnungszahlen.

☐ ☐ ☐ ☐ ☐ ☐ ☐ ☐ ☐ ☐ ☐ ☐ 1.

5. Zwanzigerfeld, Stellenwerttafel und Zahl passend ergänzen.

Rechnen bis 20 – plus

Verliebte Zahlen.

1+1	1+2	1+3	1+4	1+5	1+6	1+7	1+8	1+9	1+10
2+1	2+2	2+3	2+4	2+5	2+6	2+7	2+8	2+9	2+10
3+1	3+2	3+3	3+4	3+5	3+6	3+7	3+8	3+9	3+10
4+1	4+2	4+3	4+4	4+5	4+6	4+7	4+8	4+9	4+10
5+1	5+2	5+3	5+4	5+5	5+6	5+7	5+8	5+9	5+10
6+1	6+2	6+3	6+4	6+5	6+6	6+7	6+8	6+9	6+10
7+1	7+2	7+3	7+4	7+5	7+6	7+7	7+8	7+9	7+10
8+1	8+2	8+3	8+4	8+5	8+6	8+7	8+8	8+9	8+10
9+1	9+2	9+3	9+4	9+5	9+6	9+7	9+8	9+9	9+10
10+1	10+2	10+3	10+4	10+5	10+6	10+7	10+8	10+9	10+10

1

Aufgaben mit 10	Verliebte Zahlen	Verdoppeln

2 Nachbaraufgaben.

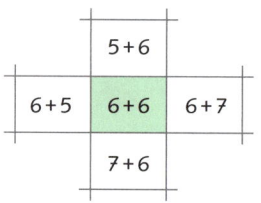

a) 5 + 6
6 + 6
7 + 6
6 + 5
6 + 7

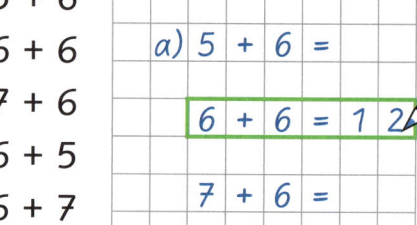

b) 7 + 8
8 + 8
9 + 8
8 + 7
8 + 9

c) 8 + 2
8 + 3
8 + 4
7 + 3
9 + 3

3 Aufgabe und Tauschaufgabe. ☒

5 + 7 =   7 + 9 =   3 + 8 =   4 + 8 =
7 + 5 =   9 + 7 =   8 + 3 =   8 + 4 =

12 + 4 =   13 + 5 =   9 + 11 =   8 + 7 =
4 + 12 =   5 + 13 =   11 + 9 =   7 + 8 =

1. Plustafel entsprechend der Farbe der Kästen anmalen. SuS lösen die angemalten Aufgaben im Heft.

Riesen und Zwerge	Verliebt in die 10	Aufgaben mit 10 helfen	Verdoppeln hilft
		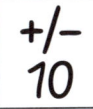	
12 + 4	8 + 5	9 + 7	5 + 6
2 + 4	8 + 2 + 3	10 + 7 − 1	5 + 5 + 1 oder 6 + 6 − 1

4 Welchen Rechenweg nutzt du?

15 + 4 =

2 + 9 =

9 + 7 =

5 + 7 =

11 + 6 =

7 + 8 =

5 + 12 =

8 + 6 =

9 + 3 =

3 + 8 =

18 + 2 =

14 + 3 =

 + =

 + =

4. Rechnen und Symbol des verwendeten Rechenweges zeichnen. Rechenweg begründen.
Verschiedene Rechenwege sind möglich.

20 – 1	20 – 2	20 – 3	20 – 4	20 – 5	20 – 6	20 – 7	20 – 8	20 – 9	20 – 10
19 – 1	19 – 2	19 – 3	19 – 4	19 – 5	19 – 6	19 – 7	19 – 8	19 – 9	19 – 10
18 – 1	18 – 2	18 – 3	18 – 4	18 – 5	18 – 6	18 – 7	18 – 8	18 – 9	18 – 10
17 – 1	17 – 2	17 – 3	17 – 4	17 – 5	17 – 6	17 – 7	17 – 8	17 – 9	17 – 10
16 – 1	16 – 2	16 – 3	16 – 4	16 – 5	16 – 6	16 – 7	16 – 8	16 – 9	16 – 10
15 – 1	15 – 2	15 – 3	15 – 4	15 – 5	15 – 6	15 – 7	15 – 8	15 – 9	15 – 10
14 – 1	14 – 2	14 – 3	14 – 4	14 – 5	14 – 6	14 – 7	14 – 8	14 – 9	14 – 10
13 – 1	13 – 2	13 – 3	13 – 4	13 – 5	13 – 6	13 – 7	13 – 8	13 – 9	13 – 10
12 – 1	12 – 2	12 – 3	12 – 4	12 – 5	12 – 6	12 – 7	12 – 8	12 – 9	12 – 10
11 – 1	11 – 2	11 – 3	11 – 4	11 – 5	11 – 6	11 – 7	11 – 8	11 – 9	11 – 10
10 – 1	10 – 2	10 – 3	10 – 4	10 – 5	10 – 6	10 – 7	10 – 8	10 – 9	10 – 10

19 – 9 sind in die 10 verliebt.

1

| Aufgaben mit 10 | Verliebt in die 10 | Halbieren |

2   Nachbaraufgaben.

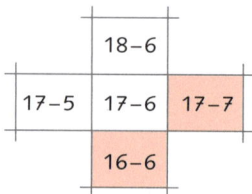

a) 18 – 6
17 – 6
16 – 6
17 – 5
17 – 7

b) 14 – 7
13 – 7
12 – 7
13 – 6
13 – 8

c) 19 – 9
18 – 9
17 – 9
18 – 8
18 – 10

d) 20 – 6
19 – 6
18 – 6
19 – 5
19 – 7

3 Aufgabe und Umkehraufgabe.

15 – 2 = 13
13 + 2 =

17 – 4 =
    +   =

15 – 5 =
    +   =

12 – 4 =
    +   =

14 – 6 =
    +   =

16 – 7 =
    +   =

8

1. Minustafel entsprechend der Farbe der Kästen anmalen. SuS lösen die angemalten Aufgaben im Heft.

Riesen und Zwerge	Verliebt in die 10	Aufgaben mit 10 helfen	Halbieren hilft
		+/− 10	
16 − 4 6 − 4	12 − 6 12 − 2 − 4	16 − 9 16 − 10 + 1	13 − 7 14 − 7 − 1 15 − 7 14 − 7 + 1

4 Welchen Rechenweg nutzt du?

18 − 4 = ☐ ☐   12 − 7 = ☐ ☐

12 − 3 = ☐ ☐   14 − 9 = ☐ ☐

16 − 3 = ☐ ☐   12 − 5 = ☐ ☐

11 − 8 = ☐ ☐   19 − 7 = ☐ ☐

16 − 5 = ☐ ☐   16 − 8 = ☐ ☐

18 − 7 = ☐ ☐   ☐ − ☐ = ☐ ☐

13 − 9 = ☐ ☐   ☐ − ☐ = ☐ ☐

4. Rechnen und Symbol des verwendeten Rechenweges zeichnen. Rechenweg begründen.
Verschiedene Rechenwege sind möglich.

9

 **Geld und Zeit**

1 Wie viel Euro?

2 Immer 8 Euro.

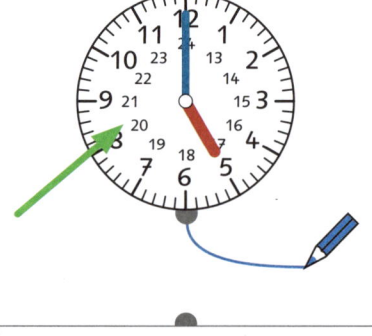  

3 Worauf zeigt der Pfeil?

| der Stundenzeiger | der Minutenzeiger | das Ziffernblatt |

4 Wie spät ist es?

  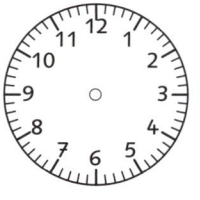 

 _____ Uhr    _____ Uhr   7 Uhr   9 Uhr

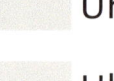 _____ Uhr    _____ Uhr   19 Uhr   21 Uhr

2. ↑ Betrag mit möglichst wenigen Scheinen und Münzen legen und zeichnen.
4. ↓ Uhrzeiten an der Lernuhr einstellen und ablesen.

Formen und Muster

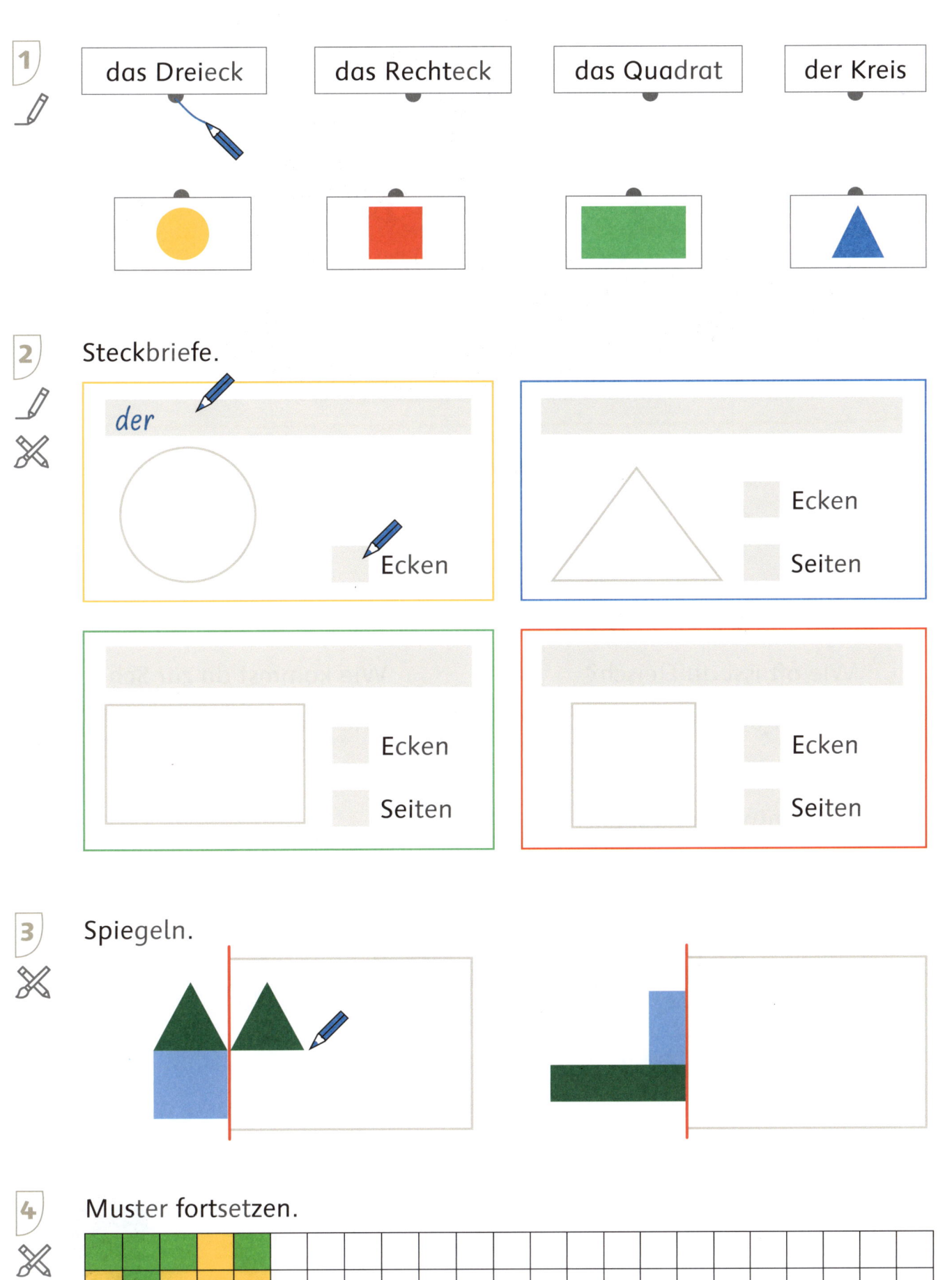

1 das Dreieck   das Rechteck   das Quadrat   der Kreis

2 Steckbriefe.

der

☐ Ecken

☐ Ecken
☐ Seiten

☐ Ecken
☐ Seiten

☐ Ecken
☐ Seiten

3 Spiegeln.

4 Muster fortsetzen.

3. ↑ Eigene Figuren ins Heft zeichnen.
4. ↑ Eigene Muster ins Heft zeichnen.

11

1 Welche Frage passt? ✔ oder ✘?

☐ Wie oft isst du Fleisch?

☐ Trennst du deinen Müll?

☐ Wie kommst du zur Schule?

☐ Wie sparst du Strom?

2 Welche Antworten passen? ✔ oder ✘?

Frage	Worin trägst du deine Einkäufe?				

Antwort	☐	☐	☐	☐	☐

3 Welche Antworten sind möglich?

Wir brauchen Fragen und Antwortmöglichkeiten für eine gute Umfrage.

S.	1	2		N	r.	3							
Frage:			Welche	Pflanzen	gibt	es	auf	dem	Schulhof?				
Antwort:	Bäume												

3. Passende Antwortmöglichkeiten zur Frage selbst entwickeln.
↑ Weitere Fragen und Antwortmöglichkeiten zum Thema „Umwelt" finden.

1 | Frage | Wie ist das Frühstück in der Klasse verpackt? | | | | |
|---|---|---|---|---|---|
| Antwort | 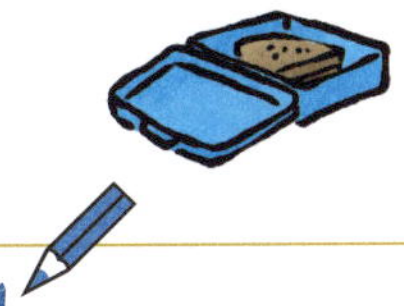 |  |  |  | |
| Strichliste | | | | | |
| Anzahl | | | | | |

2 Führe eine Umfrage durch.

S. 1 3	N r. 2							
Frage:								
Antwort:								

Wie ist das Frühstück in deiner Klasse verpackt?

1. Dem Bild entnehmen, wie das Frühstück verpackt ist und als Strichliste und Anzahl notieren. Die Antwortmöglichkeit in der letzten Spalte ergänzen.

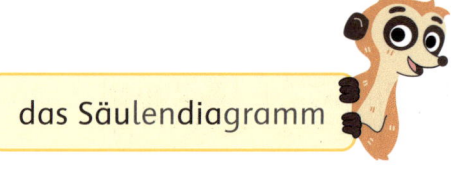

das Säulendiagramm

1

Frage A: Schaltest du das Licht aus, wenn du einen Raum verlässt?

Antwort	ja	nein
Strichliste	Ж|||	ЖЖ|
Anzahl		

Jeder Strich ein Kästchen.

Frage B: Wie sind deine Geschenke verpackt?

Antwort	🎁	🎁	🎁
Strichliste	ЖЖЖ||	ЖЖ	|||
Anzahl			

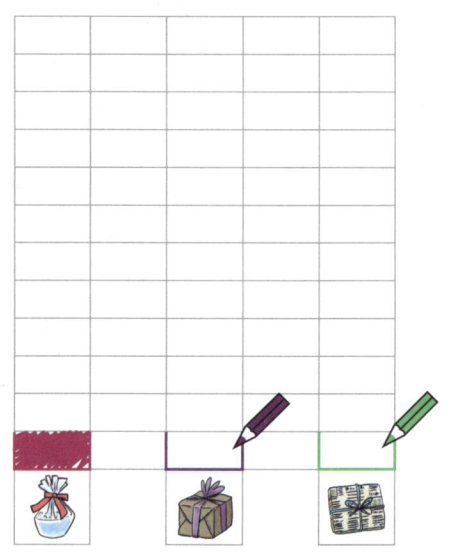

2 Sind die Daten richtig dargestellt?

Stimmt das?

Frage: Was machst du, wenn etwas kaputt geht?

Antwort	🗑	🪛	🏷
Strichliste	ЖЖ|||	||||	ЖЖ|||
Anzahl			

2. Das Diagramm passend zu den Umfrageergebnissen (wegwerfen, reparieren, neu kaufen) korrigieren.
↑ Ein Diagramm passend zur Umfrage von S. 13 Nr. 2 erstellen.

Daten auswerten

S. 7

18 Kinder aus der Klasse 2 a

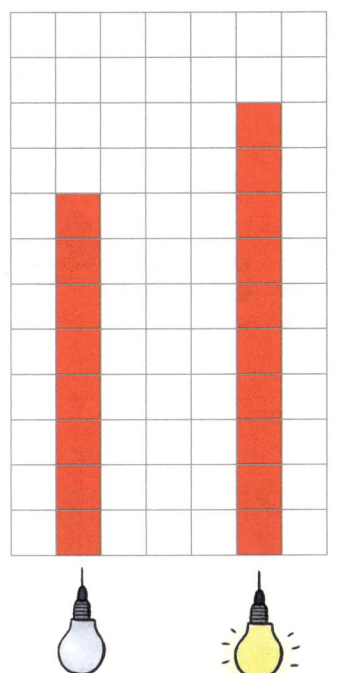
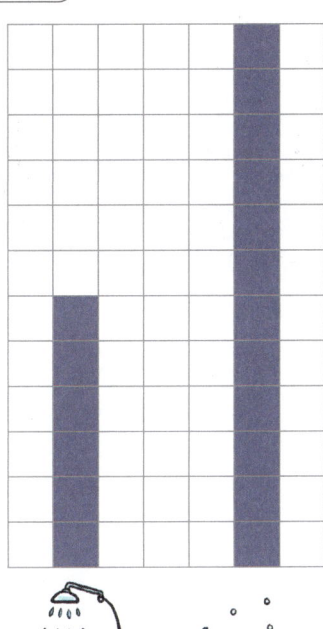
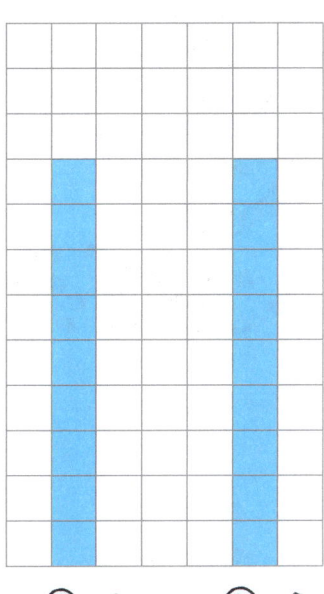

1 Stimmt die Aussage? ✔ oder ✘ ?

☐ Alle Kinder schalten das Licht aus.
☐ Mehr Kinder lassen das Licht an.

☐ Kein Kind badet.
☐ Die meisten Kinder gehen duschen.

☐ Sieben Kinder lassen das Wasser laufen.
☐ Die Hälfte der Kinder macht das Wasser aus.

2 Wir schützen die Umwelt. Worauf achtest du?

Ich schalte das Licht … | oft/selten …

Ich mache das Wasser …

… an/aus, wenn … | Zur Schule komme ich mit …

1. Aussagen anhand der Grafik oben prüfen.
2. (Weitere) Handlungsoptionen diskutieren. Darauf achten, dass sich jedes Kind einbezogen fühlt.

Große Mengen

S. 8–9

1

 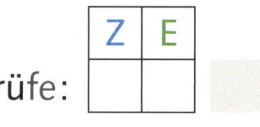

Ich schätze:

Z	E

Ich prüfe:

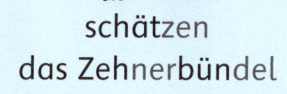 

Ich schätze:

Z	E

Ich prüfe:

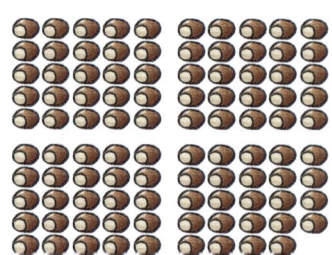 

Ich schätze:

Z	E

Ich prüfe:

schätzen
das Zehnerbündel

2

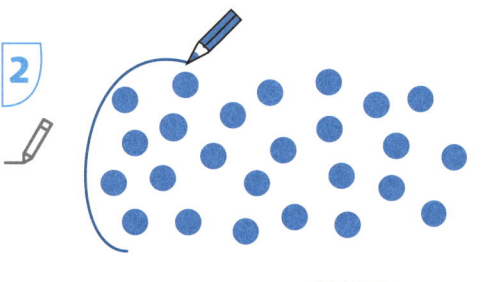 

Ich schätze:

Z	E

Ich prüfe:

 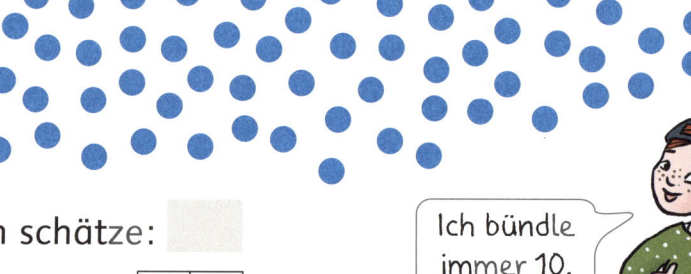

Ich schätze:

Z	E

Ich prüfe:

Ich bündle immer 10.

3 Tausche möglichst viele Einer in Zehner um.

2 Z 11 E

Z	E
3	1

31

7 Z 18 E

Z	E

3 Z 29 E

Z	E

5 Z 35 E

Z	E

Wortspeicher aus Klasse 1 wiederholen: der Zehner, der Einer, bündeln.

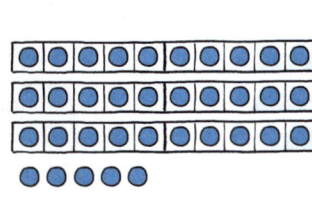

Ich habe 3 Zehner und 5 Einer gelegt.

Die Zahl heißt 35.

4

Z	E
2	

Z	E

Z	E

Z	E

Z	E

Z	E

5  Welche Zahl ist es?

Meine Zahl hat vier Zehner und neun Einer.

Meine Zahl hat zwei Zehner und doppelt so viele Einer.

Meine Zahl hat doppelt so viele Zehner wie Einer.

4. ↑ Eigene Zahlenrätsel erstellen.

1

| 10 | 20 | 30 | 40 | 50 | 60 | 70 | 80 | 90 | 100 |

| zwanzig | siebzig | zehn | hundert | achtzig |

| dreißig | fünfzig | neunzig | vierzig | sechzig |

2 Zerlege die Zahlen.

a) 4 2

| | a) | 4 | 0 | + | 2 | = | 4 | 2 | |

b) 6 7   c) 5 3   d) 7 9

Vierzig plus zwei gleich zweiundvierzig.

e) 1 1   f) 2 6   g) 3 7

h) Deine Zahlen

3 Bilde Zahlen.

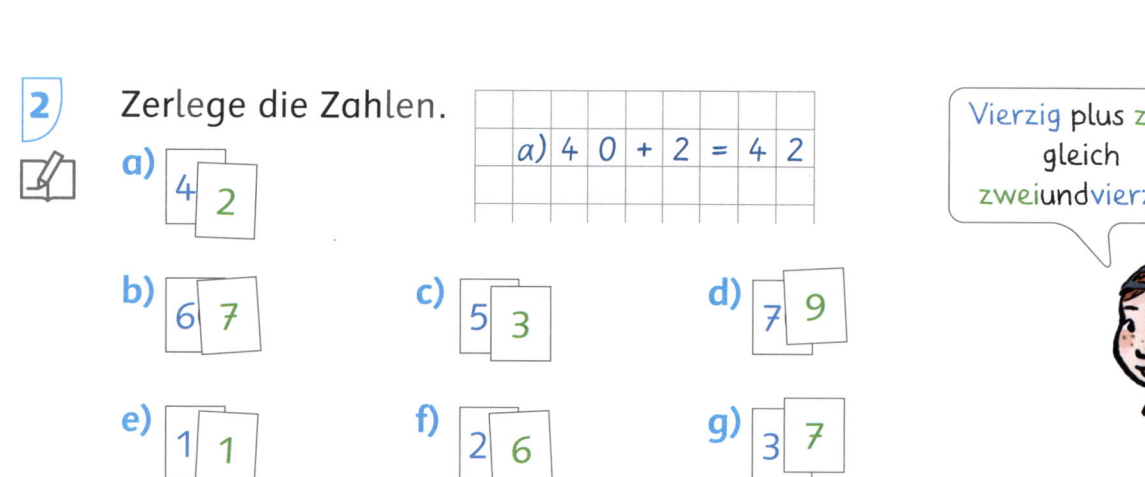

40   2   20

7   80   9

| S. | 1 | 8 | | N | r. | 3 |
| | 4 | 2 | , | | | |

Hast du alle Zahlen gefunden?

Die Schreib- und Sprechweise von Zahlen besprechen und üben.
3. ↑Strategie erläutern, wie alle Zahlen gefunden werden können.

Was fällt auf?

zwanzig	twenty	yirmi
einundzwanzig	twenty-one	yirmibir
zweiundzwanzig	twenty-two	yirmiiki
dreiundzwanzig	twenty-three	yirmiüç
vierundzwanzig	twenty-four	yirmidört
fünfundzwanzig	twenty-five	yirmibes

5

10, 20, 30, **40** , ___ , ___ , ___ , ___ , ___ , ___ , ___ , ___ ,

35, 40, 45, ___ , ___ , ___ , ___ , ___ , ___ , ___ , ___ ,

45, 46, 47, ___ , ___ , ___ , ___ , ___ , ___ , ___ , ___ ,

20, 22, 24, ___ , ___ , ___ , ___ , ___ , ___ , ___ , ___ ,

10, 13, 16, ___ , ___ , ___ , ___ , ___ , ___ , ___ , ___ ,

65, 60, 55, ___ , ___ , ___ , ___ , ___ , ___ , ___ , ___ ,

37, 36, 35, ___ , ___ , ___ , ___ , ___ , ___ , ___ , ___ ,

68, 66, 64, ___ , ___ , ___ , ___ , ___ , ___ , ___ , ___ ,

99, 96, 93, ___ , ___ , ___ , ___ , ___ , ___ , ___ , ___ ,

120, 110, ___ , ___ , ___ , ___ , ___ , ___ , ___ , ___ ,

6 Finde eigene Zahlenfolgen.

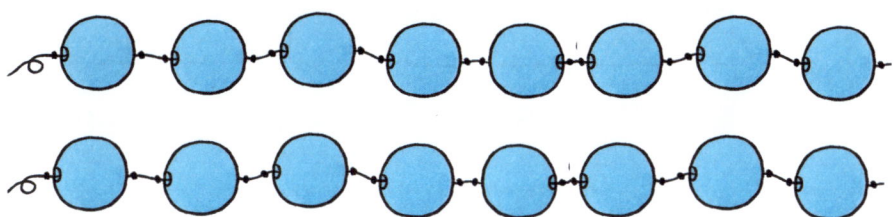

---

4. Die unterschiedlichen Sprechweisen in den verschiedenen Sprachen thematisieren.
5. Zusätzlich mündliche Zählübungen durchführen: vorwärts, rückwärts, in Schritten.

Das Hunderterfeld

S. 12–13

Im ganzen Hunderterfeld sind ____ Punkte.

Im halben Hunderterfeld sind ____ Punkte.

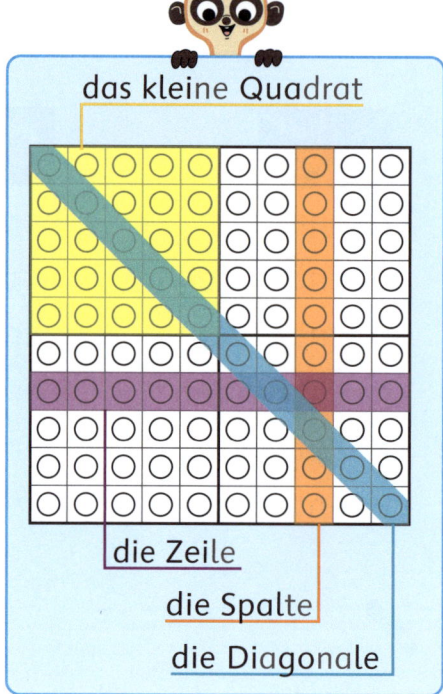

das kleine Quadrat

die Zeile

die Spalte

die Diagonale

Im kleinen Quadrat sind ____ Punkte.

In einer Zeile, Spalte und Diagonale sind immer ____ Punkte.

---

1 Wie viele?

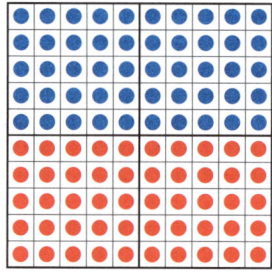 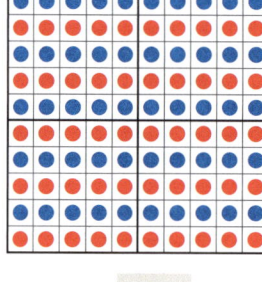  

 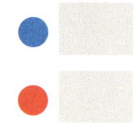 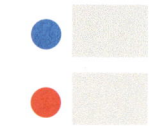 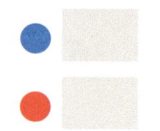

---

2 Immer 100.

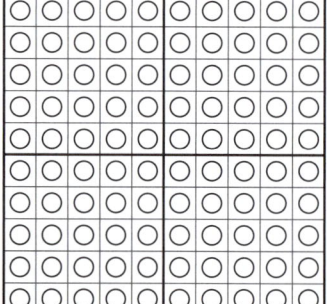

🔵 30 🔴 ____

$30 +$ ____ $= 100$

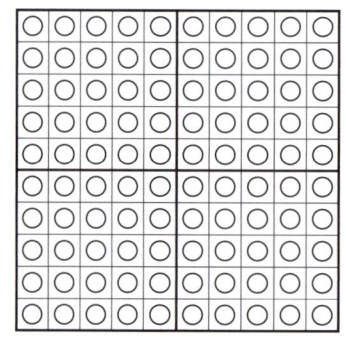

🔵 ____ 🔴 65

____ $= 100$

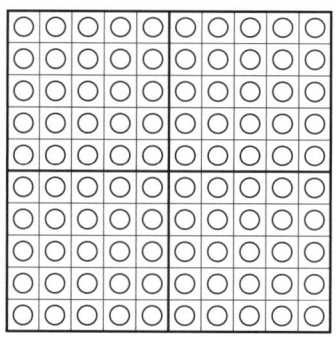

🔵 ____ 🔴 98

____ $= 100$

Aufbau des Hunderterfeldes thematisieren.

3

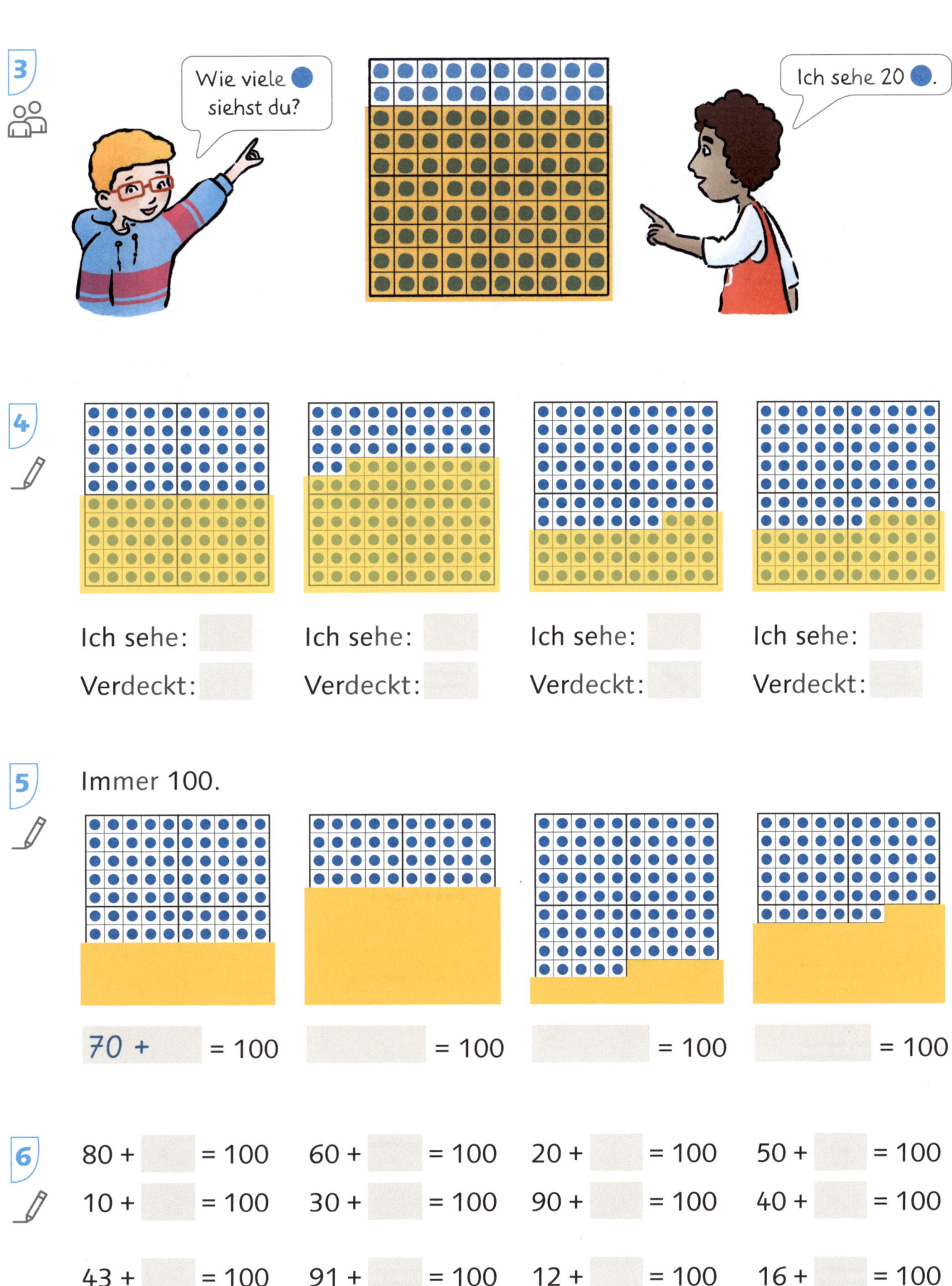

Wie viele 🔵 siehst du?

Ich sehe 20 🔵.

4

Ich sehe: ☐   Ich sehe: ☐   Ich sehe: ☐   Ich sehe: ☐

Verdeckt: ☐   Verdeckt: ☐   Verdeckt: ☐   Verdeckt: ☐

5 Immer 100.

70 + ☐ = 100   ☐ = 100   ☐ = 100   ☐ = 100

6

80 + ☐ = 100	60 + ☐ = 100	20 + ☐ = 100	50 + ☐ = 100
10 + ☐ = 100	30 + ☐ = 100	90 + ☐ = 100	40 + ☐ = 100
43 + ☐ = 100	91 + ☐ = 100	12 + ☐ = 100	16 + ☐ = 100
67 + ☐ = 100	29 + ☐ = 100	24 + ☐ = 100	5 + ☐ = 100

3. Partnerarbeit: Ein Kind deckt auf dem Hunderterfeld ab. Das Partnerkind nennt die sichtbare Anzahl. ↑Auch die verdeckte Anzahl nennen. 6. ↓Hunderterfeld nutzen. ↑Eigene Aufgaben ins Heft schreiben.

Zehner und Einer

S. 14

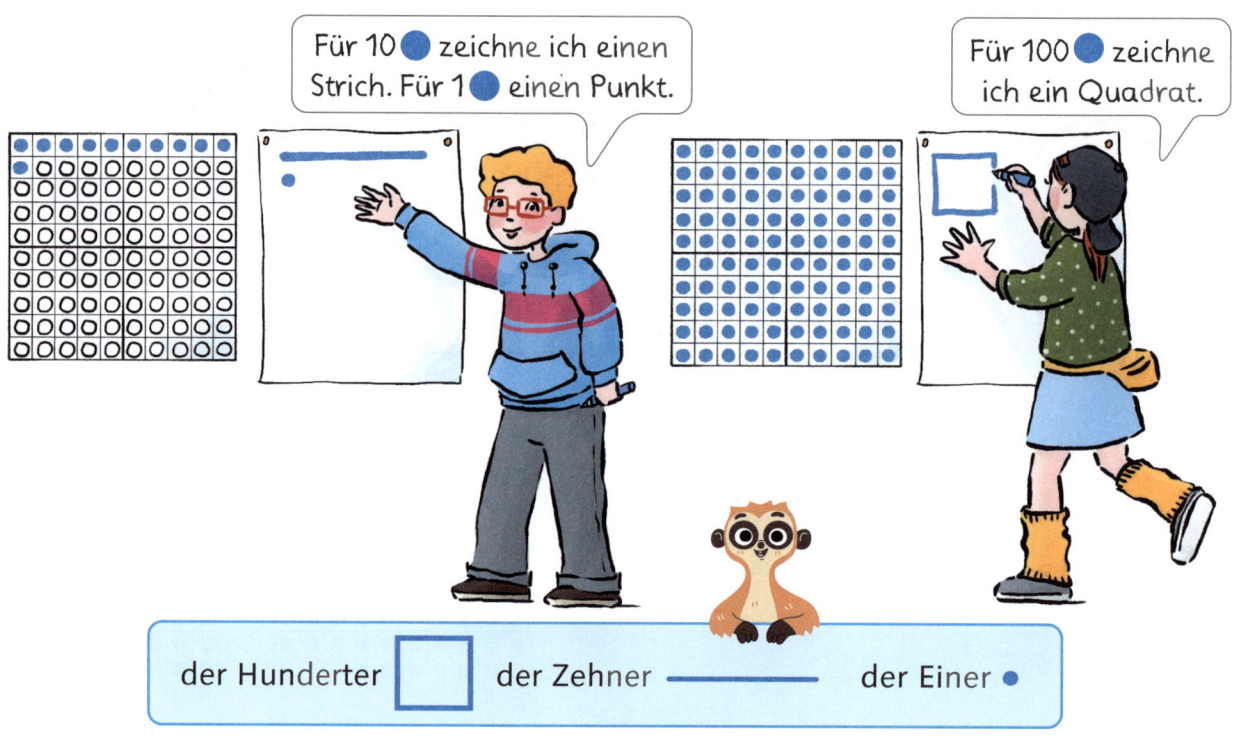

der Hunderter ☐   der Zehner ——————   der Einer •

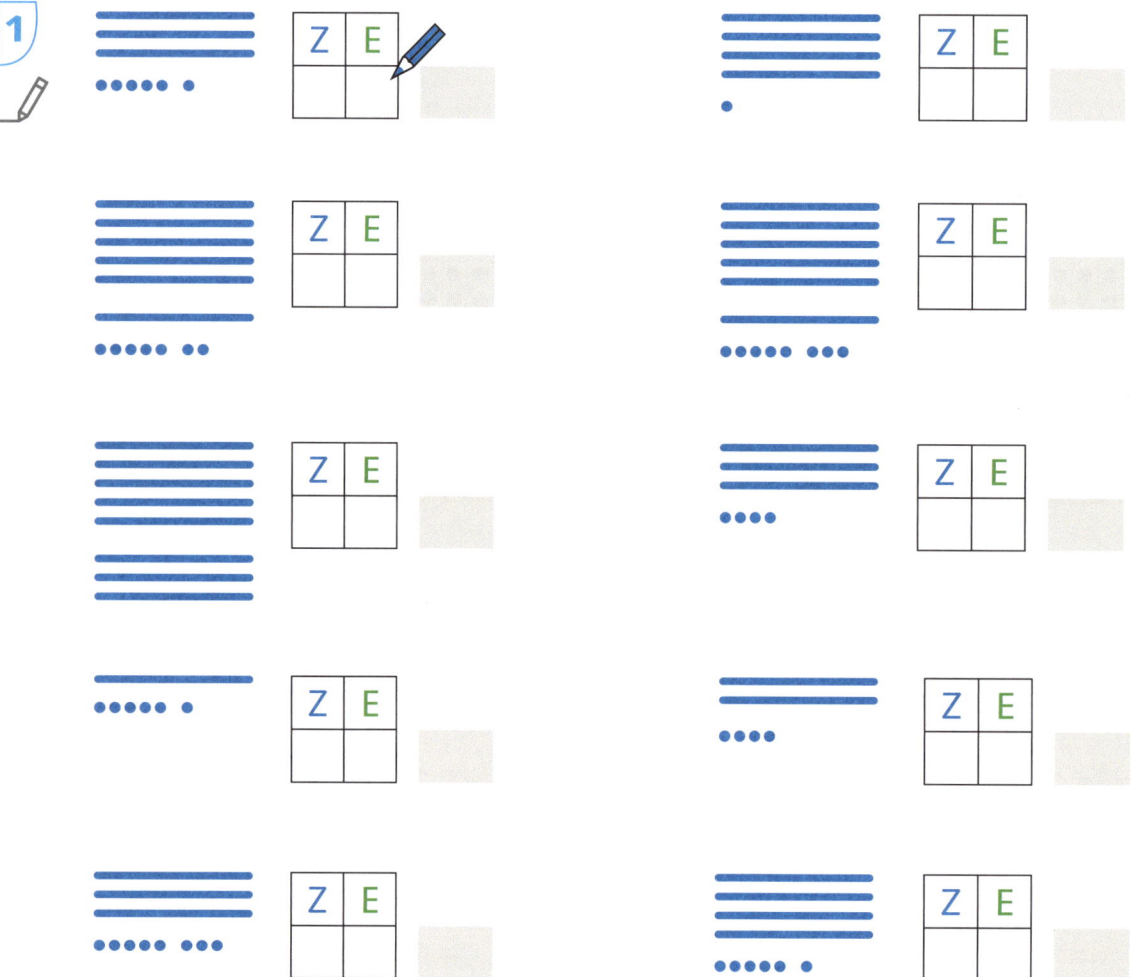

1.

Wiederholen: 1 Zehner hat 10 Einer. 1 Hunderter hat 10 Zehner bzw. 100 Einer.
1. Stellenwerttafel ausfüllen und Anzahl daneben notieren.

2

43	60	76

3 Zeichne.

a) 75 b) 87 c) 56 d) 27 e) 44

f) 11 g) 65 h) 45 i) 92 j) 76

k) 33 l) 16 m) 100 n) 28 o) 98

Nach 5 Zehnern lasse ich eine Lücke.

4 Immer ein Zehner weniger. Welche Zahl ist es?

45

Stimmt das?

5

35

42

69

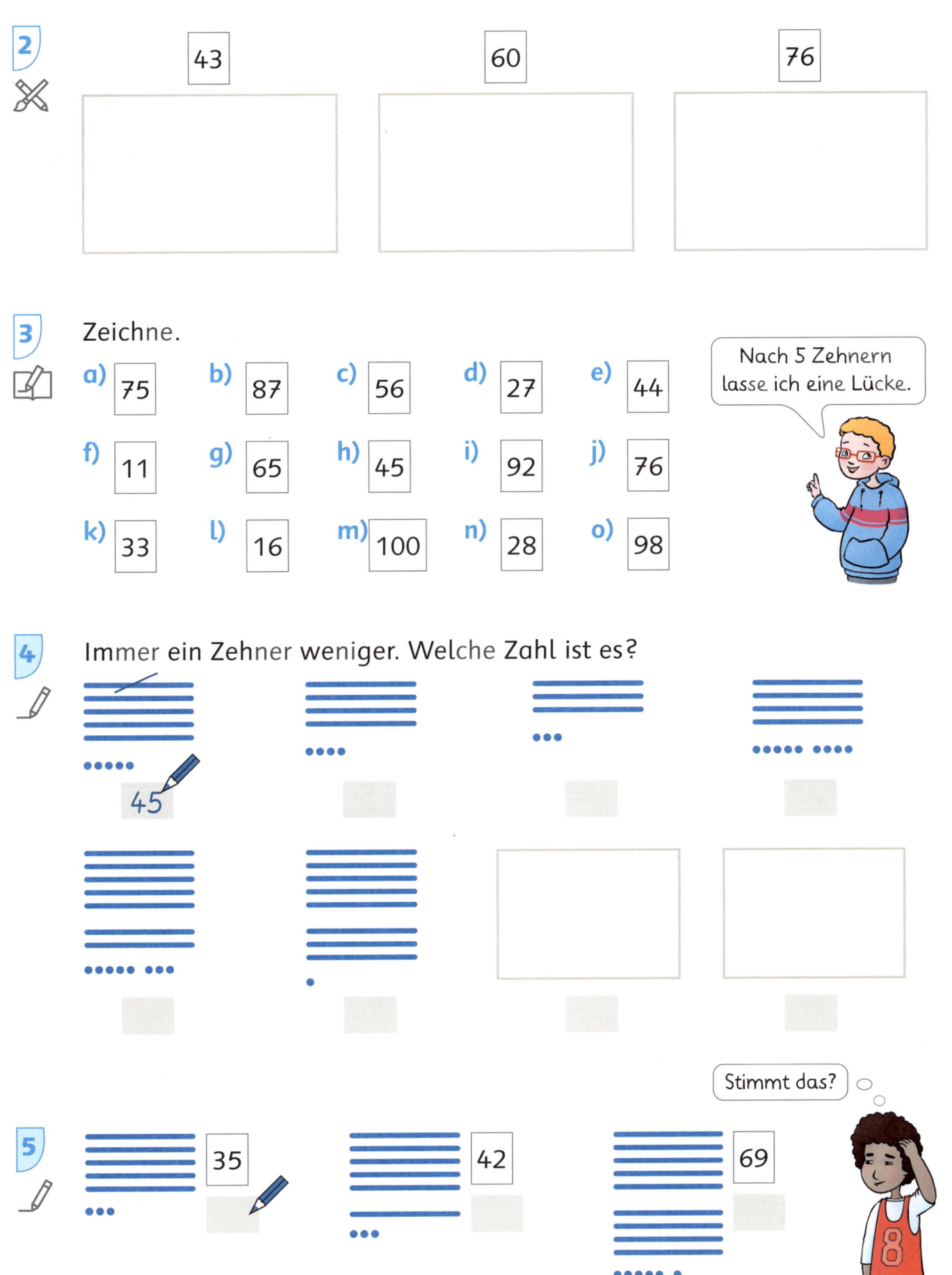

5. Aufgaben prüfen und Fehler ggf. korrigieren. ↑Fehler erklären lassen.

23

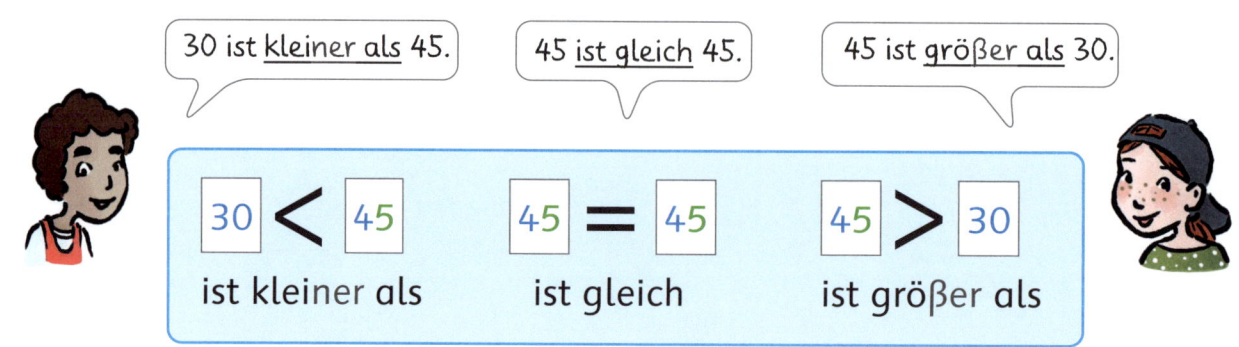

30 ist kleiner als 45.

45 ist gleich 45.

45 ist größer als 30.

| 30 | < | 45 | | 45 | = | 45 | | 45 | > | 30 |

ist kleiner als   ist gleich   ist größer als

1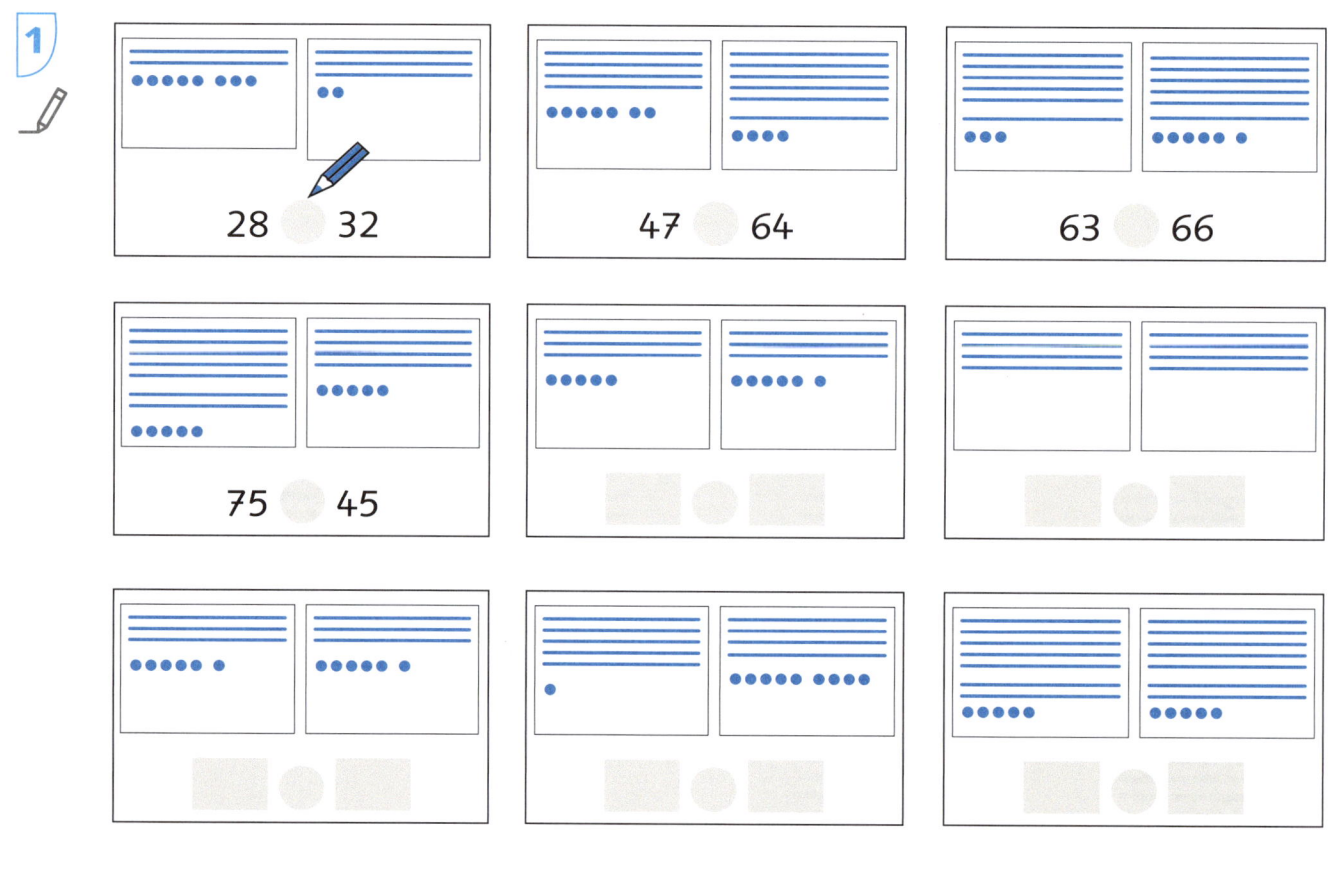

28 ⬤ 32

47 ⬤ 64

63 ⬤ 66

75 ⬤ 45

2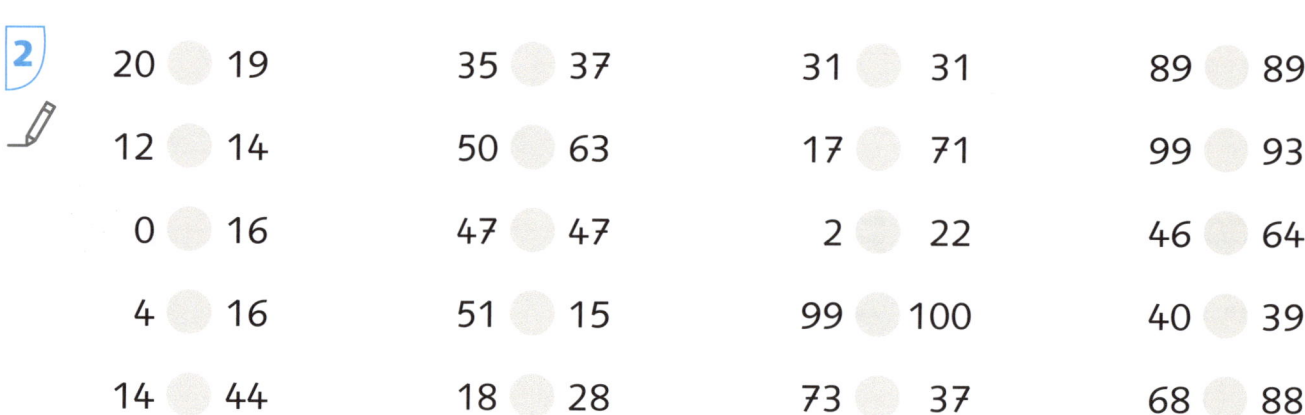

20 ⬤ 19	35 ⬤ 37	31 ⬤ 31	89 ⬤ 89
12 ⬤ 14	50 ⬤ 63	17 ⬤ 71	99 ⬤ 93
0 ⬤ 16	47 ⬤ 47	2 ⬤ 22	46 ⬤ 64
4 ⬤ 16	51 ⬤ 15	99 ⬤ 100	40 ⬤ 39
14 ⬤ 44	18 ⬤ 28	73 ⬤ 37	68 ⬤ 88

2. ↓ Geheimschrift als Hilfsmittel nutzen.

3

71 >    90 < ☐   ☐ = 16   64 < ☐

90 > ☐   55 < ☐   ☐ > 76   ☐ > 23

39 = ☐   83 > ☐   100 > ☐   49 > ☐

4

36   25   27   25 < ☐ < ☐ < ☐ < ☐

72   53

---

55   19   70   ☐ < ☐ < ☐ < ☐ < ☐

45   94   86

---

64   55   70   65   ☐ < ☐ < ☐ < ☐ < ☐ < ☐ < ☐

7   100   16

5

41 < ☐ > 43   14 < ☐ > 17

80 > ☐ = ☐ < ☐   98 > ☐ > ☐ < ☐

☐ = ☐ > ☐ > ☐   ☐ < ☐ < ☐ > ☐

6

Die Zahlen sind größer als 54 und kleiner als 58.

Ein Zahlenrätsel.

Es können die Zahlen ☐☐☐☐☐ sein.

3./5. Mehrere Lösungen möglich.
6. ↑ Eigene Rätsel ins Heft schreiben.

25

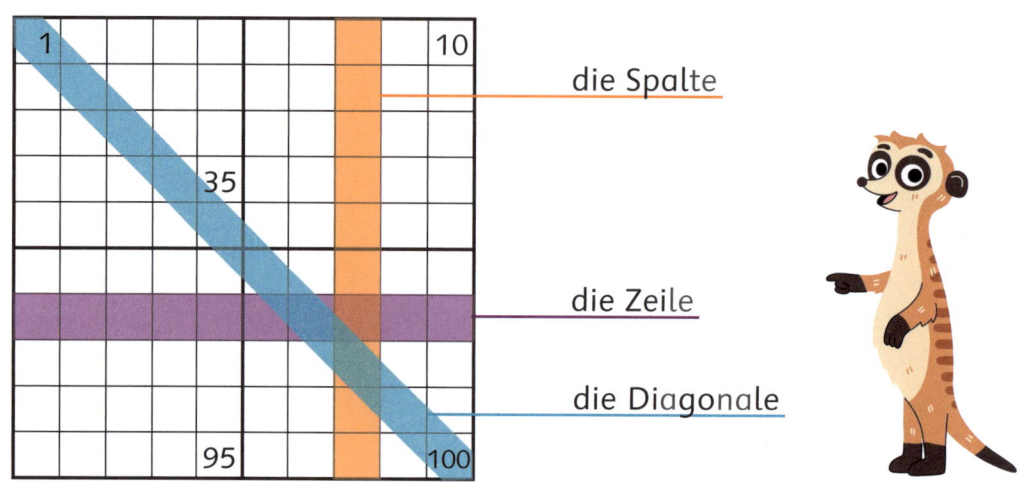

die Spalte

die Zeile

die Diagonale

1 Welche Zahlen sind es?

5. Zeile: 41,

5. Spalte:

10. Spalte:

Alle Zahlen mit 9 als Zehner:

Alle Zahlen mit 1 als Einer:

2 Welche Zahl ist es?

Starte bei 63 . Gehe und :

Starte bei 14 . Gehe und :

Starte bei 100 . Gehe und :

3

Starte bei 45. Gehe 1 nach oben und 2 nach links.

Die Zahl ist 33.

26   **3.** Partnerarbeit: Ein Kind nennt Startzahl und beschreibt den Weg zur Zielzahl. Partnerkind nennt die Zielzahl.
↑ Partnerarbeit ohne Blick auf die Hundertertafel.

4

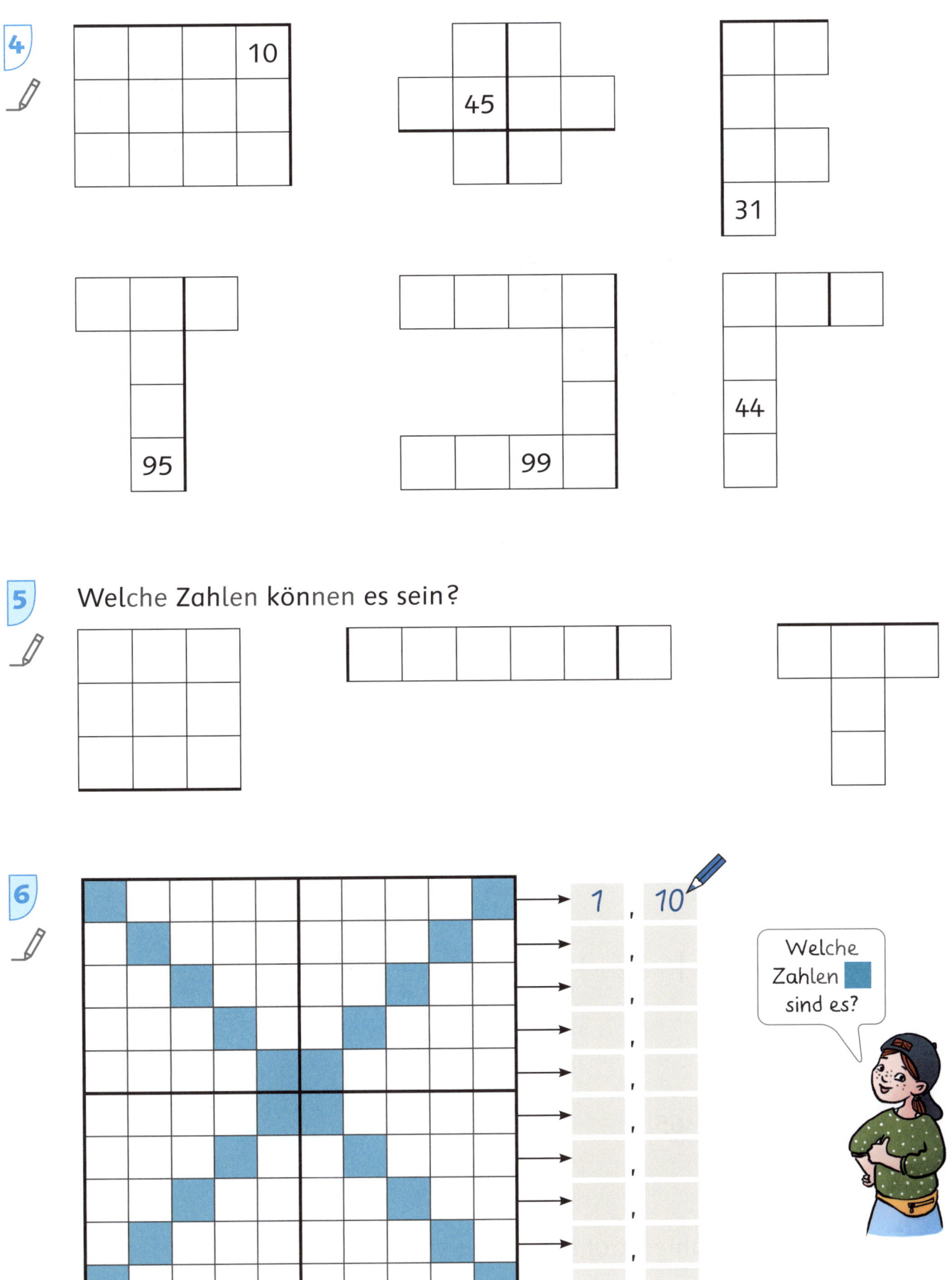

5 Welche Zahlen können es sein?

6

1 , 10

Welche Zahlen ◼ sind es?

5. Verschiedene Lösungen möglich. Auf Fünfer-/Zehnereinteilung (breiterer Strich) achten.
6. ↑ SuS beschreiben ihre Strategie zur Lösungsfindung.

27

Der Zahlenstrahl

S. 18–19

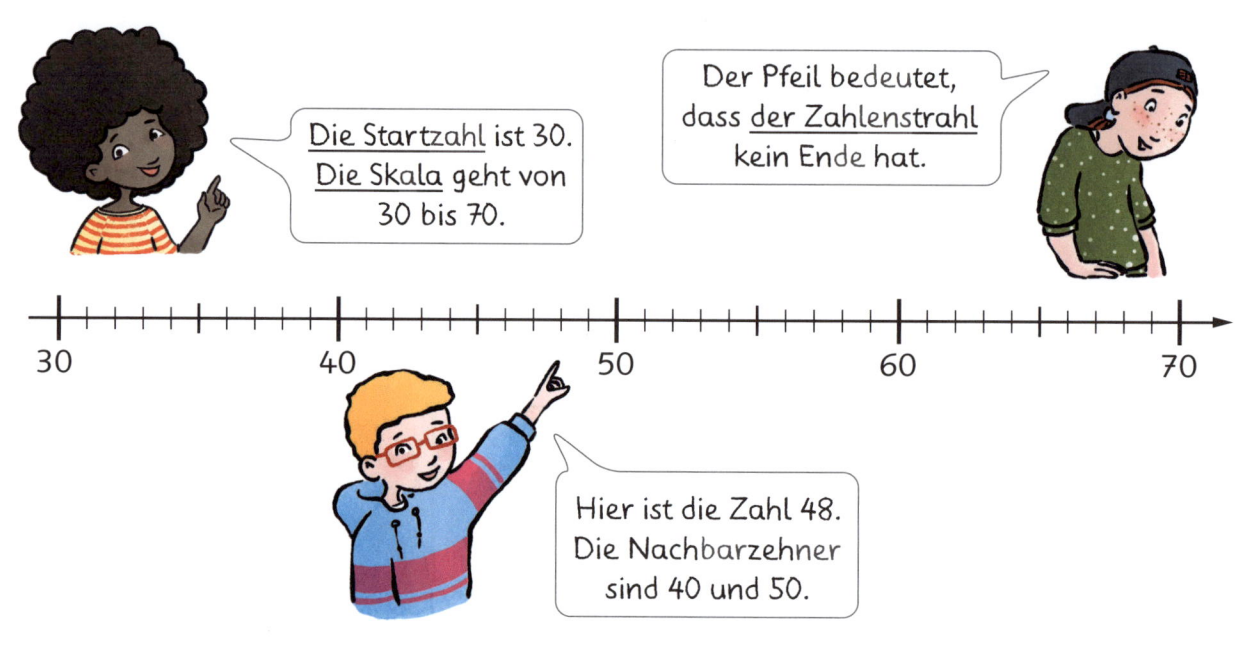

1

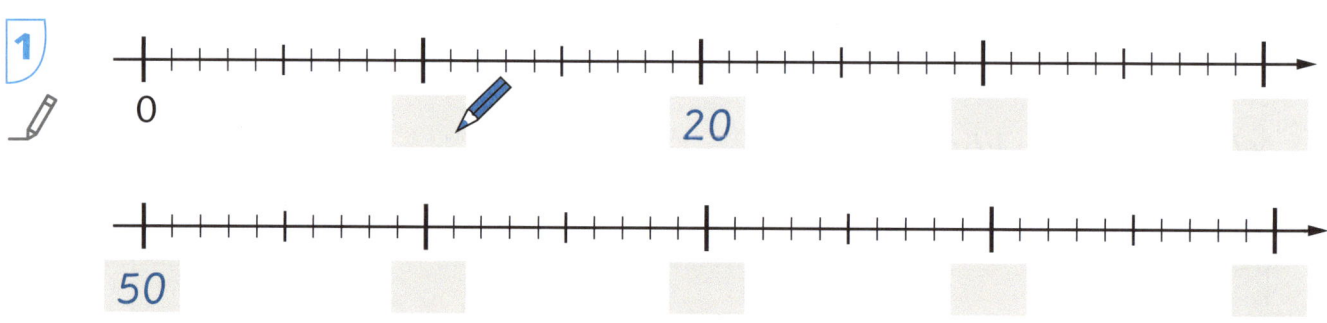

2

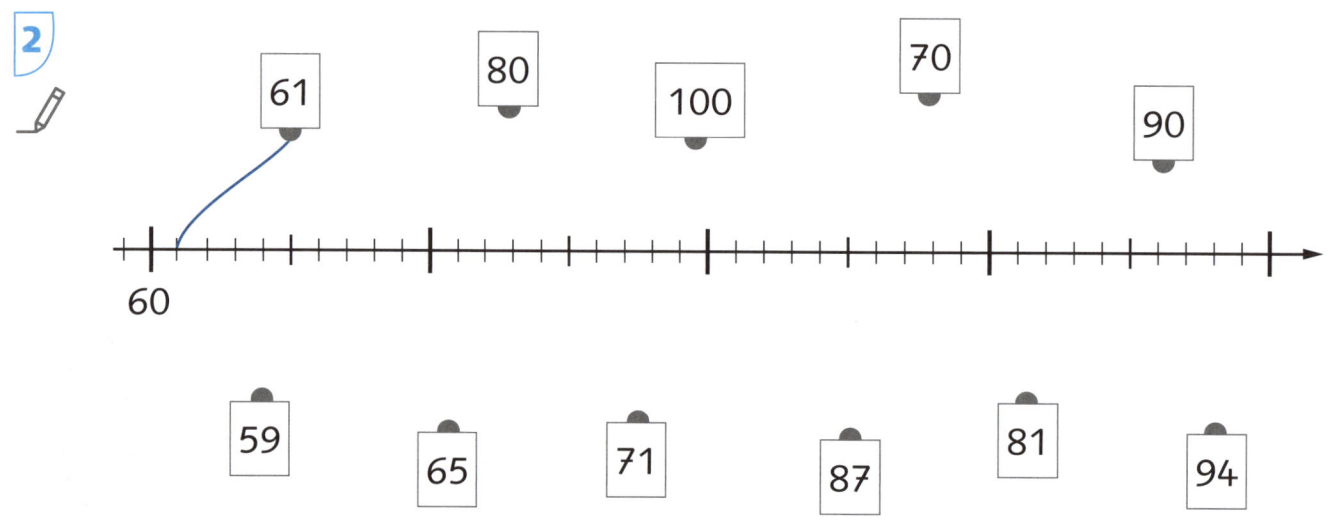

3 Zeichne eigene Zahlenstrahlen mit Lineal und beschrifte diese.

Schreibe die Nachbarzahlen und die Nachbarzehner.

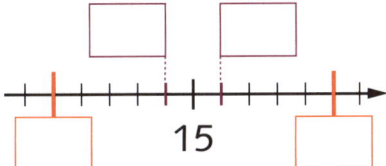

die Nachbarzahl
der Vorgänger V
der Nachfolger N
der Nachbarzehner
der Vorgänger-Zehner VZ
der Nachfolge-Zehner NZ

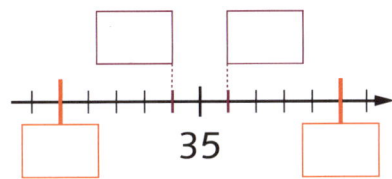

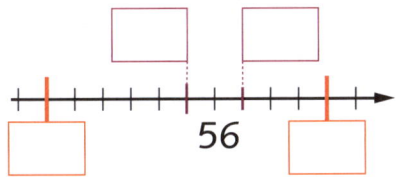

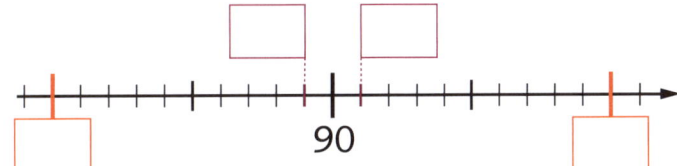

5

Schreibe die Nachbarzahlen und Nachbarzehner.

a) 27 b) 88 c) 54 d) 32

e) 67 f) 12 g) 72 h) 91

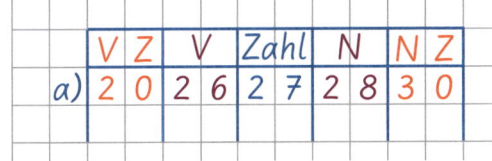

	VZ	V	Zahl	N	NZ
a)	20	26	27	28	30

6

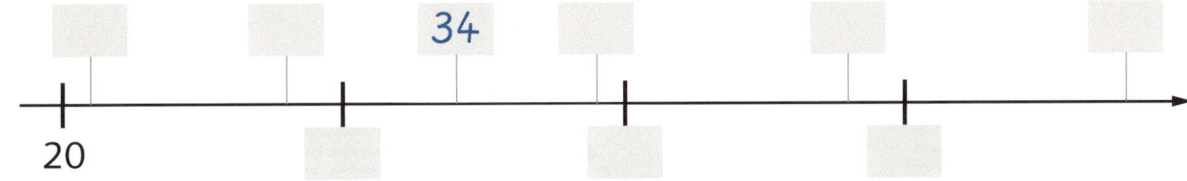

34

20

7

Trage die Zahlen 50 , 25 , 75 und 12 ein. Wie gehst du vor?

0   100

---

6. Mehrere Lösungen sind möglich. Die Zahlen sind nicht eindeutig.
7. Zahlen ungefähr verorten und eintragen.

Zeig, was du kannst!

1

| hundert | fünfzig | vierzig | siebzig | achtzig |

| 20 | 50 | 70 | 100 | 80 | 40 | 60 | 90 |

😊 🤔

2

56, 57, 58, ___, ___, ___, ___, ___, ___, ___, ___, ___

82, 81, 80, ___, ___, ___, ___, ___, ___, ___, ___, ___

68, 70, 72, ___, ___, ___, ___, ___, ___, ___, ___, ___

😊 🤔

3

50 + ___ = 100    70 + ___ = 100 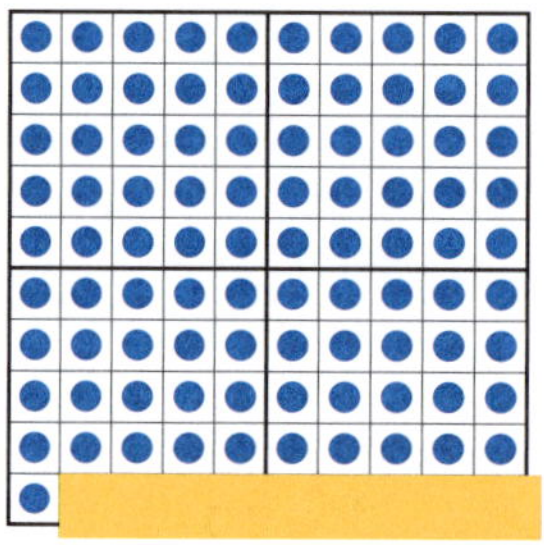   91 + ___ = 100    47 + ___ = 100

😊 🤔

4

Z	E

Z	E

Z	E

36

Z	E

67

😊 🤔

30

5

| 51 | 27 | 42 | 31 |

27 < ☐ < ☐ < ☐

| 64 | 46 | 17 | 65 | 11 | 56 |

☐ < ☐ < ☐ < ☐ < ☐ < ☐

| 80 | 83 | 91 | 75 | 19 | 8 | 100 |

☐ < ☐ < ☐ < ☐ < ☐ < ☐ < ☐

☺ 🤔

6

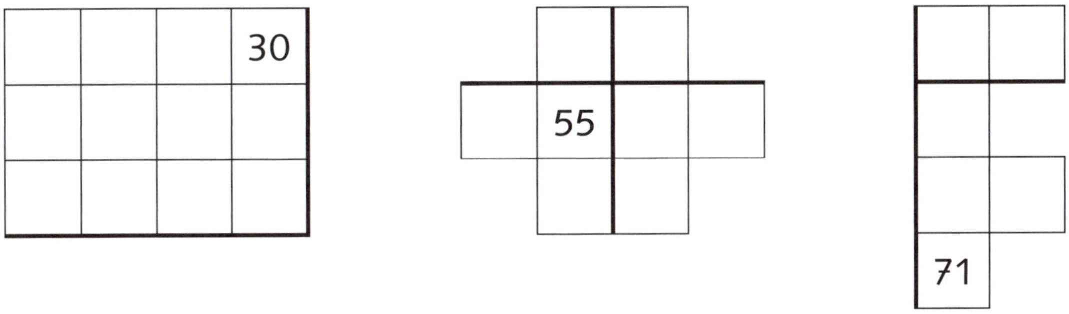

			30

| | 55 | |

| | |
| 71 | |

☺ 🤔

7

| 25 | 21 | 47 | 33 | 30 | 59 |

20

☺ 🤔

8

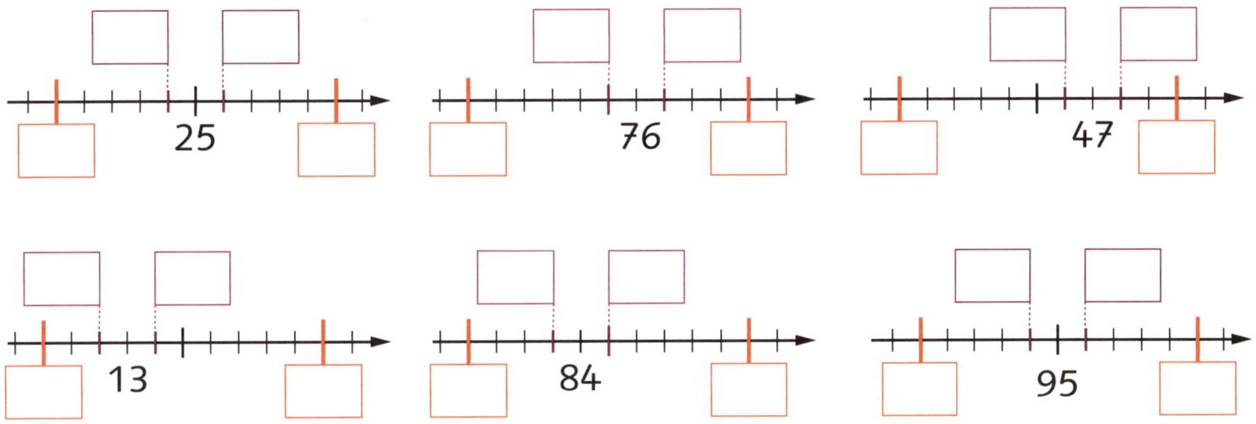

25

76

47

13

84

95

☺ 🤔

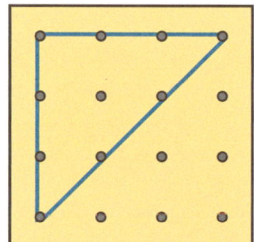 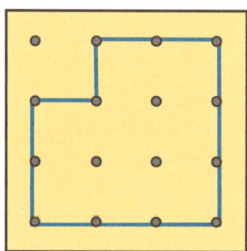 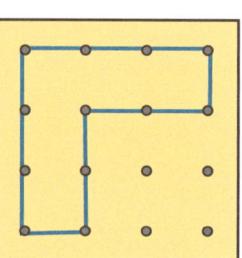 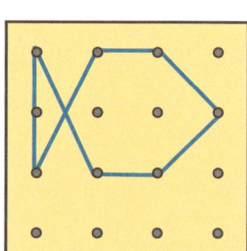

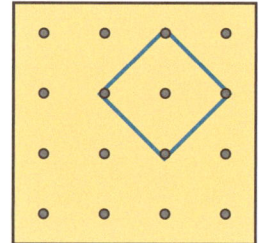 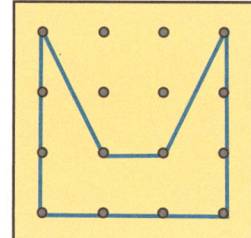 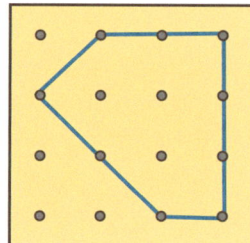 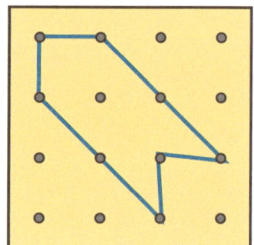

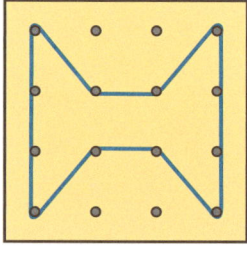 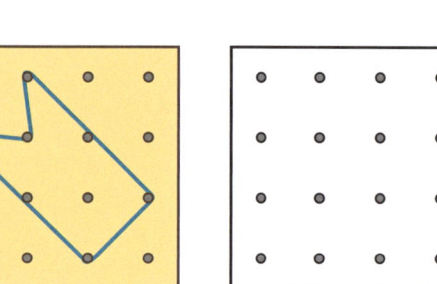 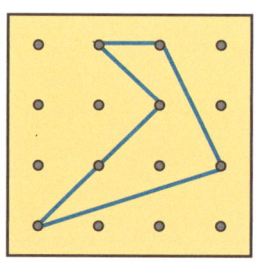 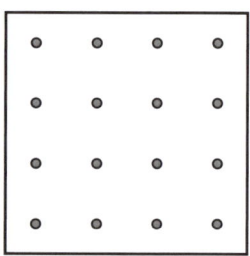

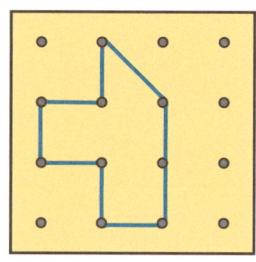 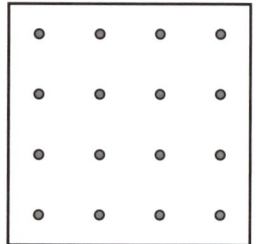

1. Nachspannen.
2. Spannen und nachzeichnen.

Finde Buchstaben und Zahlen.

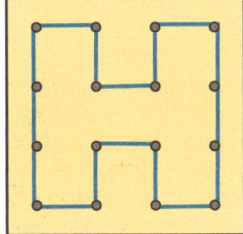 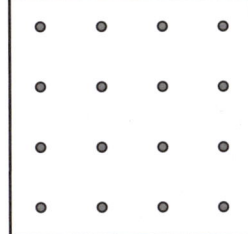 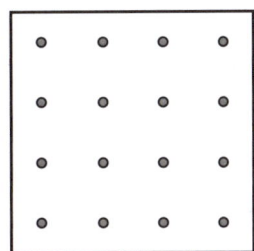 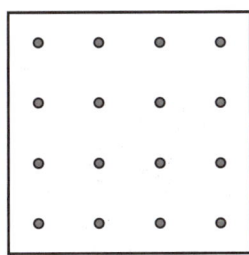

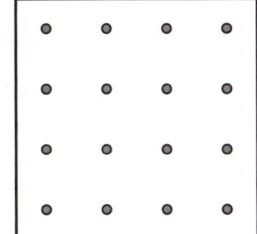 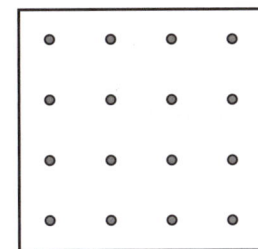 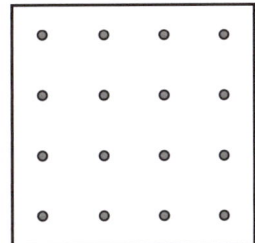 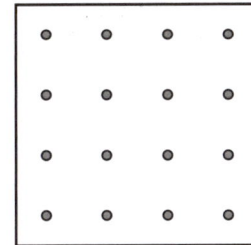

4 Finde Schiffe und Tiere.

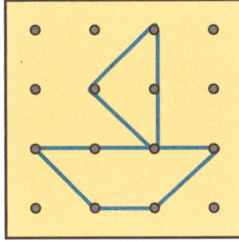 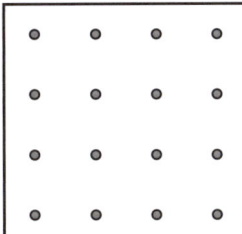 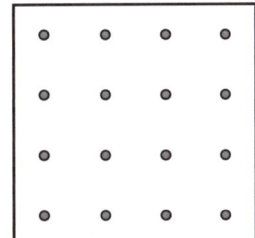 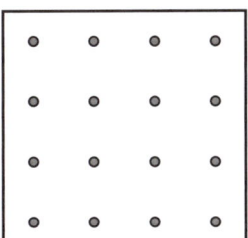

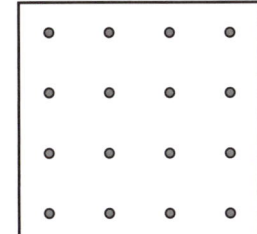 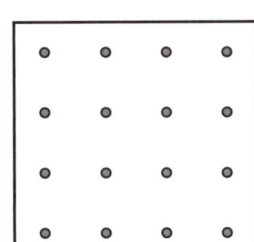 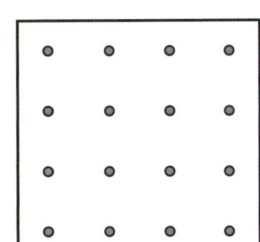 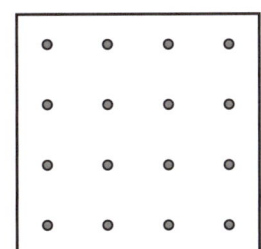

Gibt es mehr als 10?

5 Wie viele Möglichkeiten findest du?

Spanne	🟥	🟩	🟡
Möglichkeiten			

3.–4. Mehrere Gummis können verwendet werden. ↑ Weitere Figuren finden.

Flächen auf dem Geobrett

Ich umspanne die Fläche.

Ich fülle die Fläche aus.

Ich zerlege die Fläche in zwei Teile.

die Fläche zerlegen

1

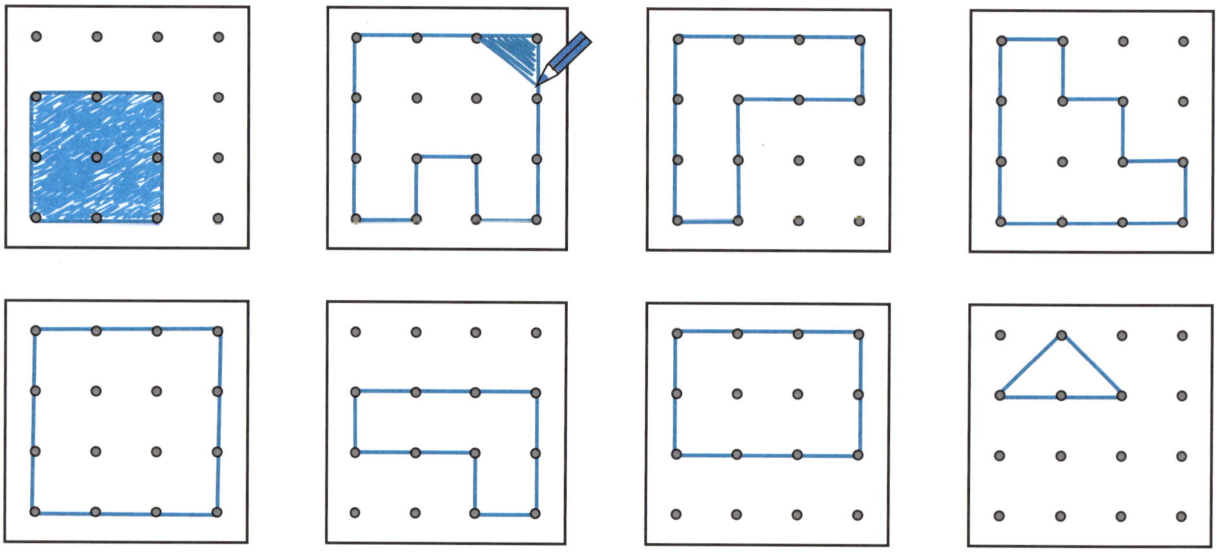

2 Immer 2 Teile.

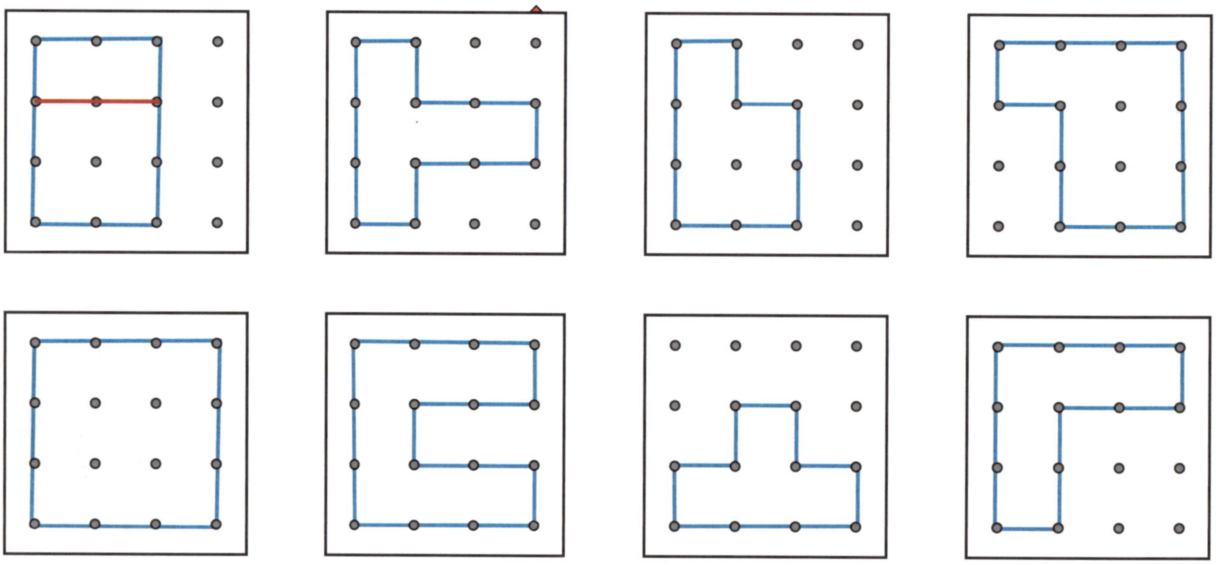

1. Fläche ausfüllen.

2.–3. Flächen zerlegen. Teilflächen müssen nicht gleich groß sein. Nicht diagonal spannen.

3 Immer 3 Teile.

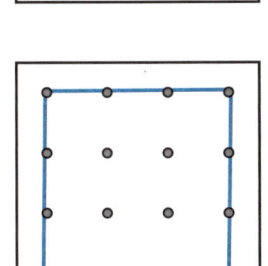 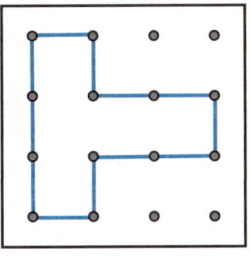 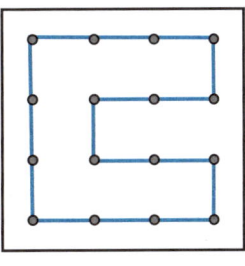 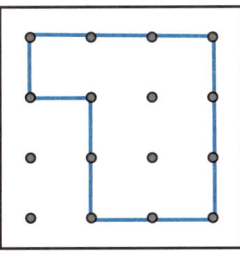

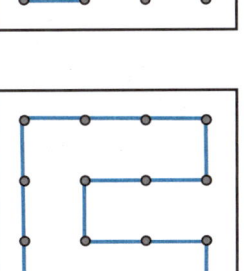 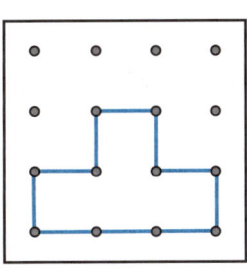 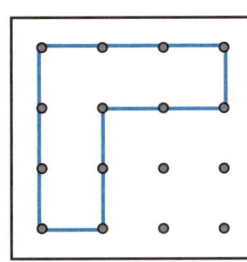

4 Immer so viele Teile wie möglich.

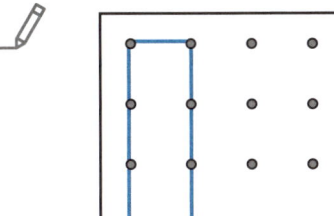 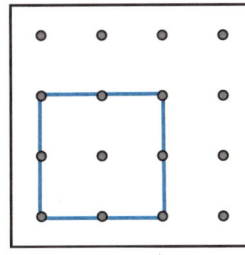 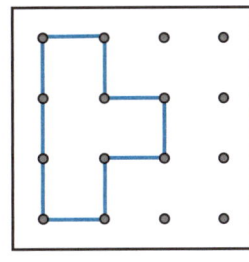 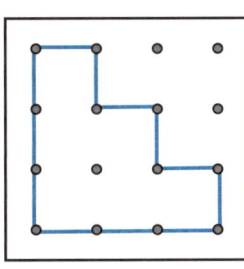

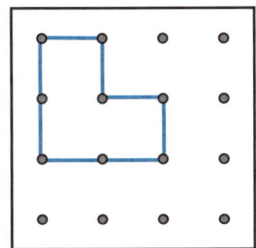 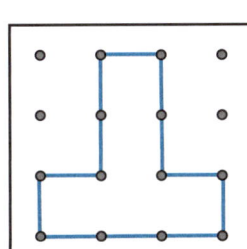 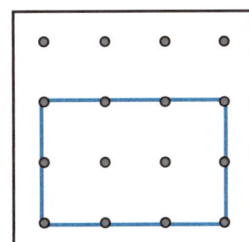 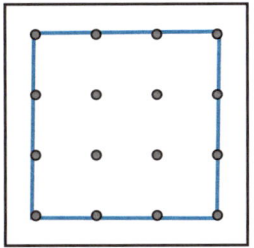

5 Woher weißt du, dass es zwei gleich große Teile sind?

 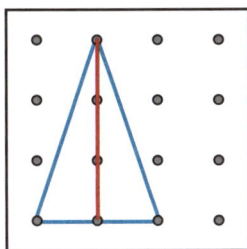 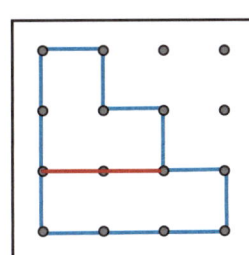 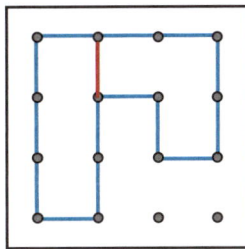 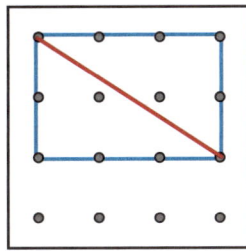

3.–4. Nicht diagonal spannen. 4. Fläche in möglichst viele Teile zerlegen. 5. Verschiedene Begründungen möglich. Nägel des Umrisses abzählen, Symmetrie, Zählen der kleinen Einheitsquadrate.

1 Wie viele EQ?

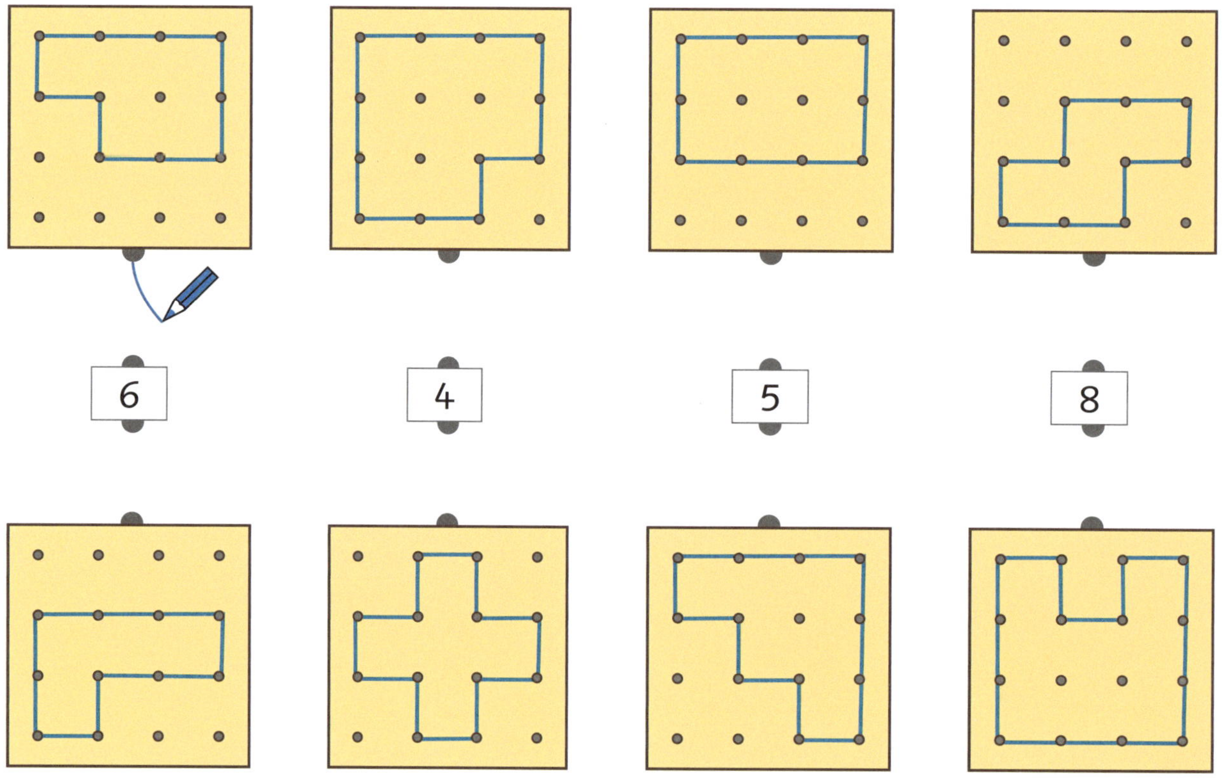

| 6 | 4 | 5 | 8 |

2 ✂

| 7 | 6 | 8 |

Stimmt das?

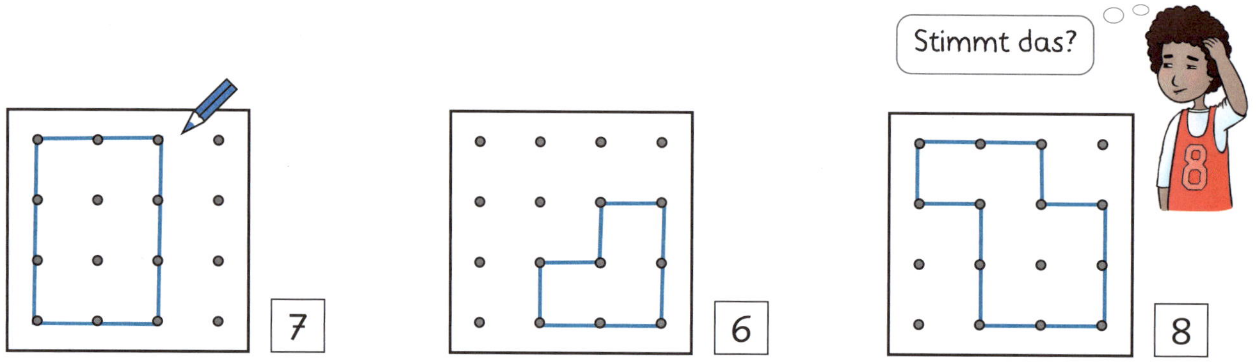

1. Obere und untere Figur mit der richtigen Anzahl der EQ verbinden.
2. EQ entsprechend der vorgegebenen Anzahl ergänzen. **1.–2.** ↓Fläche in EQ zerlegen.

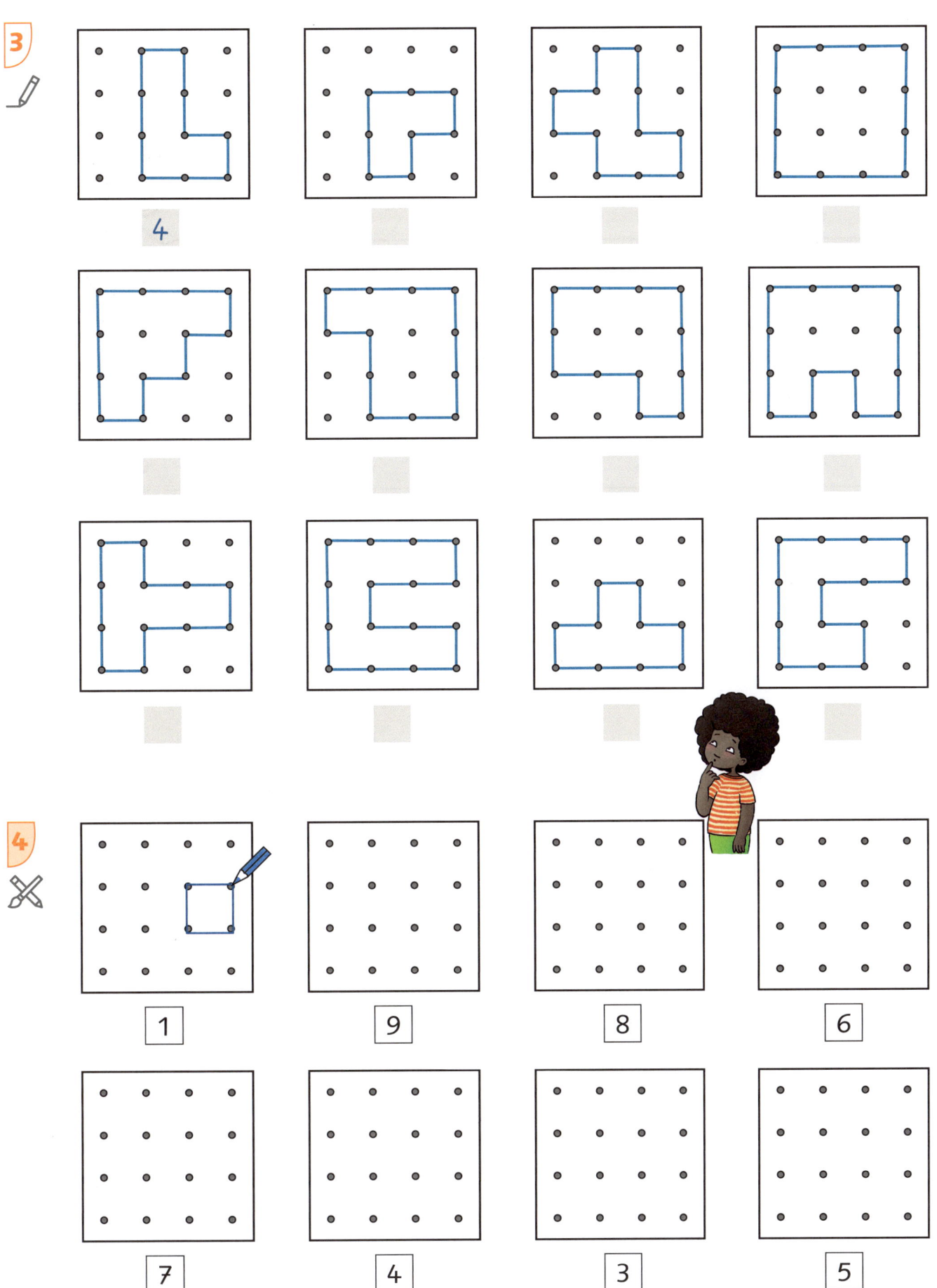

3. Anzahl der EQ notieren. ↓ Fläche in EQ zerlegen.
4. Passend zur Anzahl der EQ Figuren zeichnen.

Der Flächeninhalt

1 Setze fort.

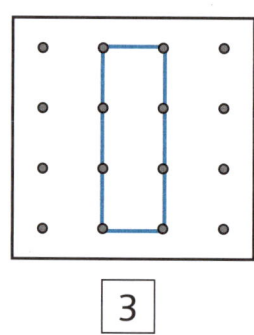 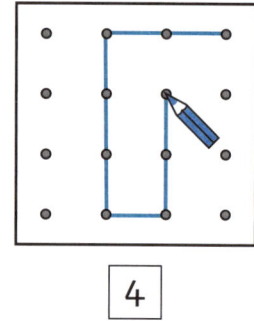 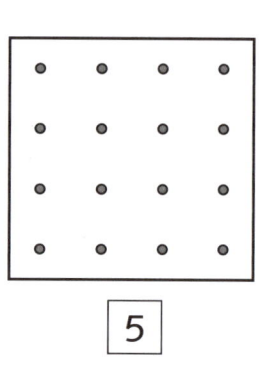 

3   4   5

Immer ein EQ mehr.

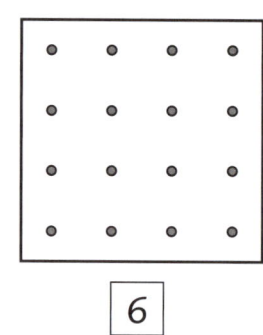 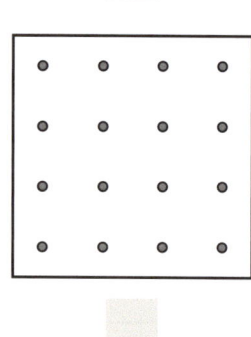 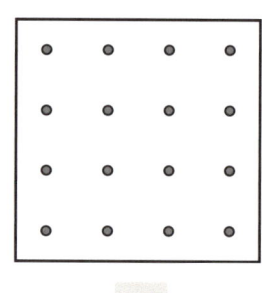 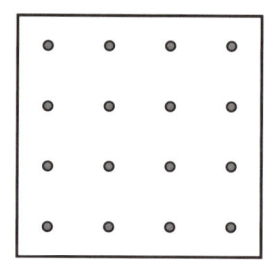

6

2 Finde Paare.

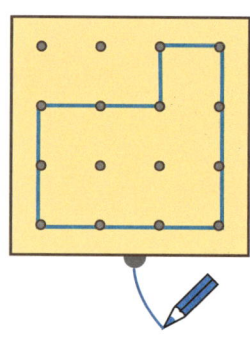 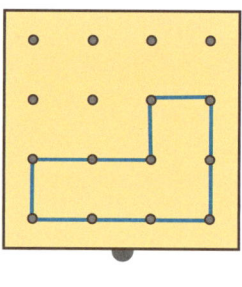 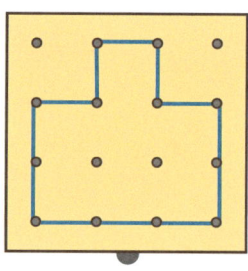 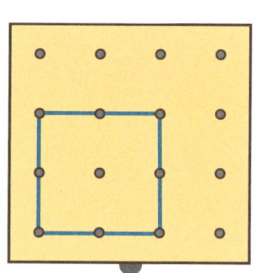

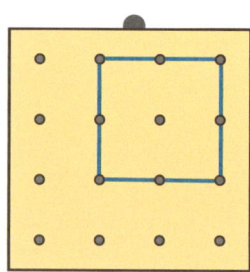 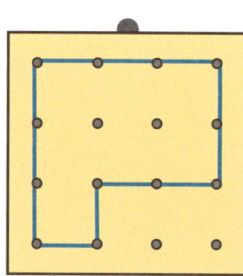 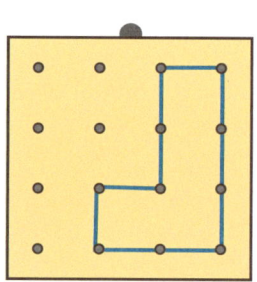 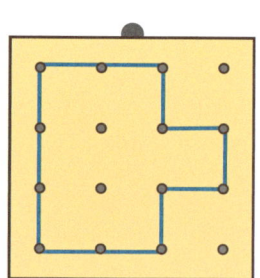

3 Warum passen die Figuren zusammen?

Die Figuren passen zusammen, weil ...

1. Immer 1 EQ mehr zeichnen/schreiben.

4 Immer 4 EQ.

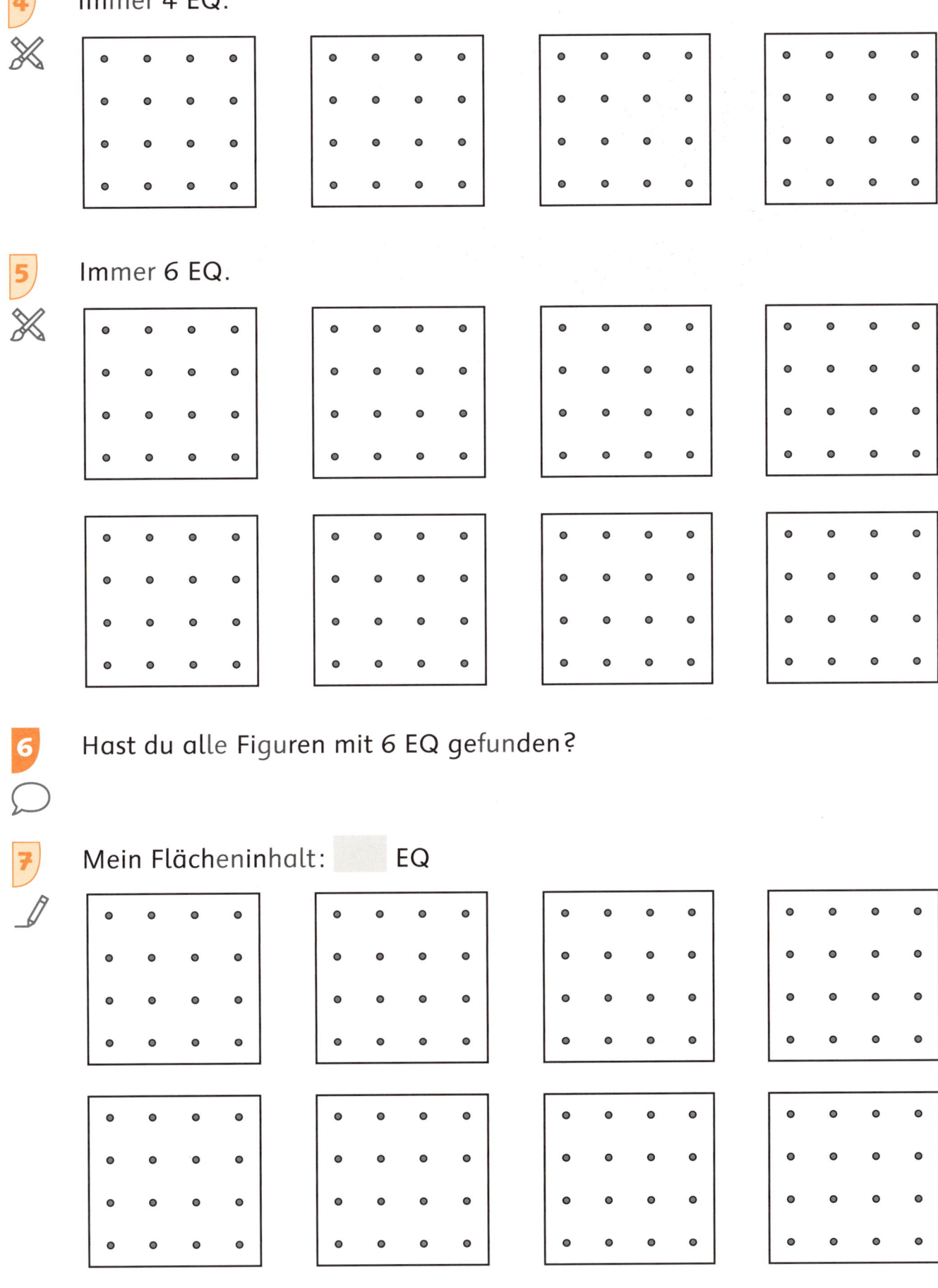

5 Immer 6 EQ.

6 Hast du alle Figuren mit 6 EQ gefunden?

7 Mein Flächeninhalt: ___ EQ

4.–5. Verschiedene Figuren mit 4 bzw. 6 EQ finden. **5.** ↑ Gespiegelte/gedrehte Figuren ausschließen.
7. Figuren zu einem selbstgewählten Flächeninhalt finden.

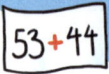
leicht	schwer
2 + 4	62 + 4

38 + 4

die Addition addieren

48+26
23+10
23+4
23+9
5+9
+33
3+5
50+10
29+17
40+3

$$32 \quad + \quad 4 \quad = \quad 36$$
1. Summand   2. Summand   Summe

1

62 + 4		48 + 26
23 + 4		24 + 33
40 + 3		35 + 26
60 + 8	leicht	54 + 25
38 + 5		29 + 17
2 + 4		50 + 40
46 + 4	schwer	52 + 38
23 + 9		5 + 9
23 + 10		7 + 4

2 Löse die leichten Aufgaben im Heft.

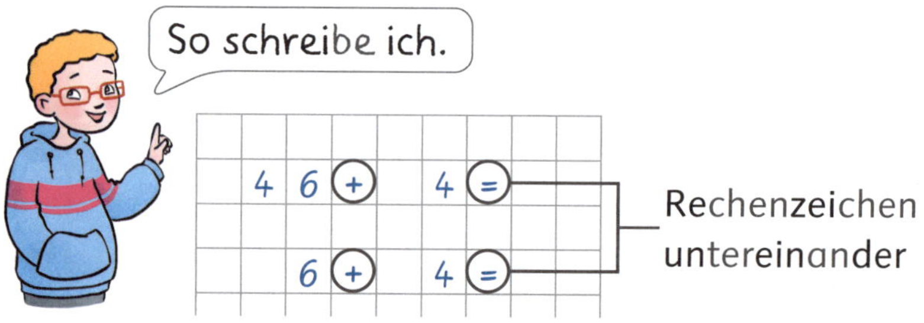

So schreibe ich.

	4	6	+		4	=
		6	+		4	=

Rechenzeichen untereinander

3 Erkläre deinen Rechenweg.

1. SuS schätzen individuell ein, was eine leichte/schwere Aufgabe für sie ist.

Riesen und Zwerge

S. 26

32 + 4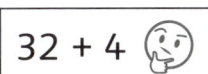

Ich weiß:
2 + 4 = 6

Das Ergebnis ist 30 mehr:
32 + 4 = 36

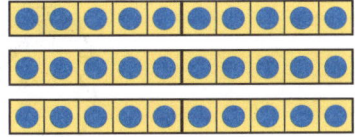

3 2 + 4 = 3 6
2 + 4 = 6

1

26 + 3 = ☐   63 + 5 = ☐   47 + 2 = ☐   85 + 2 = ☐

3 + 5 = ☐   5 + 2 = ☐   6 + 3 = ☐   7 + 2 = ☐

2 Rechne erst die Zwergenaufgabe.

41 + 4 = ☐   75 + 3 = ☐   82 + 6 = ☐   33 + 4 = ☐

1 + 4 = ☐   ☐ + 3 = ☐   ☐ + 6 = ☐   ☐ + ☐ = ☐

91 + 7 = ☐   54 + 3 = ☐   66 + 1 = ☐   54 + 2 = ☐

☐ + ☐ = ☐   ☐ + ☐ = ☐   ☐ + ☐ = ☐   ☐ + ☐ = ☐

3 Nutze .

a) 51 + 6	b) 33 + 3	c) 27 + 2	d) 46 + 3	e) 75 + 3
64 + 5	45 + 4	12 + 6	72 + 2	90 + 9
22 + 5	86 + 1	43 + 4	94 + 5	88 + 1
57 + 2	63 + 5	92 + 8	13 + 6	61 + 6

Bis zum Zehner

S.27

1 Immer bis zum NZ.

Der NZ von 27 ist 30. Also ist 27 in 3 verliebt.

2

48 + ___ = 50	84 + ___ = 90		
51 + ___ = 60	59 + ___ = 60		
78 + ___ = 80	77 + ___ = 80	18 + ___ = ___	64 + ___ = ___
33 + ___ = 40	52 + ___ = 60	32 + ___ = ___	41 + ___ = ___
21 + ___ = 30	63 + ___ = 70	68 + ___ = ___	73 + ___ = ___

Das Ergebnis ist immer der NZ.

3 ✔ oder ✗?

56 + 3 = 60 ✗   56 +   43 + 7 = 50 ☐

89 + 2 = 90 ☐   67 + 3 = 80 ☐

77 + 3 = 80 ☐   52 + 8 = 80 ☐

Nachbarzehner wiederholen: Nachfolge-Zehner (NZ) und Vorgänger-Zehner (VZ).
3. Prüfen und ggf. verbessern.

Vom Zehner weiter

S. 28

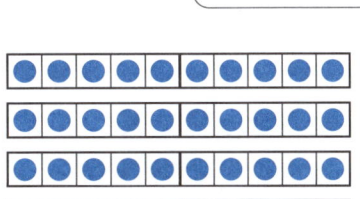
40 plus 3 gleich 43.

1

60 + 4 =

70 + 3 =

50 + 3 =

5 + 40 =

7 + 30 =

40 + 7 =

2

6 + = 66   9 + = 99   + 70 = 72   + = 43

3 + = 23   7 + = 47   + 10 = 15   + = 65

3

40 + 6 =   9 + 50 =   60 + 5 =   1 + 90 =

70 + 9 =   7 + 30 =   50 + 2 =   3 + 80 =

20 + 2 =   8 + 90 =   70 + 4 =   4 + 40 =

80 + 3 =   3 + 60 =   40 + 9 =   5 + 30 =

1. Addition in Geheimschrift darstellen.

Verliebt in den Zehner

38 + 5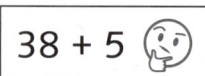

Plus 2 ● bis zum NZ.

$38 + 5 = 43$

$38 + 2 + 3 = 43$

Dann plus 3 ●.

1

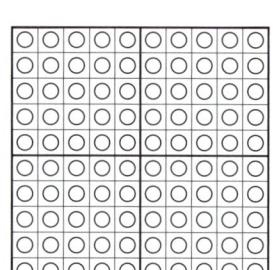

$28 + 3 = \boxed{}$

$28 + 2 + \boxed{} = \boxed{}$

$76 + 5 = \boxed{}$

$76 + 4 + \boxed{} = \boxed{}$

$67 + 6 = \boxed{}$

$67 + 3 + \boxed{} = \boxed{}$

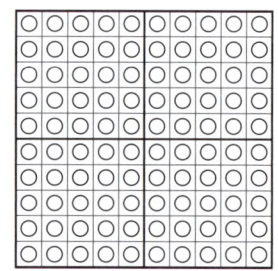

$36 + 6 = \boxed{}$

$36 + \boxed{} + \boxed{} = \boxed{}$

$19 + 4 = \boxed{}$

$19 + \boxed{} + \boxed{} = \boxed{}$

$54 + 7 = \boxed{}$

$54 + \boxed{} + \boxed{} = \boxed{}$

2 Nutze .

a) 47 + 7
89 + 5
18 + 3

b) 46 + 6
49 + 3
56 + 7

c) 57 + ☐ = 61
78 + ☐ = 82
68 + ☐ = 73

a)	4	7	+	7			=	
		4	7	+	3	+	4	=

---

1. Im Hunderterfeld ersten Summanden in blau und zweiten Summanden in rot anmalen.

38 + 5 🤔

Ich trage 38 ein.

Plus 2 bis zum NZ.

Ich addiere die restlichen 3.

3 💙Z am Rechenstrich.

28 + 9

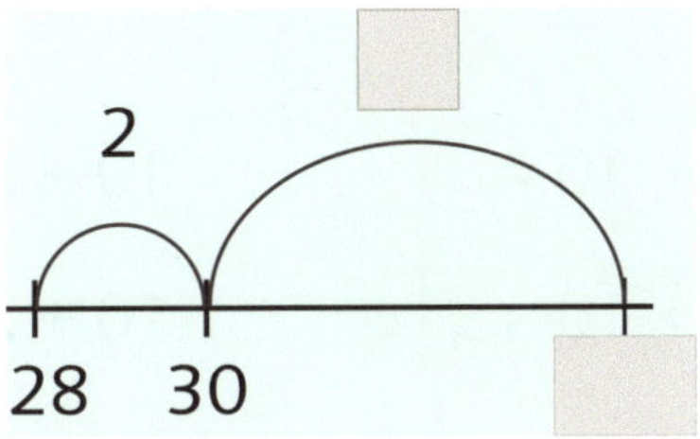

der Rechenstrich

89 + 3

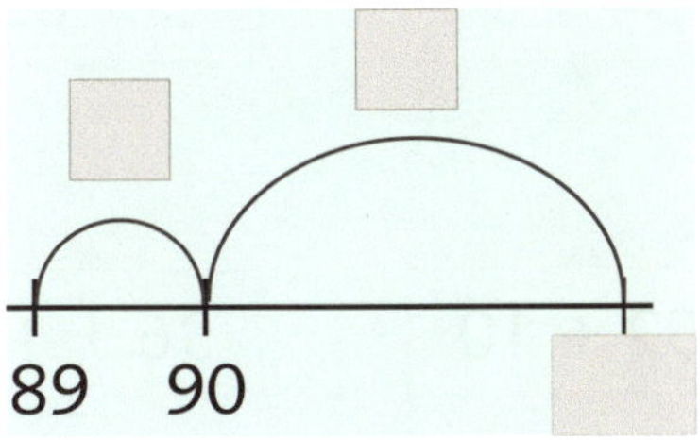

57 + 6

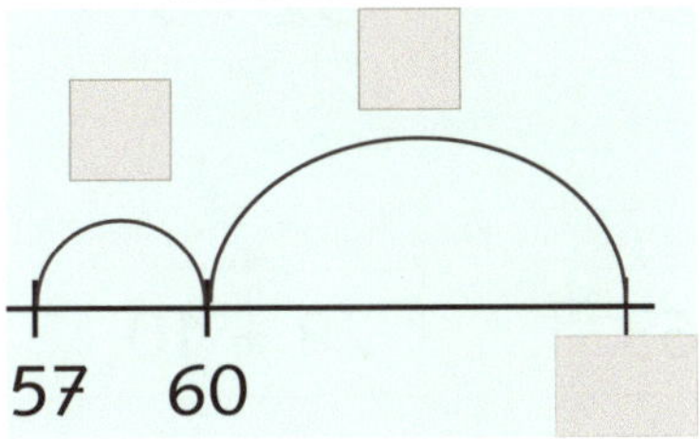

68 + 6

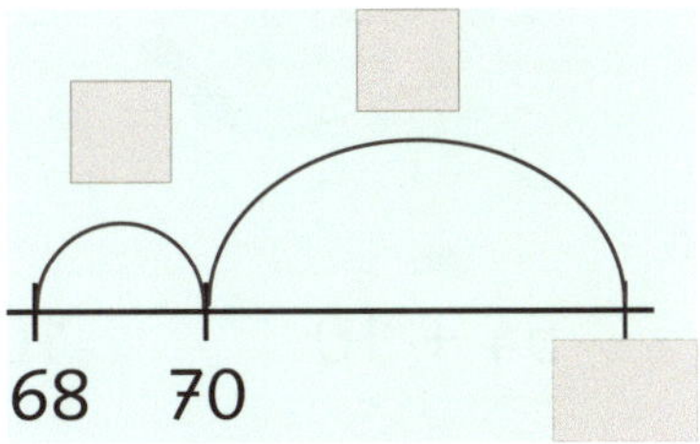

79 + 6

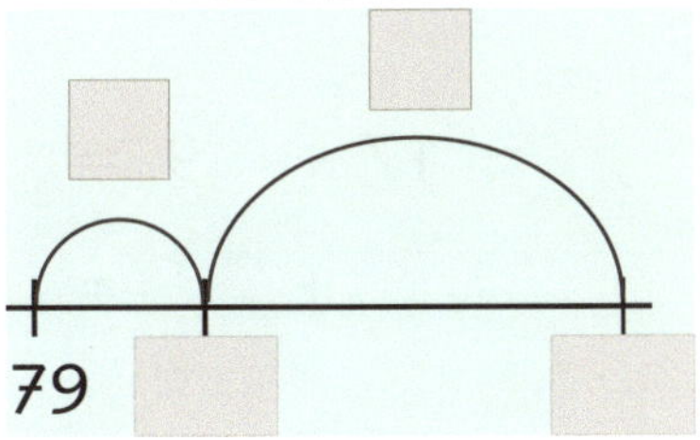

88 + 5

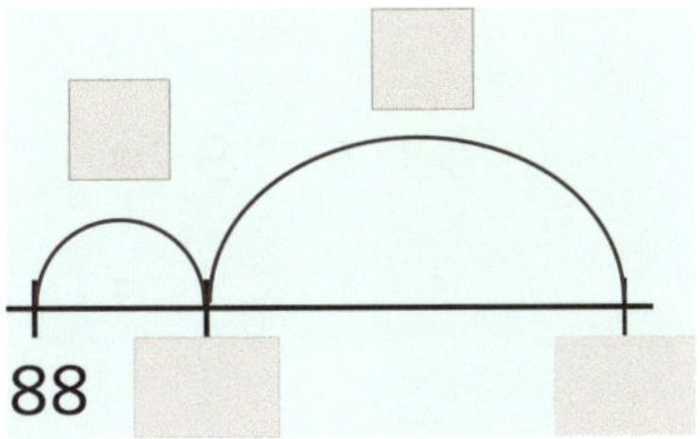

76 + 7

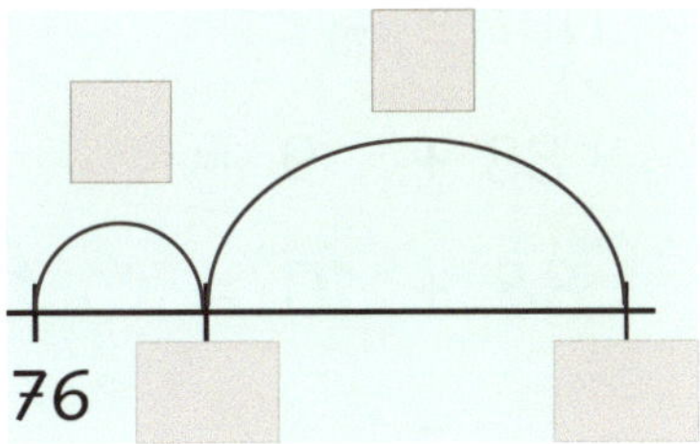

4 Löse mit dem Rechenstrich.

a) 58 + 8   b) 76 + 9   c) 28 + 8   d) 57 + 5
   28 + 4   42 + 9   16 + 8   24 + 7

3. Verliebt in den Zehner: Auch am Rechenstrich immer erst zum NZ, dann weiter.

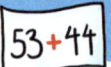

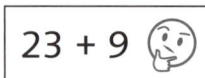

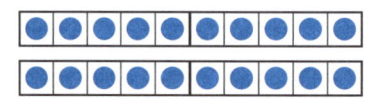

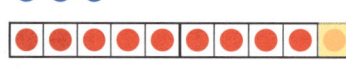

$23 + 9 = 32$
$23 + 10 = 33$

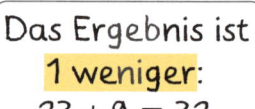

1
55 + 10 =   29 + 10 =   10 + 82 =   10 + 28 =

73 + 10 =   68 + 10 =   10 + 25 =   10 + 87 =

2
| 28 + 9 | 36 + 9 | 52 + 9 | 54 + 9 | 9 + 63 |

| 54 + 10 | 10 + 63 | 28 + 10 | 52 + 10 | 36 + 10 |

3 Nutze $\boxed{\frac{+/-}{10}}$.

88 +   9 =   43 +   9 =   17 +   9 =

88 + *10* =   +   =   +   =

9 + 57 =   9 + 76 =   34 +   9 =

   +   =   +   =   +   =

14 +   9 =   9 + 72 =   82 +   9 =

   +   =   +   =   +   =

4

| 23 + 9 = ☐ | 9 + 38 = ☐ | 76 + 9 = ☐ | 9 + 74 = ☐ |

| 76 + 10 = 86 | 10 + 38 = 48 | 10 + 74 = 84 | 23 + 10 = 33 |
| 86 − 1 = ☐ | 48 − 1 = ☐ | 84 − 1 = ☐ | 33 − 1 = ☐ |

5

88 + 9 = 97
_____
88 + 10 = 98
98 − 1 = 97

Unter dem Strich sind die Rechenschritte.

53 + 9 = ☐
_____
53 + 10 = ☐
☐ − ☐ = ☐

9 + 16 = ☐
_____
10 + 16 = 26
26 − 1 = ☐

9 + 56 = ☐
_____
10 + 56 = ☐
☐ − ☐ = ☐

9 + 44 = ☐
_____
10 + ☐ = ☐
☐ − ☐ = ☐

9 + 25 = ☐
_____
☐ + ☐ = ☐
☐ − ☐ = ☐

32 + 9 = ☐
_____
☐ + ☐ = ☐
☐ − ☐ = ☐

9 + 52 = ☐
_____
☐ + ☐ = ☐
☐ − ☐ = ☐

6

78 + 9 = ☐	36 + 9 = ☐	9 + 83 = ☐	9 + 15 = ☐
82 + 9 = ☐	27 + 9 = ☐	9 + 26 = ☐	9 + 62 = ☐
17 + 9 = ☐	85 + 9 = ☐	9 + 72 = ☐	9 + 58 = ☐

7

✔ oder ✘?

a) 45 + 9 = 94
_____
45 + 10 = 95
95 − 1 = 94 ☐

b) 68 + 9 = 78
_____
68 + 10 = 70
70 − 1 = 78 ☐

c) 25 + 9 = 34
_____
25 + 10 = 35
35 − 1 = 34 ☐

    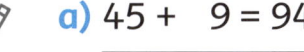

6. ↓ Rechenschritte im Heft notieren.
7. Aufgaben prüfen und ggf. im Heft verbessern. ↑ Erklären, welcher Fehler gemacht wurde.

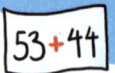

Zehner addieren

40 + 20 🤔

Ich weiß:
4 + 2 = 6

Dann ist:
40 + 20 = 60

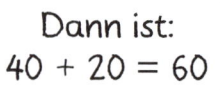

40 + 20 = 60

4 + 2 = 6

1

| 30 + 60 = | 50 + 20 = | 10 + 40 = | 40 + 50 = |

| 1 + 4 = | 5 + 2 = | 4 + 5 = | 3 + 6 = |

2 Rechne erst die leichte Aufgabe.

| 50 + 20 = | 60 + 10 = | 80 + 20 = | 40 + 30 = |
| 5 + 2 = | 6 + 1 = | 8 + 2 = | 4 + 3 = |

| 20 + 60 = | 70 + 30 = | 30 + 30 = | 20 + 40 = |
| + = | + = | + = | + = |

3

70 + 10 =	40 + 30 =	30 + 60 =	30 + 10 =
30 + 70 =	10 + 10 =	40 + 50 =	20 + 20 =
60 + 10 =	20 + 70 =	80 + 20 =	50 + 50 =
10 + 90 =	10 + 80 =	60 + 30 =	60 + 20 =

2. ↓ Die Aufgabe mit Material legen.
3. ↓ Die leichte Aufgabe zuerst aufschreiben und im Heft lösen lassen.

4

a)

40 + 30 = 70
Dann + 2.

a)	4	0	+	3	2	=		
	4	0	+	3	0	=	7	0
	7	0	+		2	=		

b)

c)

d)

5

50 + 34 = ▢

50 + 30 = **80**

80 + **4** = ▢

30 + 68 = ▢

30 + 60 = ▢

▢ + ▢ = ▢

20 + 59 = ▢

20 + 50 = ▢

▢ + ▢ = ▢

25 + 40 = ▢

20 + 40 = 60

▢ + ▢ = ▢

46 + 50 = ▢

40 + 50 = ▢

▢ + ▢ = ▢

60 + 33 = ▢

▢ + ▢ = ▢

▢ + ▢ = ▢

17 + 70 = ▢

▢ + ▢ = ▢

▢ + ▢ = ▢

78 + 20 = ▢

▢ + ▢ = ▢

▢ + ▢ = ▢

80 + 13 = ▢

▢ + ▢ = ▢

▢ + ▢ = ▢

6

80 + 14 = ▢

50 + 38 = ▢

30 + 65 = ▢

40 + 42 = ▢

20 + 16 = ▢

10 + 25 = ▢

14 + 80 = ▢

60 + 23 = ▢

40 + 17 = ▢

70 + 25 = ▢

30 + 64 = ▢

10 + 48 = ▢

19 + 80 = ▢

28 + 20 = ▢

19 + 50 = ▢

12 + 40 = ▢

48 + 26

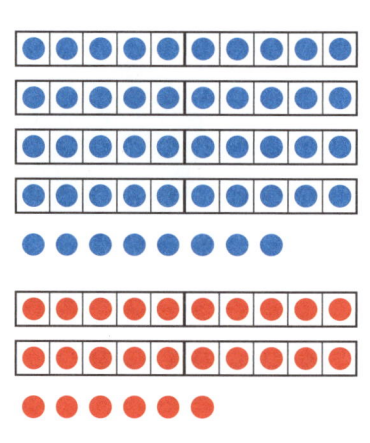

Wie kann ich die Aufgabe lösen?

1 Wie löst Samu die Aufgabe? In welcher Reihenfolge? 48 + 26

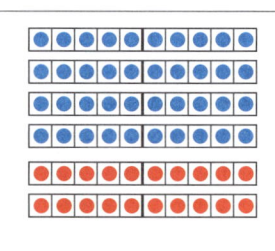

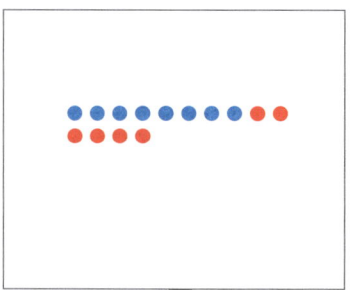

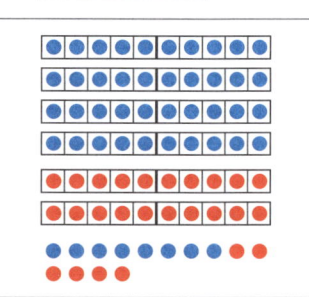

Zuletzt addiere ich die Zehner und die Einer: 60 + 14 = 74

Dann addiere ich die Einer: 8 + 6 = 14

Ich addiere zuerst die Zehner: 40 + 20 = 60

2 Rechne wie Ella. 48 + 26

Ich addiere zu 48 erst 2 Zehner. So erhalte ich 68.

Dann addiere ich noch 6 Einer. Das Ergebnis ist 74.

1. Lösungsweg in die richtige Reihenfolge bringen, nachvollziehen und beschreiben. ↓ Samus Lösungsweg mit Legematerial nachvollziehen. Rechenschritte notieren. **2.** ↑ Rechenwege mit einem Partnerkind besprechen.

Erst die Zehner, dann die Einer.

4	8	+	2	6	=	7	4
4	0	+	2	0	=	6	0
	8	+		6	=	1	4
6	0	+	1	4	=	7	4

20   6

48   68   74

4	8	+	2	6	=	7	4
4	8	+	2	0	=	6	8
6	8	+		6	=	7	4

Ich rechne mit einer Hilfsaufgabe.

4	8	+	2	6	=	7	4
5	0	+	2	6	=	7	6
7	6	−		2	=	7	4

---

3 Wie lösen Noa, Amari und Samu die Aufgabe?

Finde deinen Weg.

4 Wie löst du die Aufgaben?

a) 34 + 23   b) 12 + 45   c) 52 + 27   d) 45 + 43

e) 58 + 15   f) 27 + 64   g) 73 + 19   h) 59 + 34

i) 73 + 12   j) 38 + 44   k) 79 + 21   l) 25 + 75

m) 16 + 35   n) 68 + 25   o) 45 + 55   p) 37 + 36

5 Mein Lösungsweg.

Zuerst rechne ich ..., dann ...

Zuerst lege ich ..., dann ...

Ich addiere zur 1. Zahl ...

Ich addiere zum 1. Summanden ...

---

3. ↓ Lösungswege mit Legematerial und Zahlbildern nachvollziehen. Rechenschritte notieren.
4. ↓ SuS nutzen nur einen Rechenweg.

24 + 33

Erst addiere ich die Zehner: 2 Z + 3 Z = 5 Z.

Dann die Einer: 4 E + 3 E = 7 E.

Dann addiere ich beide Ergebnisse.

2	4	+	3	3	=		
2	0	+	3	0	=	5	0

2	4	+	3	3	=		
2	0	+	3	0	=	5	0
	4	+		3	=		7

Z + Z
E + E

2	4	+	3	3	=	5	7
2	0	+	3	0	=	5	0
	4	+		3	=		7
5	0	+		7	=	5	7

1

34 + 42 = ☐   51 + 27 = ☐   15 + 63 = ☐   25 + 54 = ☐

30 + 40 = 70   20 + 50 = 70   10 + 60 = 70   50 + 20 = 70
4 + 2 = 6   5 + 4 = 9   5 + 3 = 8   1 + 7 = 8

2

16 + 43 = ☐
_____
10 + 40 = 50
6 + 3 = 9
50 + 9 = ☐

Ich nutze $\boxed{\begin{array}{c}Z+Z\\E+E\end{array}}$.

65 + 22 = ☐
_____
60 + 20 = ☐
5 + 2 = ☐
☐ + ☐ = ☐

27 + 44 = ☐
_____
20 + 40 = ☐
7 + 4 = ☐
☐ + ☐ = ☐

56 + 37 = ☐
_____
50 + 30 = ☐
6 + 7 = ☐
☐ + ☐ = ☐

19 + 48 = ☐
_____
10 + 40 = ☐
9 + 8 = ☐
☐ + ☐ = ☐

3

25 + 72 = ☐

20 + ☐ = ☐
☐ + ☐ = ☐
☐ + ☐ = ☐

43 + 36 = ☐

☐ + ☐ = ☐
☐ + ☐ = ☐
☐ + ☐ = ☐

23 + 29 = ☐

☐ + ☐ = ☐
☐ + ☐ = ☐
☐ + ☐ = ☐

64 + 28 = ☐

☐ + ☐ = ☐
☐ + ☐ = ☐
☐ + ☐ = ☐

37 + 39 = ☐

☐ + ☐ = ☐
☐ + ☐ = ☐
☐ + ☐ = ☐

58 + 13 = ☐

☐ + ☐ = ☐
☐ + ☐ = ☐
☐ + ☐ = ☐

15 + 74 = ☐

☐ + ☐ = ☐
☐ + ☐ = ☐
☐ + ☐ = ☐

52 + 29 = ☐

☐ + ☐ = ☐
☐ + ☐ = ☐
☐ + ☐ = ☐

23 + 67 = ☐

☐ + ☐ = ☐
☐ + ☐ = ☐
☐ + ☐ = ☐

4

a) 11 + 72
48 + 32
27 + 23
51 + 24

b) 83 + 16
44 + 31
12 + 63
41 + 19

a)	1	1	+	7	2	=		
	1	0	+	7	0	=	8	0
			1	+		2	=	3
	8	0	+		3	=		

c) 63 + 28
39 + 48
36 + 12
25 + 69

d) 85 + 13
19 + 34
29 + 38
28 + 44

e) 46 + 25
55 + 11
23 + 16
12 + 37

f) 18 + 19
23 + 76
15 + 83
66 + 33

5

Welche Aufgaben rechnest du mit $\frac{Z+Z}{E+E}$?

56 + 32

48 + 20 ☐

60 + 11 ☐

75 + 26 ☐

---

5. Erwartungshorizont: Bei der Addition von ganzen Zehnern ist dieser Rechenweg unnötig aufwendig.

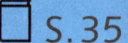
49 + 25

Erst addiere ich die Zehner der 2. Zahl.

Dann die Einer.

4	9	+	2	5	=		
4	9	+	**2**	**0**	=	6	9

4	9	+	2	5	=	7	4
4	9	+	**2**	**0**	=	6	9
6	9	+		**5**	=	7	4

1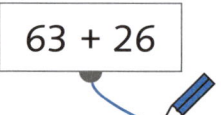

63 + 26	13 + 15	82 + 17	33 + 44

63 + 20 = 83	33 + 40 = 73	13 + 10 = 23	82 + 10 = 92
83 + 6 = 89	73 + 4 = 77	23 + 5 = 28	92 + 7 = 99

2

Ich denke an

68 + 21 = _____
68 + 20 = _____
88 + **1** = _____

45 + 56 = _____
45 + 50 = _____
_____ + _____ = _____

46 + 38 = _____
46 + 30 = _____
_____ + _____ = _____

54 + 37 = _____
54 + 30 = _____
_____ + _____ = _____

15 + 84 = _____
15 + 80 = _____
_____ + _____ = _____

72 + 26 = _____
72 + 20 = _____
_____ + _____ = _____

13 + 83 = _____
13 + 80 = _____
_____ + _____ = _____

21 + 79 = _____
21 + 70 = _____
_____ + _____ = _____

35 + 27 = _____
35 + 20 = _____
_____ + _____ = _____

44 + 19 = _____
44 + 10 = _____
_____ + _____ = _____

78 + 22 = _____
78 + 20 = _____
_____ + _____ = _____

1. Unterschied zwischen den Rechenwegen „Stellenweise" und „Schrittweise" thematisieren.

3

36 + 21 = ⬜
36 + ⬜ = ⬜
⬜ + ⬜ = ⬜

53 + 42 = ⬜
⬜ + ⬜ = ⬜
⬜ + ⬜ = ⬜

24 + 65 = ⬜
⬜ + ⬜ = ⬜
⬜ + ⬜ = ⬜

19 + 23 = ⬜
⬜ + ⬜ = ⬜
⬜ + ⬜ = ⬜

32 + 48 = ⬜
⬜ + ⬜ = ⬜
⬜ + ⬜ = ⬜

57 + 43 = ⬜
⬜ + ⬜ = ⬜
⬜ + ⬜ = ⬜

27 + 38 = ⬜
⬜ + ⬜ = ⬜
⬜ + ⬜ = ⬜

66 + 23 = ⬜
⬜ + ⬜ = ⬜
⬜ + ⬜ = ⬜

34 + 57 = ⬜
⬜ + ⬜ = ⬜
⬜ + ⬜ = ⬜

4

a) 53 + 28   b) 46 + 35   c) 18 + 65

d) 72 + 19   e) 21 + 49   f) 67 + 27

g) 34 + 64   h) 57 + 36   i) 19 + 73

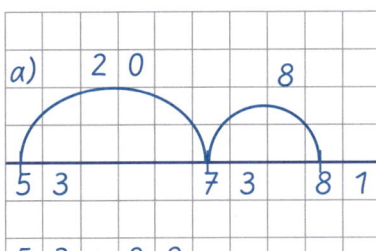

a)   2 0   8
5 3   7 3   8 1
5 3 + 2 8 =

5

a) 43 + 36
52 + 29
66 + 25
42 + 19

b) 61 + 24
65 + 23
34 + 43
18 + 52

c) 65 + 26
24 + 37
48 + 44
54 + 17

a) 4 3 + 3 6 =
4 3 + 3 0 = 7 3
7 3 +   6 =

d) 17 + 75
16 + 25
43 + 18
26 + 57

e) 45 + 17
89 + 11
68 + 25
19 + 66

f) 11 + 34
44 + 37
79 + 12
18 + 24

g) 72 + 29
68 + 16
12 + 88
32 + 49

Die Hilfsaufgabe

□ S. 36

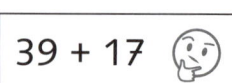
39 + 17

Ich weiß:
40 + 17 = 57

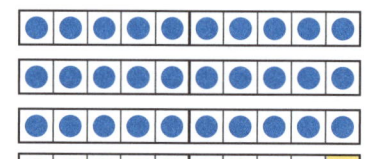

39 + 17 = 56
40 + 17 = 57

Das Ergebnis
ist 1 weniger:
39 + 17 = 56

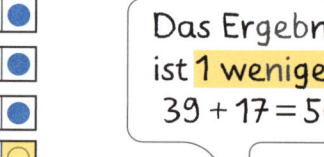

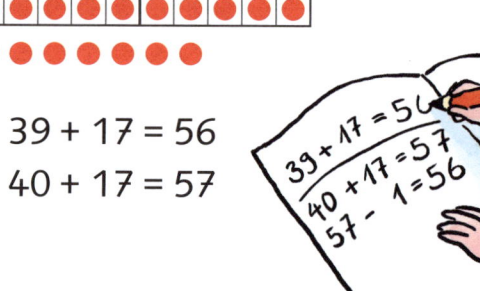

---

1 Welche Aufgabe hilft?

| 29 + 17 | 45 + 59 | 39 + 23 | 54 + 19 |

| 40 + 23 | 30 + 17 | 54 + 20 | 45 + 60 |

2

24 + ⑤⑨ =
24 + 60 = 84
84 − 1 =

Ich kreise ein,
was ich
verändere.

27 + 29 =
___ + ___ =
___ − ___ =

56 + 19 =
___ + ___ =
___ − ___ =

36 + 49 =
___ + ___ =
___ − ___ =

62 + 29 =
___ + ___ =
___ − ___ =

45 + 9 =
___ + ___ =
___ − ___ =

36 + 29 =
___ + ___ =
___ − ___ =

61 + 39 =
___ + ___ =
___ − ___ =

---

2. Zu verändernde Zahl einkreisen und Hilfsaufgabe notieren.

3

19 + 45 = ☐   49 + 34 = ☐   69 + 26 = ☐   39 + 32 = ☐

70 + 26 = ☐   20 + 45 = ☐   40 + 32 = ☐   50 + 34 = ☐
96 − 1 = ☐   65 − 1 = ☐   72 − 1 = ☐   84 − 1 = ☐

4

69 + 16 = ☐   49 + 33 = ☐   39 + 17 = ☐

70 + 16 = 86   ☐ + ☐ = ☐   40 + 17 = ☐

86 − 1 = ☐   ☐ − ☐ = ☐   ☐ − ☐ = ☐

29 + 54 = ☐   49 + 27 = ☐   19 + 66 = ☐

☐ + ☐ = ☐   ☐ + ☐ = ☐   ☐ + ☐ = ☐

☐ − ☐ = ☐   ☐ − ☐ = ☐   ☐ − ☐ = ☐

5

a) 46 + 29   b) 39 + 58   c) 26 + 39
   15 + 79   79 + 13   15 + 59
   33 + 59   49 + 32   49 + 49

a)	4	6	+	2	9	=	7	5
	4	6	+	3	0	=	7	6
	7	6	−		1	=	7	5

d) 19 + 78   e) 15 + 59   f) 11 + 39   g) 9 + 42
   28 + 29   19 + 72   69 + 11   49 + 44
   60 + 19   69 + 23   26 + 29   79 + 13

6

Welche Aufgaben rechnest du mit ◯ ?

23 + 34 ☐    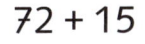 72 + 15 ☐   41 + 39 ☐

19 + 65 ☐

Alle Rechenwege

S. 37

Riesen und Zwerge	Verliebt in den Zehner	Aufgaben mit 10 helfen	Stellenweise addieren	Schrittweise addieren	Hilfsaufgabe
		$\frac{+/-}{10}$	$\begin{array}{c} Z+Z \\ E+E \end{array}$	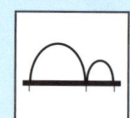	
32 + 4 2 + 4	38 + 4 38 + 2 + 2	23 + 9 23 + 10 − 1 23 + 11 23 + 10 + 1	24 + 33 = 20 + 30 = 50 4 + 3 = 7 50 + 7 = 57	49 + 25 = 49 + 20 = 69 69 + 5 = 74	23 + 29 23 + 30 − 1

1

24 + 4 = ☐

☐ = ☐

73 + 2 = ☐

☐ = ☐

Ich lege und rechne selbst.

2

74 + 8 = ☐

☐ = ☐

47 + 4 = ☐

☐ = ☐

Ich gucke und diktiere.

3

25 + 9 = ☐

☐ = ☐

35 + 9 = ☐

☐ = ☐

Ich diktiere, ohne zu gucken.

4

88 + 11 = ☐

☐ + ☐ = ☐

☐ + ☐ = ☐

☐ + ☐ = ☐

67 + 22 = ☐

☐ + ☐ = ☐

☐ + ☐ = ☐

☐ + ☐ = ☐

18 + 46 = ☐

☐ + ☐ = ☐

☐ + ☐ = ☐

☐ + ☐ = ☐

5

44 + 12 = ☐

☐ + ☐ = ☐

☐ + ☐ = ☐

45 + 48 = ☐

☐ + ☐ = ☐

☐ + ☐ = ☐

89 + 11 = ☐

☐ + ☐ = ☐

☐ + ☐ = ☐

6

27 + 29 = ☐

☐ + ☐ = ☐

☐ − ☐ = ☐

43 + 29 = ☐

☐ + ☐ = ☐

☐ − ☐ = ☐

79 + 13 = ☐

☐ + ☐ = ☐

☐ − ☐ = ☐

Rechenwege anhand der Checkliste aus Klasse 1 üben. Die Schritte der Checkliste helfen den SuS, sich sukzessive vom Material zu lösen, vgl. AH 1B S.29. **1.–6.** ↑ Weitere Aufgaben zu den Rechenwegen finden.

34 + 3 =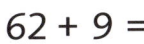

62 + 9 =

46 + 23 =

68 + 26 =

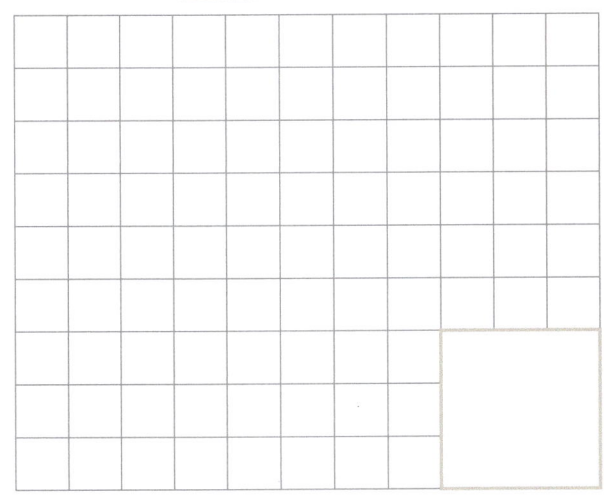

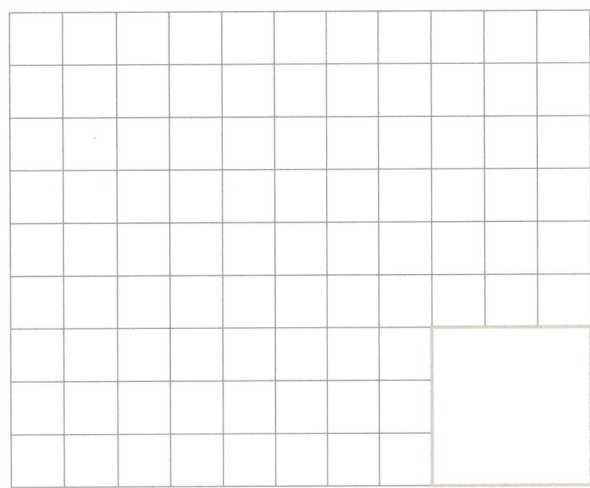

32 + 48 =

58 + 19 =

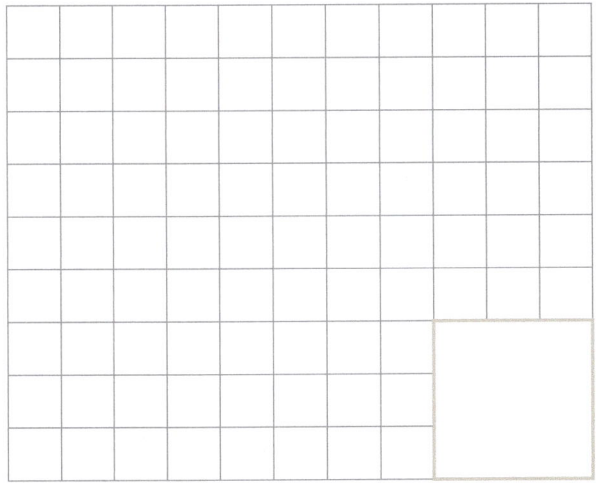

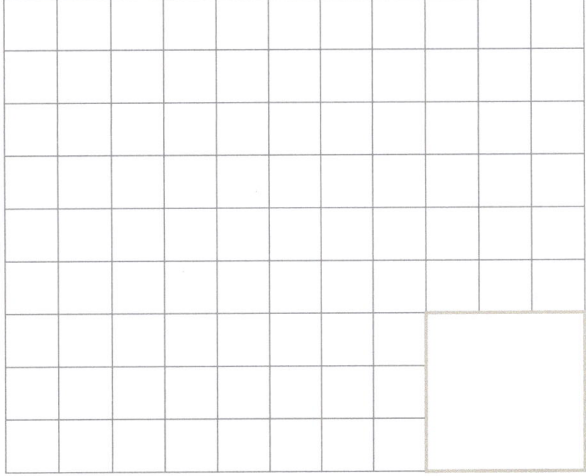

Welche Aufgaben fallen dir jetzt noch schwer?

---

7. Aufgaben mithilfe der erlernten Rechenwege lösen und entsprechendes Symbol zeichnen.

Zeig, was du kannst!

1

86 + 3 = ☐   61 + 7 = ☐   14 + 3 = ☐
        = ☐   = ☐   = ☐

21 + 6 = ☐   32 + 7 = ☐   63 + 5 = ☐
        = ☐   = ☐   = ☐

2

86 + ☐ = 90   41 + ☐ = 50   50 + 1 = ☐   8 + 20 = ☐

 29 + ☐ = 30   18 + ☐ = 20   60 + 7 = ☐   1 + 20 = ☐

63 + ☐ = 70   8 + ☐ = 10   30 + 4 = ☐   7 + 90 = ☐

74 + ☐ = 80   32 + ☐ = 40   50 + 6 = ☐   9 + 40 = ☐

3

86 + 7 = ☐   47 + 9 = ☐   37 + 4 = ☐
        = ☐   = ☐   = ☐

65 + 6 = ☐   19 + 3 = ☐   68 + 9 = ☐
        = ☐   = ☐   = ☐

79 + 8 = ☐   66 + 9 = ☐   54 + 7 = ☐
        = ☐   = ☐   = ☐

4

47 + 9 = ☐   83 + 9 = ☐   36 + 9 = ☐
        = ☐   = ☐   = ☐

5

60 + 40 = ☐   40 + 10 = ☐   60 + 13 = ☐

30 + 40 = ☐   30 + 30 = ☐   44 + 20 = ☐

20 + 40 = ☐   50 + 23 = ☐   70 + 18 = ☐

10 + 90 = ☐   12 + 80 = ☐   80 + 16 = ☐

6

27 + 69 = ☐   43 + 19 = ☐   17 + 65 = ☐

☐ + ☐ = ☐   ☐ + ☐ = ☐   ☐ + ☐ = ☐

☐ + ☐ = ☐   ☐ + ☐ = ☐   ☐ + ☐ = ☐

☐ + ☐ = ☐   ☐ + ☐ = ☐   ☐ + ☐ = ☐

48 + 8 = ☐   13 + 29 = ☐   63 + 28 = ☐

☐ + ☐ = ☐   ☐ + ☐ = ☐   ☐ + ☐ = ☐

☐ + ☐ = ☐   ☐ + ☐ = ☐   ☐ + ☐ = ☐

☐ + ☐ = ☐   ☐ + ☐ = ☐   ☐ + ☐ = ☐

7

76 + 12 = ☐   44 + 33 = ☐   24 + 34 = ☐

☐ + ☐ = ☐   ☐ + ☐ = ☐   ☐ + ☐ = ☐

☐ + ☐ = ☐   ☐ + ☐ = ☐   ☐ + ☐ = ☐

84 + 14 = ☐   53 + 46 = ☐   21 + 77 = ☐

☐ + ☐ = ☐   ☐ + ☐ = ☐   ☐ + ☐ = ☐

☐ + ☐ = ☐   ☐ + ☐ = ☐   ☐ + ☐ = ☐

8

15 + 79 = ☐   14 + 79 = ☐   69 + 11 = ☐

☐ + ☐ = ☐   ☐ + ☐ = ☐   ☐ + ☐ = ☐

☐ – ☐ = ☐   ☐ – ☐ = ☐   ☐ – ☐ = ☐

Subtraktion bis 100

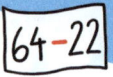

leicht	schwer
6 − 4	36 − 4
10 − 5	

38 − 4

36 − 10

7 − 8   6 − 3   32 − 2   48 − 18

29 − 17

8 −   25 − 9

die Subtraktion
subtrahieren

1

| 36 − 4 |
| 32 − 7 |
| 30 − 6 |
| 32 − 5 |
| 36 − 10 |
| 54 − 30 |
| 48 − 20 |
| 28 − 5 |
| 8 − 5 |

36 − 4 = 32
Minuend Subtrahend Differenz

☺ leicht

🤔 schwer

| 6 − 4 |
| 32 − 2 |
| 36 − 9 |
| 30 − 5 |
| 80 − 50 |
| 54 − 28 |
| 67 − 24 |
| 48 − 25 |
| 54 − 29 |

2 Löse die leichten Aufgaben im Heft.

3 Erkläre deinen Rechenweg.

S.	6	2		N	r.	2
	2	8	−	5	=	
		8	−	5	=	

---

1. SuS schätzen individuell ein, was eine leichte/schwere Aufgabe für sie ist.

Riesen und Zwerge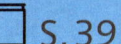

S. 39

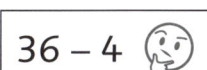

Ich weiß:
6 – 4 = 2

Das Ergebnis ist 30 mehr:
36 – 4 = 32

3 6 – 4 = 3 2
6 – 4 = 2

1

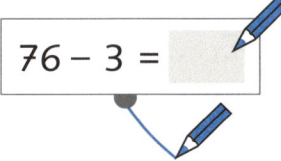

| 76 – 3 = | 57 – 2 = | 48 – 1 = | 65 – 4 = |

| 8 – 1 = | 6 – 3 = | 5 – 4 = | 7 – 2 = |

2 Rechne erst die Zwergenaufgabe.

27 – 4 =   75 – 3 =   89 – 6 =   46 – 2 =

☐ – 4 =   ☐ – 3 =   ☐ – 6 =   ☐ – 2 =

33 – 2 =   98 – 7 =   54 – 4 =   67 – 4 =

☐ – ☐ =   ☐ – ☐ =   ☐ – ☐ =   ☐ – ☐ =

3 Nutze .

a) 58 – 6   b) 33 – 3   c) 47 – 3   d) 28 – 6
64 – 3   45 – 4   79 – 6   94 – 3
22 – 1   86 – 4   99 – 7   78 – 5
57 – 2   63 – 2   74 – 2   46 – 6

1

83 – ⬜ = 80   93 – ⬜ = 90

86 – ⬜ = 80   85 – ⬜ = 80   Das Ergebnis ist immer der VZ.

57 – ⬜ = 50   45 – ⬜ = 40   65 – ⬜ = ⬜   64 – ⬜ = ⬜

26 – ⬜ = 20   69 – ⬜ = 60   37 – ⬜ = ⬜   58 – ⬜ = ⬜

2

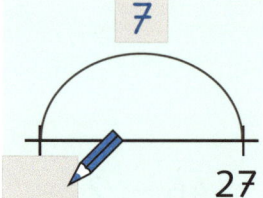
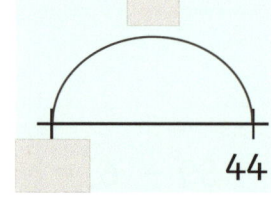
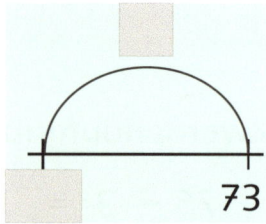
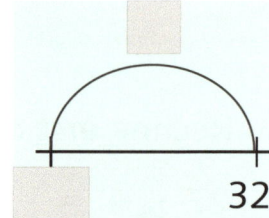

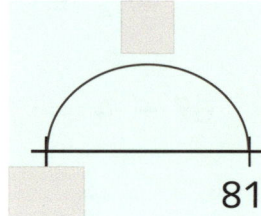
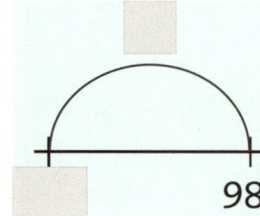
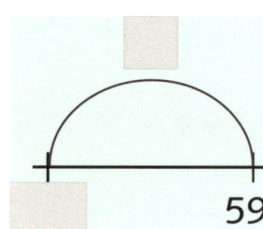
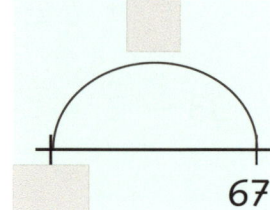

3 ✔ oder ✗ ?

56 – 5 = 60 ⬜　　　　　43 – 3 = 40 ⬜

89 – 9 = 90 ⬜　　　　　67 – 4 = 60 ⬜

77 – 7 = 80 ⬜　　　　　52 – 2 = 50 ⬜

Nachbarzehner wiederholen: Nachfolge-Zehner (NZ) und Vorgänger-Zehner (VZ).
3. Aufgaben prüfen und ggf. verbessern.

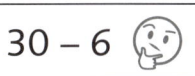

1

60 – 4 =

70 – 3 =

50 – 2 =

80 – 7 =

70 – 9 =

90 – 5 =

1

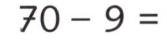

40 – 6 =	50 – 9 =	60 – 5 =	90 – 1 =
70 – 9 =	30 – 8 =	80 – 6 =	80 – 2 =
20 – 2 =	90 – 7 =	70 – 4 =	40 – 4 =
80 – 3 =	60 – 3 =	40 – 9 =	30 – 5 =
10 – 5 =	20 – 9 =	50 – 2 =	100 – 9 =

1. Anzahl der Einer in der Darstellung wegstreichen und Aufgabe lösen.

32 – 7 🤔

$$32 - 7 = 25$$
$$32 - 2 - 5 = 25$$

Minus 2 ● bis zum VZ.

Dann minus 5●.

1

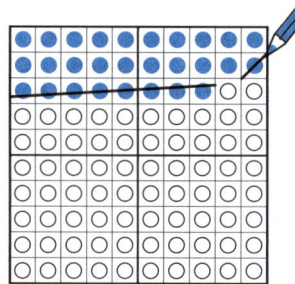

$$28 - 9 = \boxed{}$$
$$28 - 8 \,-\, \boxed{} = \boxed{}$$

$$75 - 6 = \boxed{}$$
$$75 - 5 \,-\, \boxed{} = \boxed{}$$

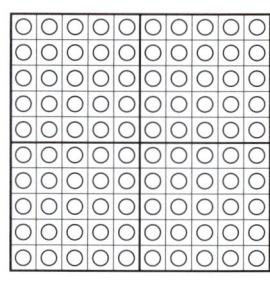

$$63 - 5 = \boxed{}$$
$$63 - 3 \,-\, \boxed{} = \boxed{}$$

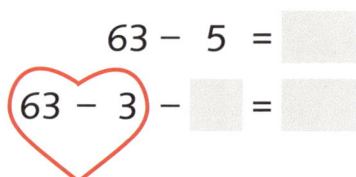

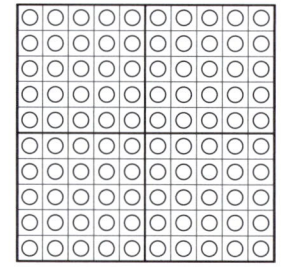

$$31 - 3 = \boxed{}$$
$$31 - \boxed{} \,-\, \boxed{} = \boxed{}$$

$$26 - 7 = \boxed{}$$
$$26 - \boxed{} \,-\, \boxed{} = \boxed{}$$

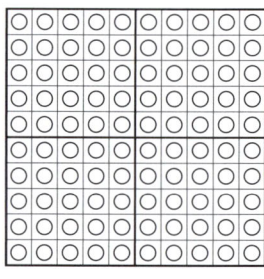

$$54 - 7 = \boxed{}$$
$$54 - \boxed{} \,-\, \boxed{} = \boxed{}$$

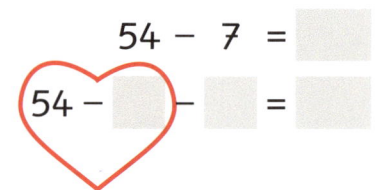

2 Nutze .

a) 78 – 9
  73 – 6
  72 – 3

b) 93 – 6
  84 – 8
  71 – 3

c) 82 – 8
  95 – 8
  52 – 3

a)	7	8	–	9		=
	7	8	–	8	– 1	=

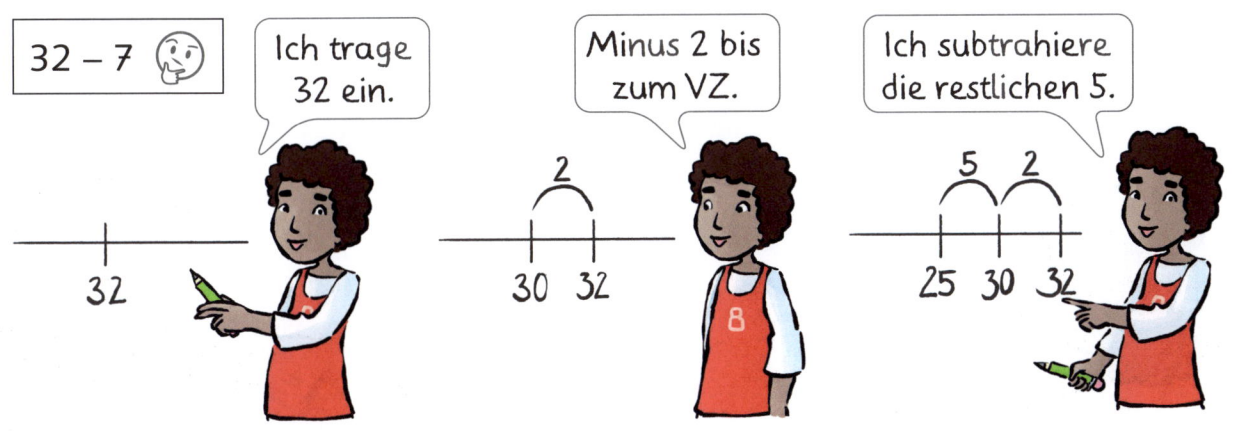

3

| 36 − 8 | 56 − 7 | 83 − 5 |

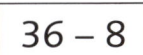
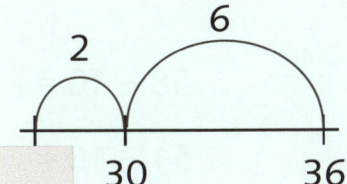

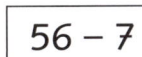
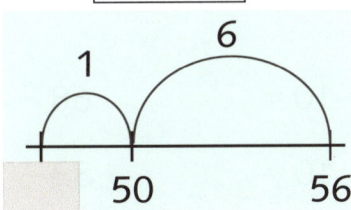

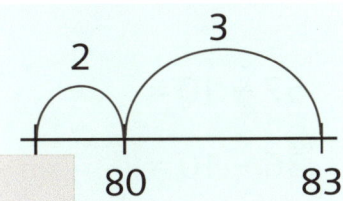

| 46 − 8 | 62 − 9 | 35 − 7 |

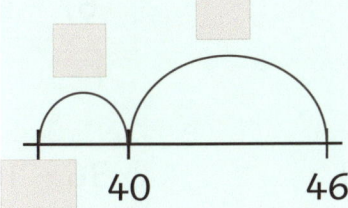
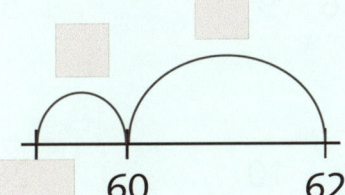
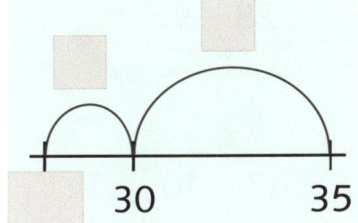

| 75 − 7 | 25 − 9 | 44 − 8 |

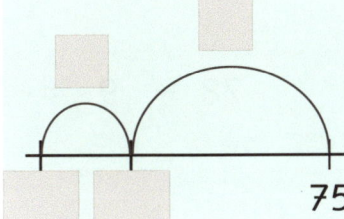
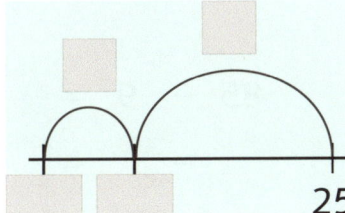
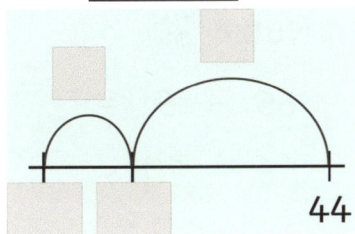

4 Löse mit dem Rechenstrich.

a) 92 − 6   b) 54 − 9   c) 51 − 3   d) 81 − 8
   27 − 9   33 − 8   42 − 5   63 − 7

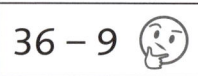 36 − 9

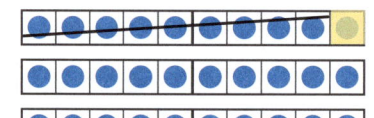 Ich weiß:
36 − 10 = 26

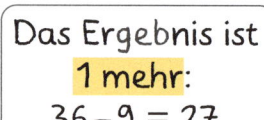 Das Ergebnis ist
1 mehr:
36 − 9 = 27

36 − 9 = 27
36 − 10 = 26

1

57 − 10 =	94 − 10 =	68 − 10 =	58 − 10 =
36 − 10 =	75 − 10 =	83 − 10 =	51 − 10 =

2

28 − 9	36 − 9	54 − 9	67 − 9

67 − 10	54 − 10	28 − 10	36 − 10

3 Nutze .

66 − 9 =   85 − 9 =   78 − 9 =

66 − 10 =   ﹍ − ﹍ =   ﹍ − ﹍ =

81 − 9 =   52 − 9 =   25 − 9 =

﹍ − ﹍ =   ﹍ − ﹍ =   ﹍ − ﹍ =

63 − 9 =   43 − 9 =   66 − 9 =

﹍ − ﹍ =   ﹍ − ﹍ =   ﹍ − ﹍ =

4

95 − 9 = [ ]   92 − 9 = [ ]   61 − 9 = [ ]   88 − 9 = [ ]

61 − 10 = [ ]   92 − 10 = [ ]   95 − 10 = [ ]   88 − 10 = [ ]
51 + 1 = [ ]   82 + 1 = [ ]   85 + 1 = [ ]   78 + 1 = [ ]

5

94 − 9 = [ ]   63 − 9 = [ ]   91 − 9 = [ ]
94 − 10 = 84   63 − 10 = [ ]   91 − 10 = [ ]
84 + 1 = 85   [ ] + [ ] = [ ]   [ ] + [ ] = [ ]

71 − 9 = [ ]   83 − 9 = [ ]   96 − 9 = [ ]
[ ] − [ ] = [ ]   [ ] − [ ] = [ ]   [ ] − [ ] = [ ]
[ ] + [ ] = [ ]   [ ] + [ ] = [ ]   [ ] + [ ] = [ ]

67 − 8 = [ ]   38 − 9 = [ ]   46 − 8 = [ ]
[ ] − [ ] = [ ]   [ ] − [ ] = [ ]   [ ] − [ ] = [ ]
[ ] + [ ] = [ ]   [ ] + [ ] = [ ]   [ ] + [ ] = [ ]

6

65 − 9 = [ ]   51 − 9 = [ ]   11 − 9 = [ ]   37 − 8 = [ ]
84 − 9 = [ ]   73 − 9 = [ ]   58 − 9 = [ ]   82 − 9 = [ ]
43 − 9 = [ ]   32 − 9 = [ ]   93 − 9 = [ ]   46 − 8 = [ ]

7

✔ oder ✘ ?

a) 58 − 9 = 50   b) 76 − 9 = 66   c) 64 − 9 = 36
   59 − 10 = 49   76 − 10 = 67   64 − 10 = 45
   49 − 1 = 50 [ ]   67 − 1 = 66 [ ]   45 − 1 = 36 [ ]

6. ↓ Rechenschritte im Heft notieren.
7. Aufgaben prüfen und ggf. im Heft verbessern. ↑ Erklären, welcher Fehler gemacht wurde.

Zehner subtrahieren

S. 45

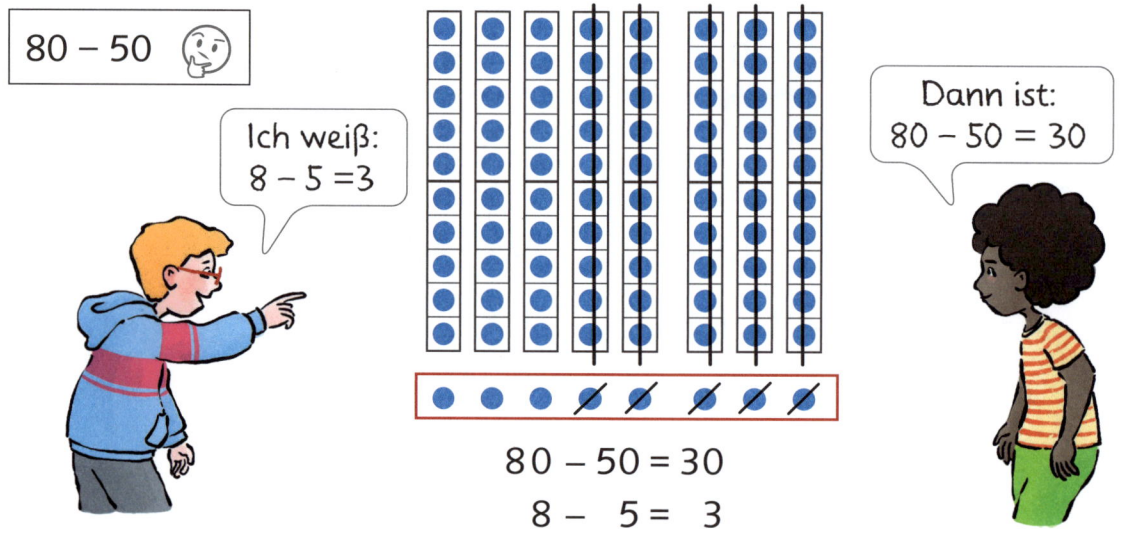

80 – 50

Ich weiß:
8 – 5 = 3

Dann ist:
80 – 50 = 30

80 – 50 = 30
8 – 5 = 3

1

70 – 40 =

50 – 30 =

80 – 40 =

60 – 60 =

6 – 6 =

5 – 3 =

7 – 4 =

8 – 4 =

2 Rechne erst die einfache Aufgabe.

50 – 40 =   60 – 20 =   80 – 20 =   40 – 30 =

5 – 4 =   6 – 2 =   8 – 2 =   4 – 3 =

70 – 20 =   50 – 10 =   90 – 60 =   60 – 40 =

☐ – ☐ =   ☐ – ☐ =   ☐ – ☐ =   ☐ – ☐ =

3

40 – 20 =   50 – 30 =   70 – 20 =   90 – 30 =

50 – 50 =   60 – 30 =   80 – 80 =   30 – 10 =

80 – 50 =   60 – 10 =   20 – 10 =   60 – 50 =

50 – 20 =   80 – 30 =   40 – 30 =   100 – 10 =

2. ↓ Die Aufgabe mit Material legen.
3. ↓ Die leichte Aufgabe zuerst aufschreiben und im Heft lösen lassen.

4 a)

Speech bubble: 70 – 30 = 40
Dann + 2.

a)	7	2	–	3	0	=		
		7	0	–	3	0	=	4	0
		4	0	+		2	=	

b)

c)

d)

5 Was fällt dir bei den Ergebnissen auf?

53 – 30 =   60 – 40 =

Speech bubble: Das Ergebnis wird immer um ...

52 – 30 =   62 – 40 =

51 – 30 =   64 – 40 =

50 – 30 =   66 – 40 =

76 – 60 =   87 – 50 =   92 – 30 =   105 – 20 =

74 – 60 =   85 – 50 =   91 – 30 =   100 – 20 =

72 – 60 =   83 – 50 =   90 – 30 =   95 – 20 =

70 – 60 =   81 – 50 =   89 – 30 =   90 – 20 =

6

71 – 10 =   59 – 10 =   60 – 20 =   21 – 10 =

88 – 50 =   60 – 40 =   49 – 30 =   85 – 30 =

65 – 50 =   36 – 30 =   85 – 60 =   96 – 10 =

7

a) 74 – 20   b) 44 – 20   c) 33 – 30   d) 93 – 80   e) 76 – 50
   86 – 30   64 – 40   88 – 20   25 – 10   101 – 90

5. ↑ SuS notieren Entdeckungen im Heft.

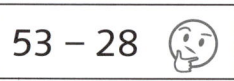

53 − 28

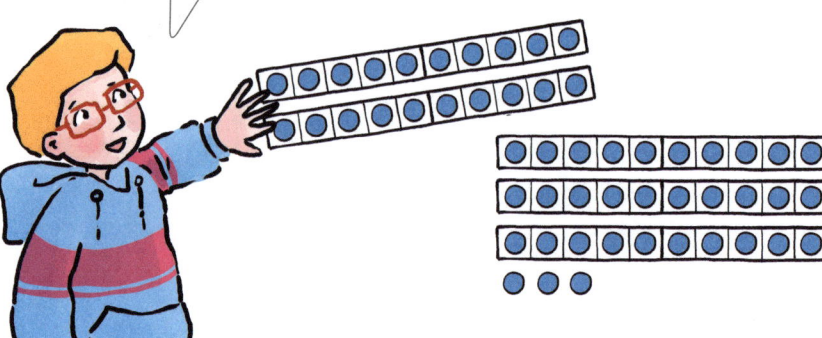

Wie kann ich die Aufgabe lösen?

---

1 Wie löst Samu die Aufgabe? In welcher Reihenfolge? | 53 − 28 |

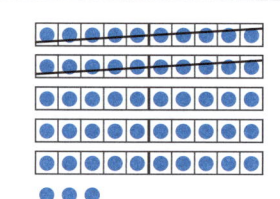 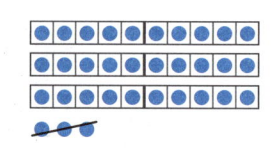 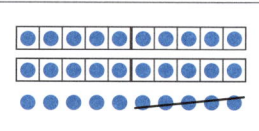

Zuletzt subtrahiere ich die restlichen Einer: 30 − 5 = 25

Dann subtrahiere ich die Einer. Zuerst −3 bis zum VZ: 33 − 3 = 30

Ich subtrahiere zuerst die Zehner: 53 − 20 = 33

2 Rechne wie Ella. | 53 − 28 |

Ich subtrahiere von 53 zuerst 30. So erhalte ich 23.

Dann addiere ich 2. Das Ergebnis ist 25.

1. Lösungsweg in die richtige Reihenfolge bringen, nachvollziehen und beschreiben. ↓ Samus Lösungsweg mit Legematerial nachvollziehen. Rechenschritte notieren. 2. ↑ Rechenwege mit einem Partnerkind besprechen.

Erst die Zehner, dann die Einer. Wenn ich 3−8 rechne, muss ich mir 5 borgen. Also −5.

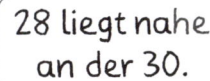
28 liegt nahe an der 30.

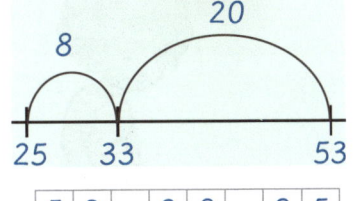

8   20
25   33   53

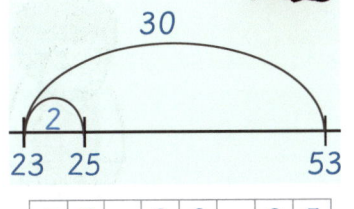

30
2
23 25   53

5	3	−	2	8	=	2	5
5	0	−	2	0	=	3	0
	3	−		8	=	−	5
3	0	−		5	=	2	5

5	3	−	2	8	=	2	5
5	3	−	2	0	=	3	3
3	3	−		8	=	2	5

5	3	−	2	8	=	2	5
5	3	−	3	0	=	2	3
2	3	+		2	=	2	5

3   Wie lösen Samu, Amari und Noa die Aufgabe?

Finde deinen Weg.

4   Wie löst du die Aufgabe?

a) $57 - 25$ b) $46 - 33$ c) $62 - 11$ d) $79 - 44$

e) $35 - 19$ f) $72 - 54$ g) $86 - 28$ h) $53 - 39$

i) $76 - 23$ j) $38 - 29$ k) $45 - 33$ l) $96 - 88$

m) $43 - 26$ n) $57 - 29$ o) $55 - 23$ p) $85 - 19$

5   Mein Lösungsweg.

Zuerst rechne ich ..., dann ...

Ich subtrahiere von der 1. Zahl ...

Zuerst nehme ich ..., dann ...

Ich subtrahiere vom Minuenden ...

3. ↓ Lösungswege mit Legematerial und Zahlbildern nachvollziehen. Rechenschritte notieren.
4. ↓ SuS nutzen nur einen Rechenweg.

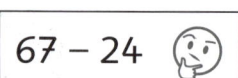
67 – 24 🤔

Erst subtrahiere ich die Zehner: 6 Z – 2 Z = 4 Z.

Dann die Einer: 7 E – 4 E = 3 E.

Dann addiere ich die beiden Ergebnisse.

6	7	–	2	4	=		
6	0	–	2	0	=	4	0

6	7	–	2	4	=	4	3
6	0	–	2	0	=	4	0
	7	–		4	=		3

	6	7	–	2	4	=	4	3
Z – Z	6	0	–	2	0	=	4	0
E – E		7	–		4	=		3
	4	0	+		3	=	4	3

1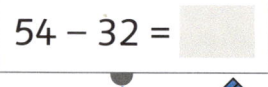

54 – 32 = ☐   36 – 15 = ☐   78 – 26 = ☐   65 – 41 = ☐

70 – 20 = 50
8 – 6 = 2

30 – 10 = 20
6 – 5 = 1

50 – 30 = 20
4 – 2 = 2

60 – 40 = 20
5 – 1 = 4

2

29 – 17 = ☐
20 – 10 = 10
9 – 7 = 2
10 + 2 = ☐

48 – 25 = ☐
40 – 20 = ☐
8 – 5 = ☐
☐ + ☐ = ☐

57 – 35 = ☐
50 – 30 = ☐
7 – 5 = ☐
☐ + ☐ = ☐

74 – 23 = ☐
70 – 20 = ☐
4 – 3 = ☐
☐ + ☐ = ☐

85 – 41 = ☐
80 – 40 = ☐
5 – 1 = ☐
☐ + ☐ = ☐

49 – 17 = ☐
40 – 10 = ☐
9 – 7 = ☐
☐ + ☐ = ☐

3

42 − 24 = ☐

─────────────

40 − 20 = 20

2 − 4 = -2

20 − 2 = ☐

> Wenn ich
> 2 − 4 rechne, muss
> ich mir 2 borgen.
> Also am Ende − 2.

64 − 37 = ☐

─────────────

60 − 30 = ☐

4 − 7 = ☐

☐ − ☐ = ☐

32 − 23 = ☐

─────────────

30 − 20 = ☐

2 − 3 = ☐

☐ − ☐ = ☐

76 − 48 = ☐

─────────────

70 − 40 = ☐

6 − 8 = ☐

☐ − ☐ = ☐

62 − 56 = ☐

─────────────

☐ − ☐ = ☐

☐ − ☐ = ☐

51 − 24 = ☐

─────────────

☐ − ☐ = ☐

☐ − ☐ = ☐

☐ − ☐ = ☐

94 − 56 = ☐

─────────────

☐ − ☐ = ☐

☐ − ☐ = ☐

☐ − ☐ = ☐

76 − 57 = ☐

─────────────

☐ − ☐ = ☐

☐ − ☐ = ☐

☐ − ☐ = ☐

4

a) 68 − 54
57 − 53
73 − 12
61 − 42

b) 67 − 52
77 − 37
55 − 24
76 − 74

a)	6	8	−	5	4	=		
	6	0	−	5	0	=	1	0
		8	−		4	=		4
	1	0	+		4	=		

c) 79 − 34
89 − 64
84 − 37
77 − 46

d) 65 − 46
59 − 58
74 − 12
68 − 64

e) 98 − 93
52 − 32
93 − 79
58 − 47

f) 36 − 22
98 − 72
26 − 14
102 − 21

5

Welche Aufgaben rechnest du mit $\frac{Z-Z}{E-E}$?

69 − 46 ☐

38 − 23 ☐

80 − 19 ☐

74 − 30 ☐

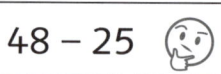 48 – 25 🤔

Erst subtrahiere ich die Zehner der 2. Zahl.

Dann die Einer.

4	8	–	2	5	=		
4	8	–	**2**	**0**	=	2	8

4	8	–	2	5	=	2	3
4	8	–	**2**	**0**	=	2	8
2	8	–		**5**	=	2	3

1

73 – 21	47 – 16	85 – 53	64 – 43

64 – 40 = 24	85 – 50 = 35	73 – 20 = 53	47 – 10 = 37
24 – 3 = 21	35 – 3 = 32	53 – 1 = 52	37 – 6 = 31

2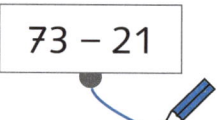

64 – 33 = ☐
64 – 30 = ☐
34 – **3** = ☐

58 – 27 = ☐
58 – 20 = ☐
☐ – ☐ = ☐

79 – 56 = ☐
79 – 50 = ☐
☐ – ☐ = ☐

96 – 74 = ☐
96 – 70 = ☐
☐ – ☐ = ☐

86 – 32 = ☐
86 – 30 = ☐
☐ – ☐ = ☐

69 – 28 = ☐
69 – 20 = ☐
☐ – ☐ = ☐

95 – 31 = ☐
95 – 30 = ☐
☐ – ☐ = ☐

73 – 42 = ☐
73 – 40 = ☐
☐ – ☐ = ☐

100 – 84 = ☐
100 – 80 = ☐
☐ – ☐ = ☐

53 – 42 = ☐
53 – 40 = ☐
☐ – ☐ = ☐

43 – 37 = ☐
43 – 30 = ☐
☐ – ☐ = ☐

68 – 35 = ☐
68 – 30 = ☐
☐ – ☐ = ☐

Unterschied zwischen den Rechenwegen „Stellenweise" und „Schrittweise" thematisieren.

3
38 − 19 = ☐
38 − ☐ = ☐
☐ − ☐ = ☐

93 − 28 = ☐
☐ − ☐ = ☐
☐ − ☐ = ☐

54 − 26 = ☐
☐ − ☐ = ☐
☐ − ☐ = ☐

33 − 18 = ☐
☐ − ☐ = ☐
☐ − ☐ = ☐

47 − 28 = ☐
☐ − ☐ = ☐
☐ − ☐ = ☐

102 − 84 = ☐
☐ − ☐ = ☐
☐ − ☐ = ☐

4

47 − 33

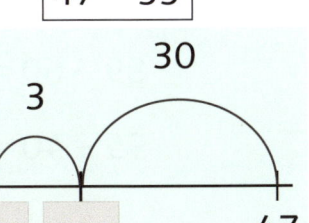

3   30

47

84 − 65

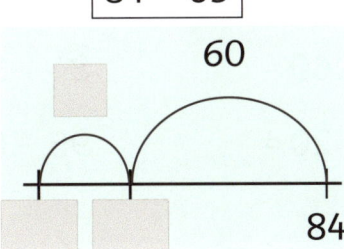

60

84

62 − 19

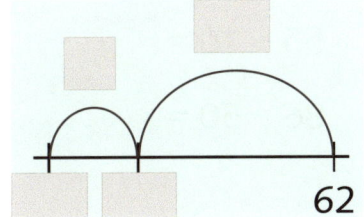

62

5
a) 74 − 22   b) 44 − 33   c) 69 − 46

d) 37 − 14   e) 55 − 36   f) 68 − 49

g) 77 − 62   h) 64 − 14   i) 46 − 37

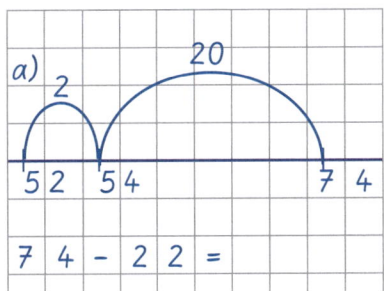

a)   2   20
52 54   74
74 − 22 =

6
a) 66 − 51
56 − 55
64 − 44

b) 61 − 31
88 − 25
89 − 67

c) 72 − 25
63 − 14
85 − 19

d) 68 − 29
33 − 15
44 − 25

e) 95 − 37
84 − 58
71 − 35

f) 94 − 68
98 − 18
89 − 66

g) 91 − 54
93 − 18
92 − 77

f) 32 − 18
96 − 78
55 − 26

Die Hilfsaufgabe S. 49

54 − 29

Ich weiß:
54 − 30 = 24

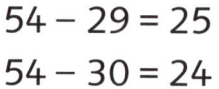

54 − 29 = 25
54 − 30 = 24

Das Ergebnis
ist 1 mehr:
54 − 29 = 25

54 − 29 = 25
54 − 30 = 24
24 + 1 = 25

1

55 − 10 = ☐ 92 − 60 = ☐ 84 − 30 = ☐ 89 − 60 = ☐

86 − 50 = ☐ 75 − 20 = ☐ 95 − 80 = ☐ 95 − 40 = ☐

2 Welche Aufgabe hilft?

| 47 − 29 | 74 − 18 | 26 − 19 | 52 − 39 |

| 74 − 20 | 47 − 30 | 52 − 40 | 26 − 20 |

3

64 − (39) = ☐
——————
64 − 40 = 24
24 + 1 = ☐

Ich kreise ein,
was ich
verändere.

33 − 19 = ☐
——————
☐ − ☐ = ☐
☐ + ☐ = ☐

87 − 49 = ☐
——————
☐ − ☐ = ☐
☐ + ☐ = ☐

45 − 29 = ☐
——————
☐ − ☐ = ☐
☐ + ☐ = ☐

51 − 29 = ☐
——————
☐ − ☐ = ☐
☐ + ☐ = ☐

Zu verändernde Zahl einkreisen und Hilfsaufgabe notieren.

4

| 49 − 15 = ☐ | 79 − 35 = ☐ | 89 − 54 = ☐ | 59 − 26 = ☐ |

| 90 − 54 = 36 | 60 − 26 = 34 | 80 − 35 = 45 | 50 − 15 = 35 |
| 36 − 1 = ☐ | 34 − 1 = ☐ | 45 − 1 = ☐ | 35 − 1 = ☐ |

5

(69) − 16 = ☐	79 − 53 = ☐	49 − 32 = ☐
70 − 16 = 54	80 − 53 = ☐	50 − 32 = ☐
54 − 1 = ☐	☐ − ☐ = ☐	☐ − ☐ = ☐

99 − 46 = ☐	69 − 23 = ☐	59 − 37 = ☐
☐ − ☐ = ☐	☐ − ☐ = ☐	☐ − ☐ = ☐
☐ − ☐ = ☐	☐ − ☐ = ☐	☐ − ☐ = ☐

6

a) 82 − 59
   84 − 59
   71 − 29

b) 97 − 89
   96 − 49
   92 − 69

c) 39 − 18
   101 − 99
   87 − 49

a)	8	2	−	5	9	=	2	3
	8	2	−	6	0	=	2	2
	2	2	+		1	=	2	3

d) 89 − 61
   75 − 39
   79 − 42

e) 93 − 79
   96 − 69
   91 − 39

f) 35 − 29
   29 − 16
   54 − 19

g) 89 − 78
   73 − 28
   94 − 88

7

Welche Aufgaben rechnest du mit ?

| 65 − 34 | ☐ | | 72 − 15 | ☐ | | 44 − 39 | ☐ |

| 54 − 31 | ☐ |

Alle Rechenwege

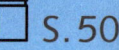 S. 50

Riesen und Zwerge	Verliebt in den Zehner	Aufgaben mit 10 helfen	Stellenweise subtrahieren	Schrittweise subtrahieren	Hilfsaufgabe
		+/− 10	Z−Z E−E	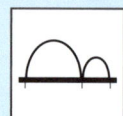	
36 − 4 6 − 4	32 − 7 32 − 2 − 5	36 − 9 36 − 10 + 1 36 − 11 36 − 10 − 1	67 − 24 = 60 − 20 = 40 7 − 4 = 3 40 + 3 = 43	48 − 25 = 48 − 20 = 28 28 − 5 = 23	54 − 29 54 − 30 + 1

1

$86 - 4 =$ ⬚

⬚ = ⬚

$95 - 5 =$ ⬚

⬚ = ⬚

> Ich lege und rechne selbst.
>

2

$66 - 9 =$ ⬚

⬚ = ⬚

$72 - 5 =$ ⬚

⬚ = ⬚

> Ich gucke und diktiere.
>

3 +/− 10

$76 - 9 =$ ⬚

⬚ = ⬚

$55 - 9 =$ ⬚

⬚ = ⬚

> Ich diktiere, ohne zu gucken.
>

4 Z−Z E−E

$98 - 27 =$ ⬚

⬚ − ⬚ = ⬚

⬚ − ⬚ = ⬚

⬚ + ⬚ = ⬚

$77 - 45 =$ ⬚

⬚ − ⬚ = ⬚

⬚ − ⬚ = ⬚

⬚ + ⬚ = ⬚

$66 - 47 =$ ⬚

⬚ − ⬚ = ⬚

⬚ − ⬚ = ⬚

⬚ + ⬚ = ⬚

5

$53 - 15 =$ ⬚

⬚ − ⬚ = ⬚

⬚ − ⬚ = ⬚

$90 - 33 =$ ⬚

⬚ − ⬚ = ⬚

⬚ − ⬚ = ⬚

$93 - 86 =$ ⬚

⬚ − ⬚ = ⬚

⬚ − ⬚ = ⬚

6

$95 - 69 =$ ⬚

⬚ − ⬚ = ⬚

⬚ + ⬚ = ⬚

$59 - 38 =$ ⬚

⬚ − ⬚ = ⬚

⬚ − ⬚ = ⬚

$89 - 16 =$ ⬚

⬚ − ⬚ = ⬚

⬚ − ⬚ = ⬚

1.–6. ↑ Weitere Aufgaben zu den Rechenwegen finden.

34 − 3 = [ ]

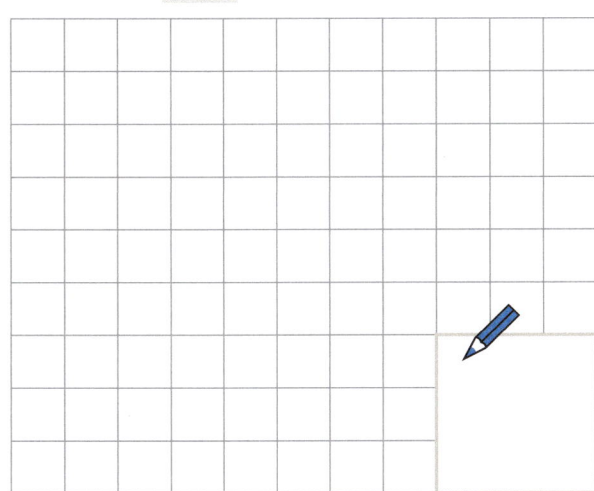

62 − 9 = [ ]

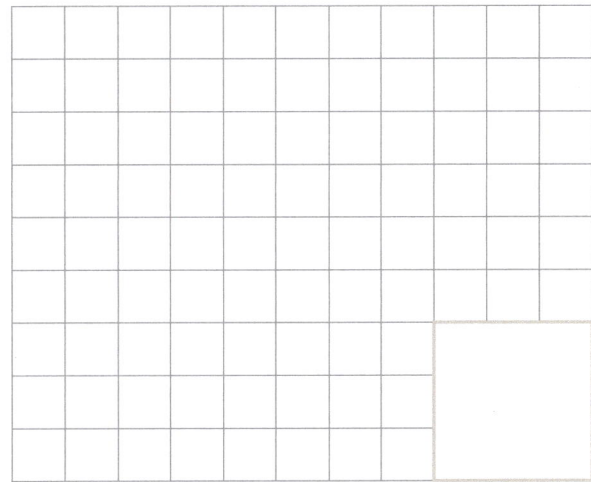

46 − 23 = [ ]

83 − 6 = [ ]

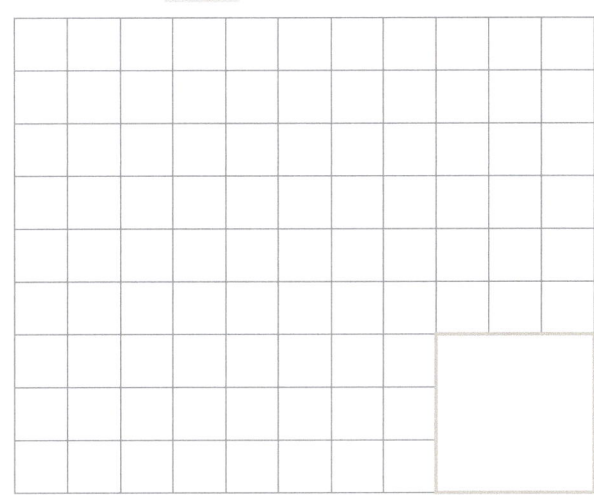

48 − 36 = [ ]

58 − 39 = [ ]

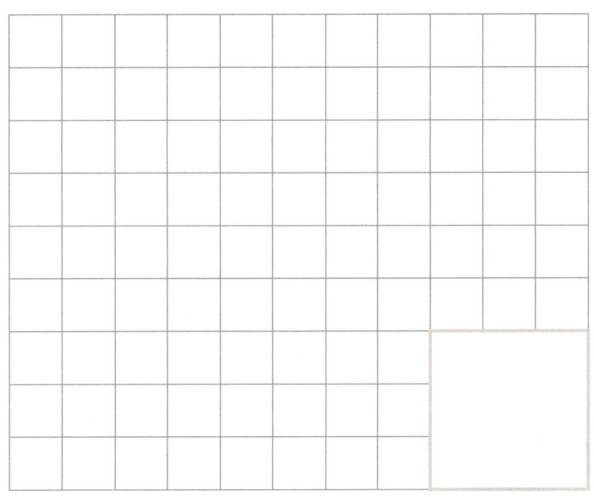

Welche Aufgaben fallen
dir jetzt noch schwer?

7. Aufgaben mithilfe der erlernten Rechenwege lösen und entsprechendes Symbol zeichnen.

Zeig, was du kannst!

1

 83 − 1 = ⬚   58 − 4 = ⬚   78 − 5 = ⬚

⬚ = ⬚   ⬚ = ⬚   ⬚ = ⬚

46 − 6 = ⬚   64 − 2 = ⬚   73 − 2 = ⬚

⬚ = ⬚   ⬚ = ⬚   ⬚ = ⬚

2 40 − 3 = ⬚   30 − 8 = ⬚   55 − ⬚ = 50   39 − ⬚ = 30

80 − 7 = ⬚   50 − 5 = ⬚   23 − ⬚ = 20   74 − ⬚ = 70

90 − 9 = ⬚   70 − 9 = ⬚   68 − ⬚ = 60   63 − ⬚ = 60

60 − 1 = ⬚   90 − 7 = ⬚   72 − ⬚ = 70   31 − ⬚ = 30

3

71 − 6 = ⬚   67 − 8 = ⬚   65 − 6 = ⬚

⬚ = ⬚   ⬚ = ⬚   ⬚ = ⬚

83 − 4 = ⬚   61 − 6 = ⬚   81 − 5 = ⬚

⬚ = ⬚   ⬚ = ⬚   ⬚ = ⬚

78 − 9 = ⬚   66 − 9 = ⬚   54 − 7 = ⬚

⬚ = ⬚   ⬚ = ⬚   ⬚ = ⬚

4

47 − 9 = ⬚   83 − 9 = ⬚   36 − 9 = ⬚

⬚ = ⬚   ⬚ = ⬚   ⬚ = ⬚

5

70 – 10 = ⬚ 80 – 40 = ⬚ 28 – 20 = ⬚

60 – 20 = ⬚ 40 – 30 = ⬚ 46 – 20 = ⬚

80 – 20 = ⬚ 90 – 30 = ⬚ 34 – 10 = ⬚

20 – 10 = ⬚ 100 – 90 = ⬚ 89 – 60 = ⬚

☺ 🤔

6

98 – 67 = ⬚   87 – 43 = ⬚   59 – 26 = ⬚
⬚ – ⬚ = ⬚   ⬚ – ⬚ = ⬚   ⬚ – ⬚ = ⬚
⬚ – ⬚ = ⬚   ⬚ – ⬚ = ⬚   ⬚ – ⬚ = ⬚
⬚ + ⬚ = ⬚   ⬚ + ⬚ = ⬚   ⬚ + ⬚ = ⬚

44 – 13 = ⬚   76 – 63 = ⬚   48 – 23 = ⬚
⬚ – ⬚ = ⬚   ⬚ – ⬚ = ⬚   ⬚ – ⬚ = ⬚
⬚ – ⬚ = ⬚   ⬚ – ⬚ = ⬚   ⬚ – ⬚ = ⬚
⬚ + ⬚ = ⬚   ⬚ + ⬚ = ⬚   ⬚ + ⬚ = ⬚

☺ 🤔

7

91 – 67 = ⬚   94 – 87 = ⬚   98 – 59 = ⬚
⬚ – ⬚ = ⬚   ⬚ – ⬚ = ⬚   ⬚ – ⬚ = ⬚
⬚ – ⬚ = ⬚   ⬚ – ⬚ = ⬚   ⬚ – ⬚ = ⬚

56 – 37 = ⬚   86 – 79 = ⬚   71 – 12 = ⬚
⬚ – ⬚ = ⬚   ⬚ – ⬚ = ⬚   ⬚ – ⬚ = ⬚
⬚ – ⬚ = ⬚   ⬚ – ⬚ = ⬚   ⬚ – ⬚ = ⬚

☺ 🤔

8

67 – 49 = ⬚   82 – 49 = ⬚   89 – 64 = ⬚
⬚ – ⬚ = ⬚   ⬚ – ⬚ = ⬚   ⬚ – ⬚ = ⬚
⬚ + ⬚ = ⬚   ⬚ + ⬚ = ⬚   ⬚ – ⬚ = ⬚

☺ 🤔

Körper kennenlernen

| die Kugel | der Würfel | der Quader | der Zylinder |

1

1. Anzahl der Körper im Bild zählen und notieren. ↓ Körper in den entsprechenden Farben im Bild einkreisen.

2

| Würfel | Kugel | Zylinder | Quader |

3 Welche Körper findest du in deiner Umgebung?
Fotografiere Beispiele.

4 Warum nicht diese Form?

 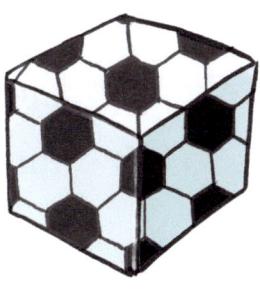

---

4. ↑ SuS schreiben Lösung in ihr Heft. Antwortmöglichkeiten: Ein eckiger Ball kann nicht rollen.
Ein kugelförmiger Kühlschrank hat weniger Abstellfläche.

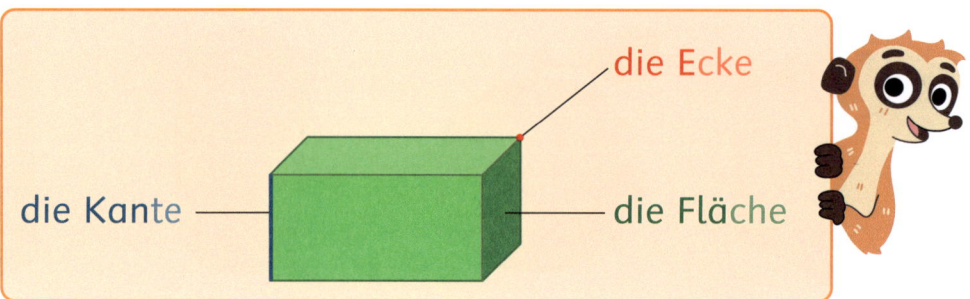

die Ecke
die Kante
die Fläche

1

die _____

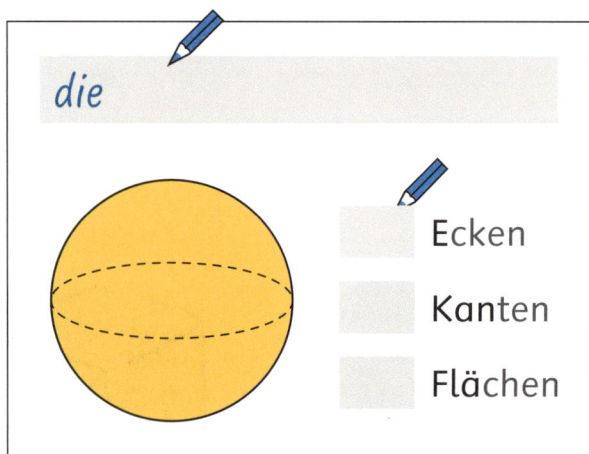

Ecken

Kanten

Flächen

_____

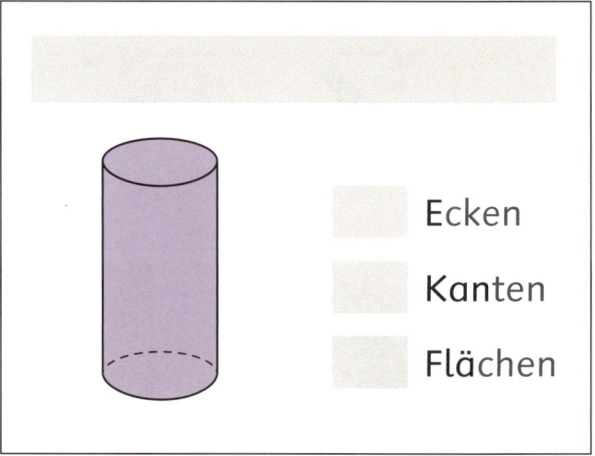

Ecken

Kanten

Flächen

_____

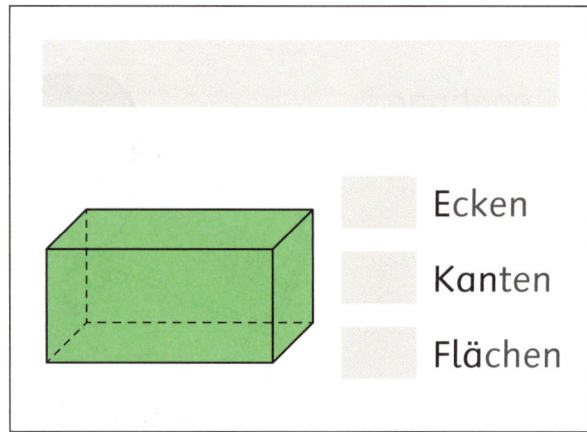

Ecken

Kanten

Flächen

_____

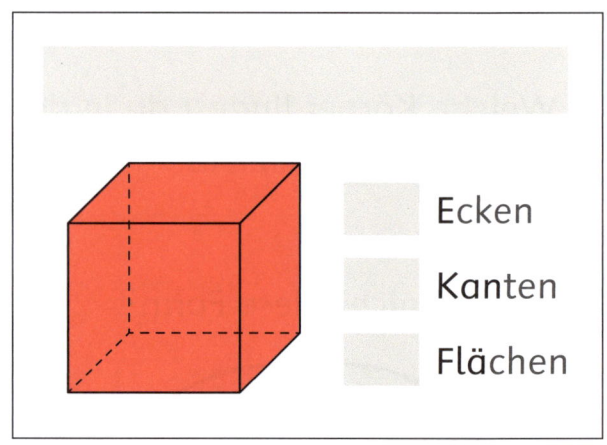

Ecken

Kanten

Flächen

Ein Rätsel.

2 Welcher Körper kann es sein?

 Der Körper hat 3 Flächen und keine Ecken.

 Der Körper ist _____ .

Handlungsorientierte Aufgaben vorab: Körper bauen lassen mit Stäbchen und Knete. Geometrische Körper werden als Anschauungsmaterial angeboten **1.** Steckbriefe ausfüllen. **2.** ↑ Eigene Rätsel schreiben.

3 Rollen oder kippen?

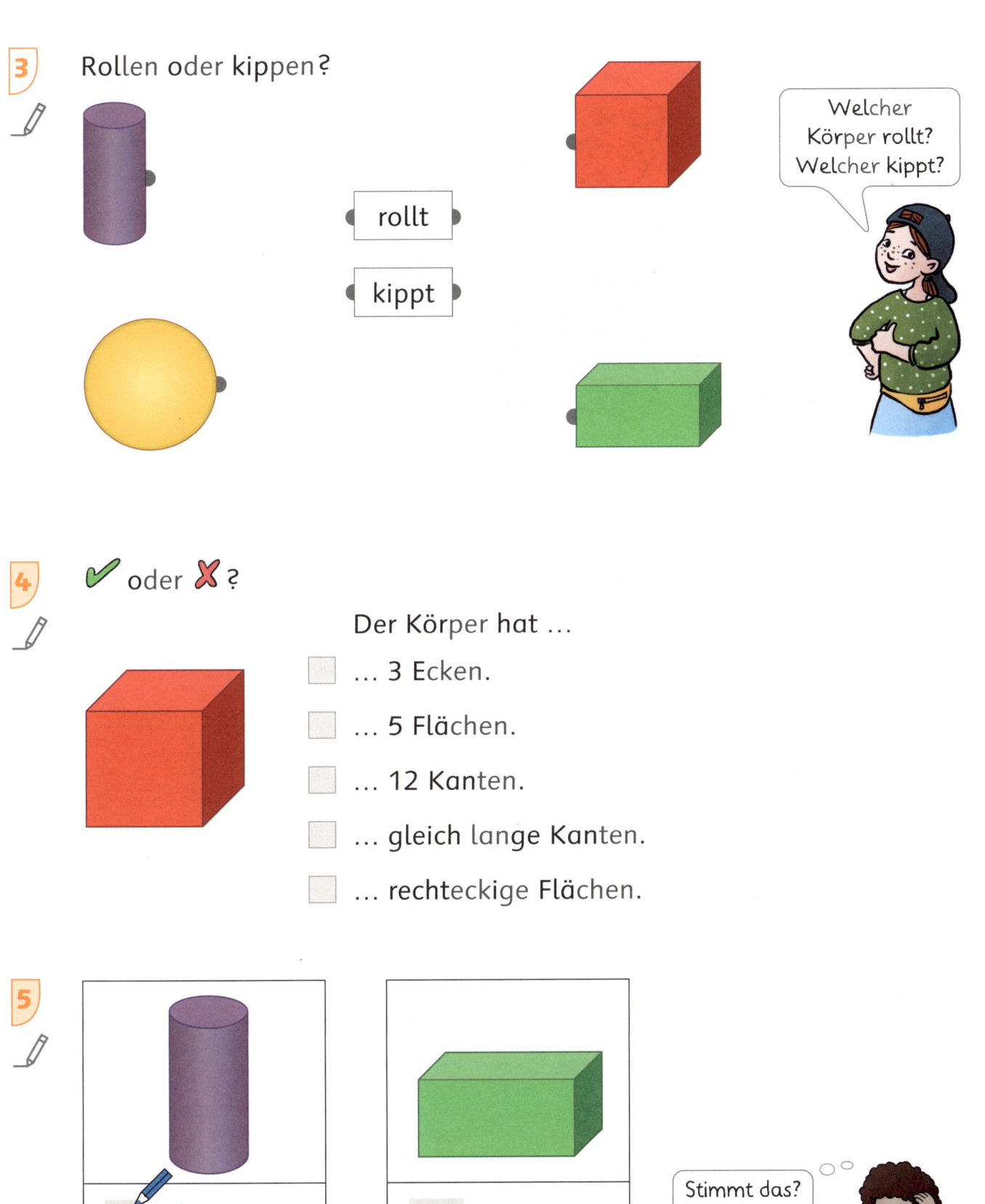

rollt

kippt

Welcher Körper rollt? Welcher kippt?

4 ✔ oder ✘?

Der Körper hat …

☐ … 3 Ecken.

☐ … 5 Flächen.

☐ … 12 Kanten.

☐ … gleich lange Kanten.

☐ … rechteckige Flächen.

5

☐ 3 Ecken

☐ 1 Kanten

☐ 1 Flächen

☐ 8 Ecken

☐ 10 Kanten

☐ 6 Flächen

Stimmt das?

3. Formen passend mit den Eigenschaften „rollen" oder „kippen" verbinden.
4. ↑ Körper wählen und eigene Aussagen aufschreiben, die vom Partnerkind geprüft werden.

Würfelgebäude

S. 53

Ich baue nach Regeln.

Die Würfel stehen
– ohne Lücken.
– Fläche an Fläche.
– Kante an Kante.

1 Baue eigene Würfelgebäude mit 6 Würfeln.

2 Baue nach.

  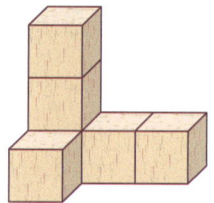 

3 Wie viele?

Es sind ____ Würfel.   Es sind ____ Würfel.

Es sind ____ Würfel.   Es sind ____ Würfel.

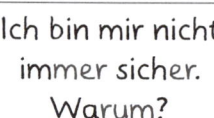

Ich bin mir nicht immer sicher. Warum?

2. SuS benötigen 8 Würfel. **3.** ↑ Die SuS überlegen gemeinsam, wie ein Bauplan aussehen kann.

S. 54

1

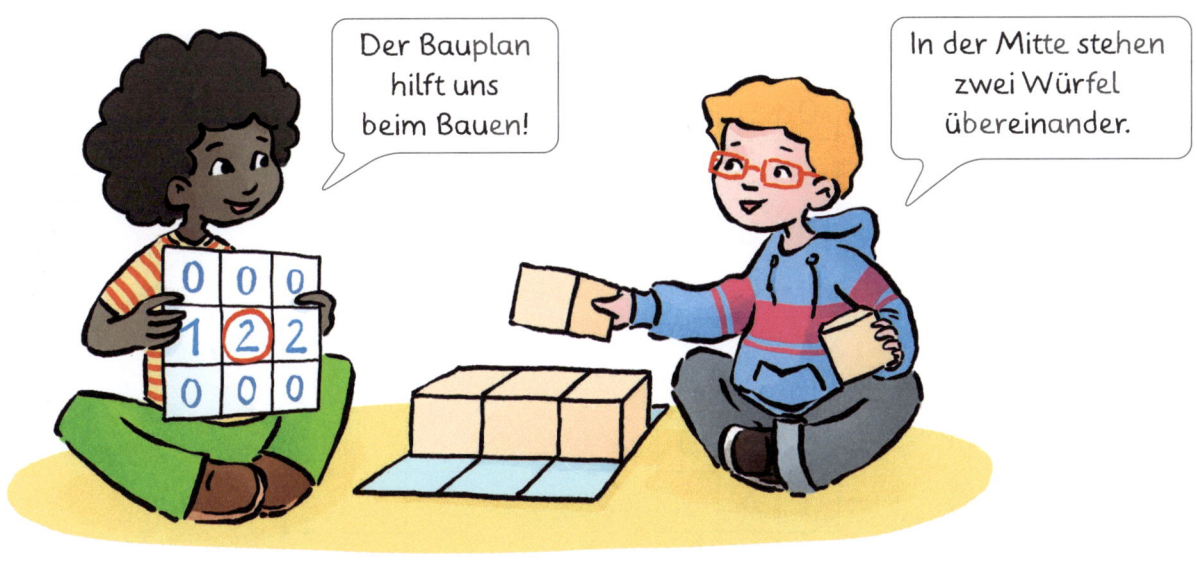

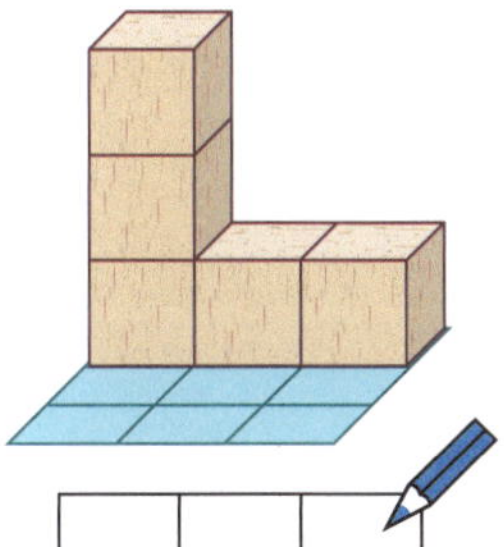

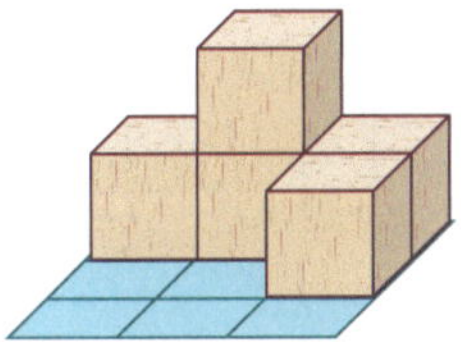

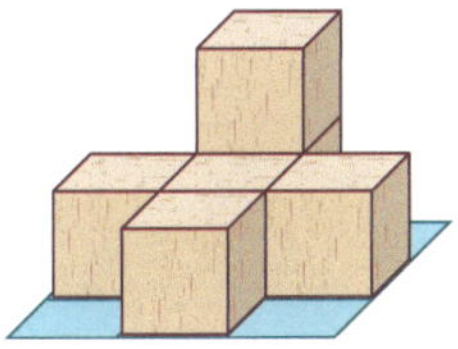

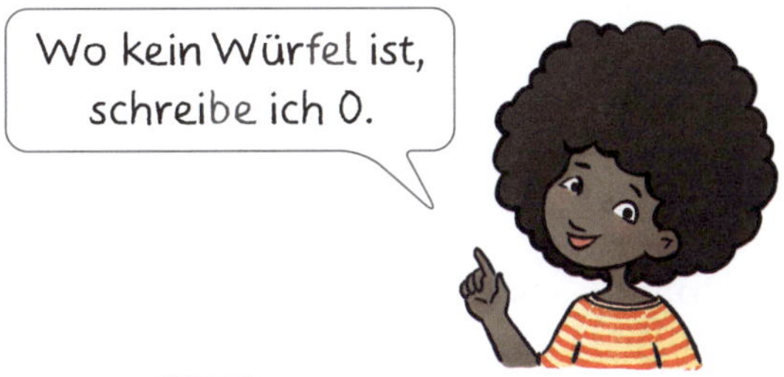

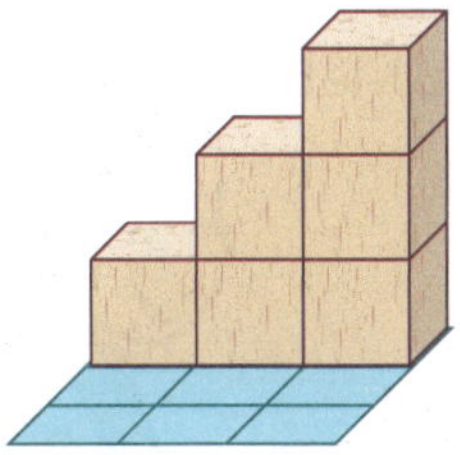

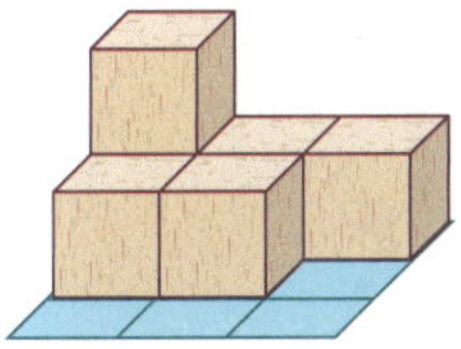

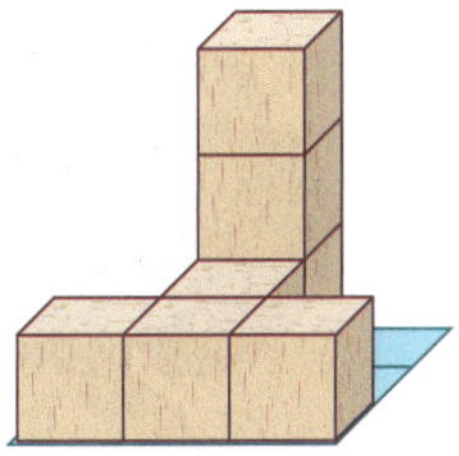

1. ↓ Gebäude auf Bauplänen bauen.

Baupläne verbessern

S. 54

1  oder ❌ ?

Hier kannst du verbessern.

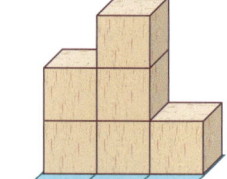

0	0	0
1	2	1
0	0	0

0	0	0
1	4	2
0	0	0

1	3	2
0	0	1
0	0	0

0	0	0
2	3	0
0	1	0

2

Ich baue einen Fehler ein.

Ein Würfel zu viel.

---

1. ↓ Gebäude können mit Würfeln nachgebaut werden, bevor die Baupläne notiert werden.

1

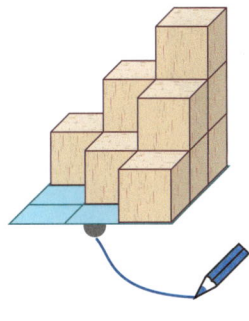   

1	2	3
0	1	2
0	0	1

2	3	2
1	0	1
0	0	0

2	3	1
2	3	0
1	0	1

3	2	2
1	0	1
2	1	1

2 ✔ oder ✘ ?

2	2	0
1	1	0
1	0̸ 1	0

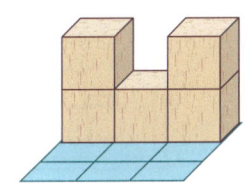

3	1	3
0	0	0
0	0	0

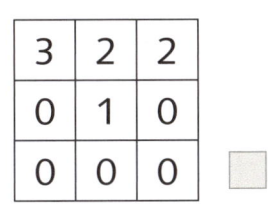

3	2	2
0	1	0
0	0	0

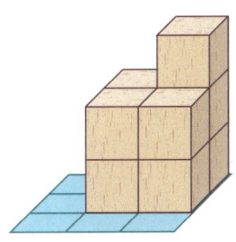

0	3	2
0	2	2
0	0	0

3 Was fällt dir auf?

2	3	2
1	1	2
2	3	3

2	1	2
3	1	3
3	2	2

3	3	2
2	1	1
2	3	2

2	2	3
3	1	3
2	1	2

1. Bauplan mit passendem Würfelgebäude verbinden. ↓ Gebäude können vor dem Verbinden entsprechend der Baupläne nachgebaut werden. **3.** Hinweis: Es handelt sich um dasselbe Gebäude, im Uhrzeigersinn gedreht.

Ansichten von Würfelgebäuden

📖 S. 55

1 Wer hat welches Foto geschossen?

2 Passen die Ansichten zum Bauplan? ✔ oder ✘ ?

0	0	0
2	1	3
0	0	0

3 Mache Fotos von deinem Würfelgebäude.
Dein Partnerkind schreibt den passenden Bauplan.

1. Eine Ansicht ist falsch.
1.–2. ↓ SuS bauen das Gebäude zunächst nach.

1

die Kugel	der Zylinder	der Würfel	der Quader

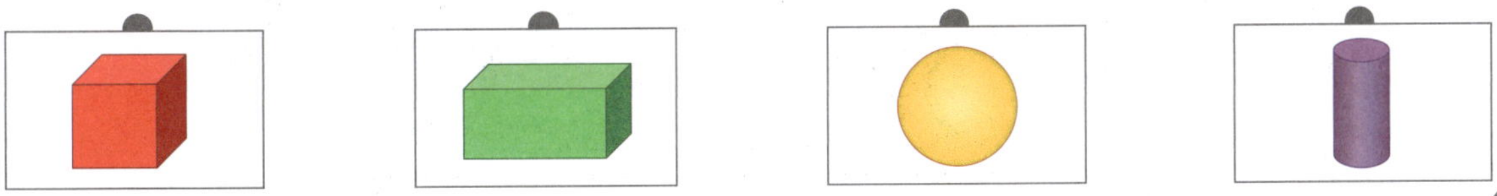

😊 🤔

2

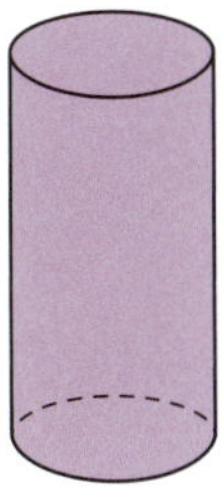

| Ecken |
| Kanten |
| Flächen |

| Ecken |
| Kanten |
| Flächen |

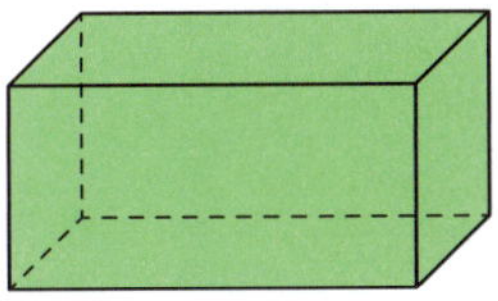

😊 🤔

3

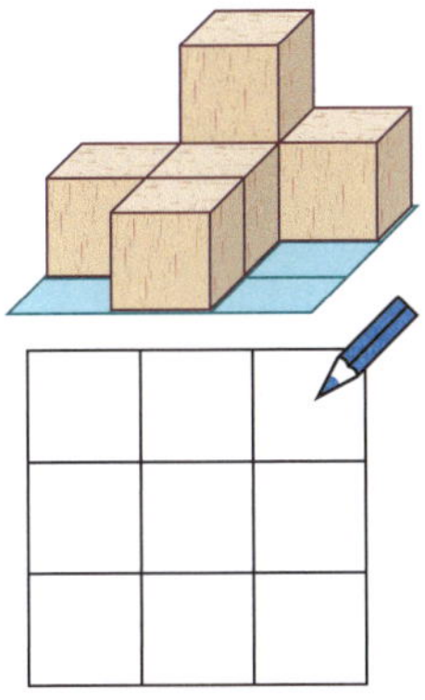

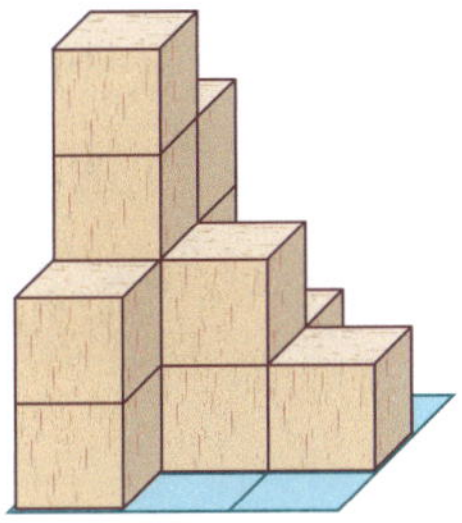

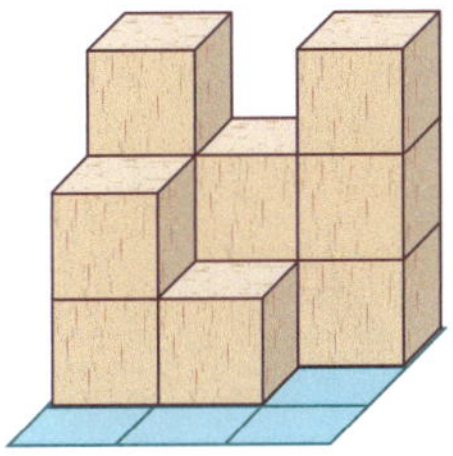

😊 🤔

4 Passen die Ansichten zum Bauplan? ✔ oder ✘?

1	2	0
3	1	0
0	0	0

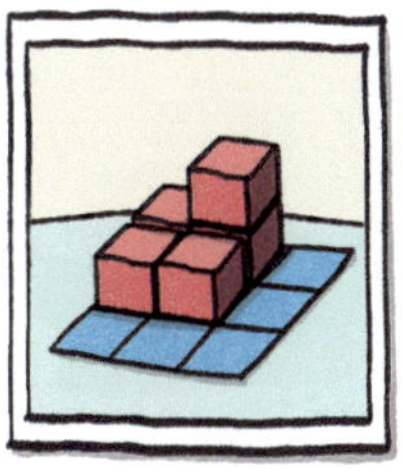

😊 🤔

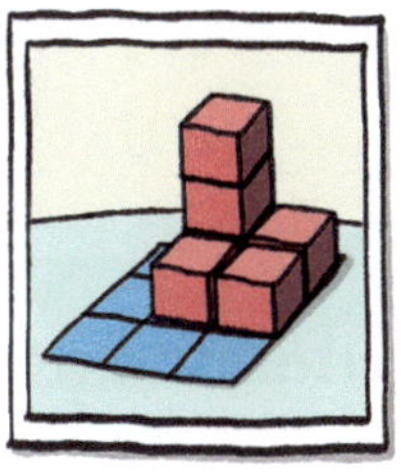

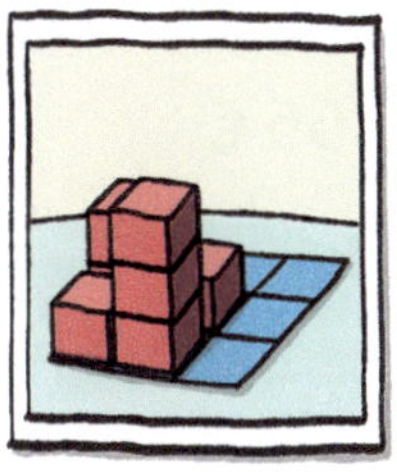

 **1**

 2 Wie viel Euro?

_____ €

 3 Wie viel Cent?

_____ ct

 4

a) 13 €	b) 64 ct	c) 100 € 20 ct
d) 86 €	e) 43 ct	f) 30 € 50 ct
g) 55 €	h) 100 ct	i) 50 € 2 ct

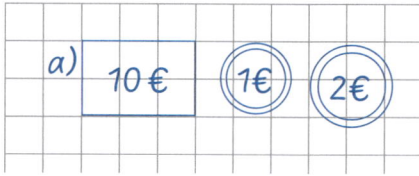

 5 Lege, zeichne und schreibe eigene Beträge.

Scheine/Münzen aus anderen Ländern zeigen/mitbringen lassen.
4. ↑ SuS legen und zeichnen den Geldbetrag mit möglichst wenigen Münzen und Scheinen.

1 € oder ct?

Euro ist die größere Einheit.

8 **€**

95 ☐

1 ☐

50 ☐

39 ☐

79 ☐

3 ☐

2 <, > oder =?

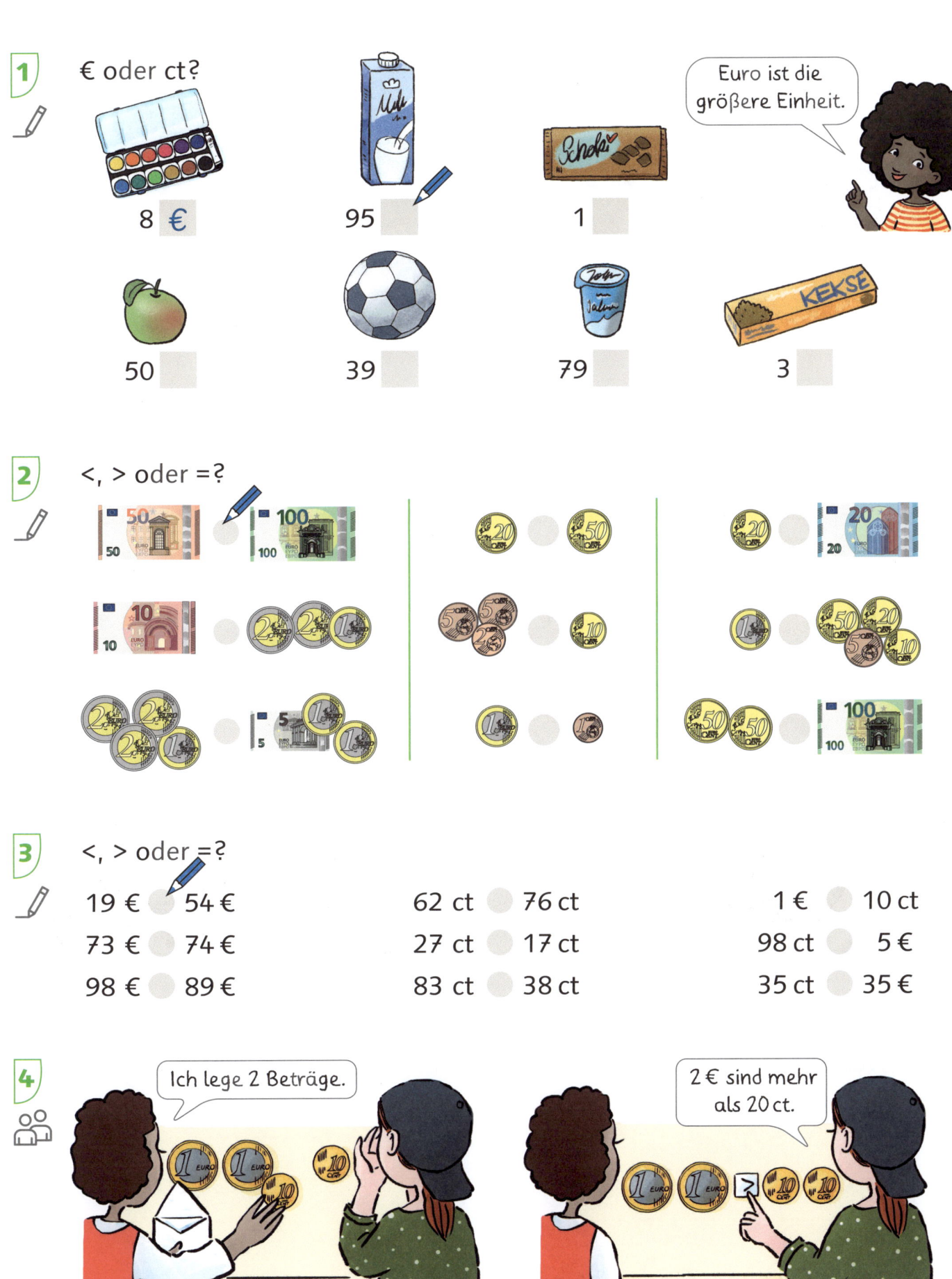

3 <, > oder =?

19 € ◯ 54 €   62 ct ◯ 76 ct   1 € ◯ 10 ct

73 € ◯ 74 €   27 ct ◯ 17 ct   98 ct ◯ 5 €

98 € ◯ 89 €   83 ct ◯ 38 ct   35 ct ◯ 35 €

4

Ich lege 2 Beträge.

2 € sind mehr als 20 ct.

1. Währungseinheit passend zum Wert der Gegenstände notieren. 4. Partnerarbeit: Ein Kind legt 2 Beträge, das andere Kind legt das passende Relationszeichen zwischen die Beträge.

1 Welcher Preis?

  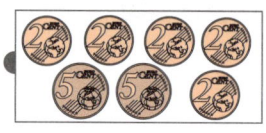 

2 Welcher Preis?

| 1 € |
| 3 ct |
| 5 € |

| 30 ct |
| 2 € |
| 30 € |

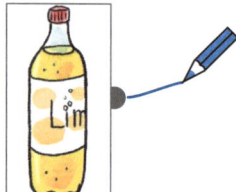

| 77 € |
| 17 € |
| 7 ct |

| 12 € |
| 12 ct |
| 50 € |

3 Ergänze passende Preise.

4 Was kostet weniger als 50 €? Finde Beispiele.

5 Was kostet ungefähr 1 €? Finde Beispiele.

---

4. SuS können Plakate zu verschiedenen Stützpunktvorstellungen erstellen, z.B. 10 €, 50 €, 100 € ...; dazu Sachen aus Prospekten etc. ausschneiden, aufkleben und Betrag notieren.

Geld wechseln

S. 60

1 Wie viel? Wechsle.

 20 €

| 10 € |

2 Finde verschiedene Möglichkeiten zum Wechseln.

4 €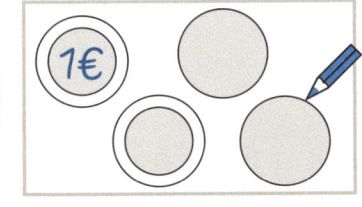

50 ct

3 Zeichne 20 € mit ...

a) 1 Schein.

b) 3 Scheinen und 3 Münzen.

c) 1 Schein und 7 Münzen.

d) ...? Finde eigene Möglichkeiten.

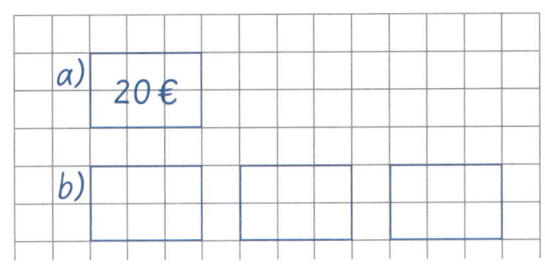

2. Betrag jeweils auf drei verschiedene Weisen wechseln. Euro und Cent nutzen.

1 Welcher Gesamtpreis?

2 kauft 2 Sachen und gibt möglichst wenig Euro aus.

 kauft:

bezahlt:

gibt möglichst viel Euro aus, aber weniger als 100 €.

 kauft:

bezahlt:

3 Noa will sich eine Schutzausrüstung kaufen. Er hat 60 €. Reicht das Geld?

Was benötige ich, um mich zu schützen?

1. ↓ SuS notieren Additionsaufgabe im Heft.
2. Verschiedene Lösungen möglich. ↑ Eigene Aufgaben erstellen.

1 Wie viel?

_____ €

⌣ 🤔

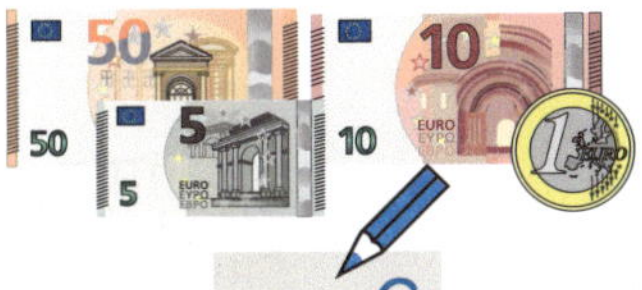

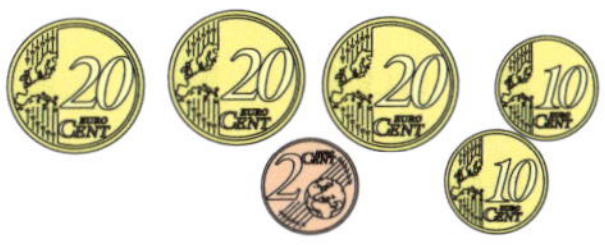

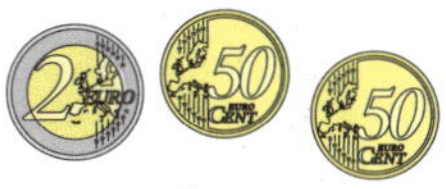

2 Zeichne den Betrag.

98 ct	100 €	72 €

⌣ 🤔

3 <, > oder =?

17 € ◯ 49 €	1 € ◯ 50 ct	100 ct ◯ 1 €
12 € ◯ 22 €	27 ct ◯ 27 €	50 € ◯ 99 ct
8 € ◯ 80 €	83 ct ◯ 38 €	57 ct ◯ 75 ct

⌣ 🤔

4 Wie viel? Wechsle.

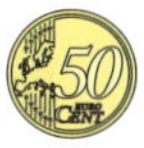

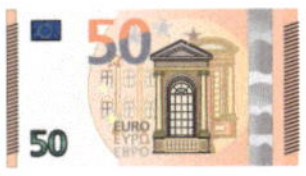

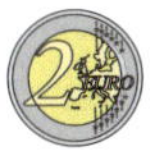

⌣ 🤔

5 Welcher Gesamtpreis? Sind 40 € genug?

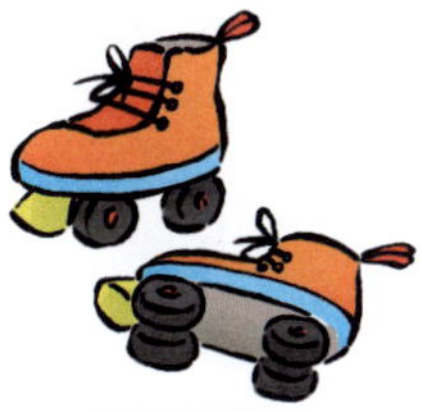

30 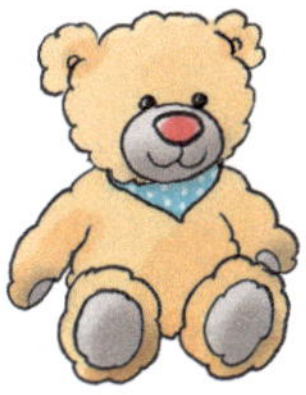 €   17 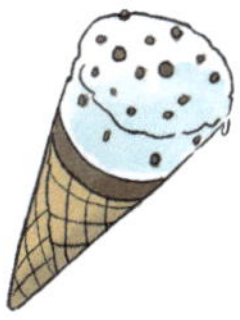 €   3 €

Rechnung:

Antwort:

⌣ 🤔

Stunden und Minuten

S. 63–64

Ich zerlege die Uhr in vier gleich große Teile.
15 Minuten sind eine Viertelstunde.

| 30 Minuten | 45 Minuten | 60 Minuten |
| eine halbe Stunde | eine Dreiviertelstunde | eine volle Stunde |

1

60 min   min   min

1 Stunde = 60 Minuten
1 h = 60 min

min   min   min   min

2

07:45   01:15   05:30   06:15   11:00

13:15   18:15   23:00   17:30   19:45

100   Tag- und Nachtzeiten wiederholen.

3

a)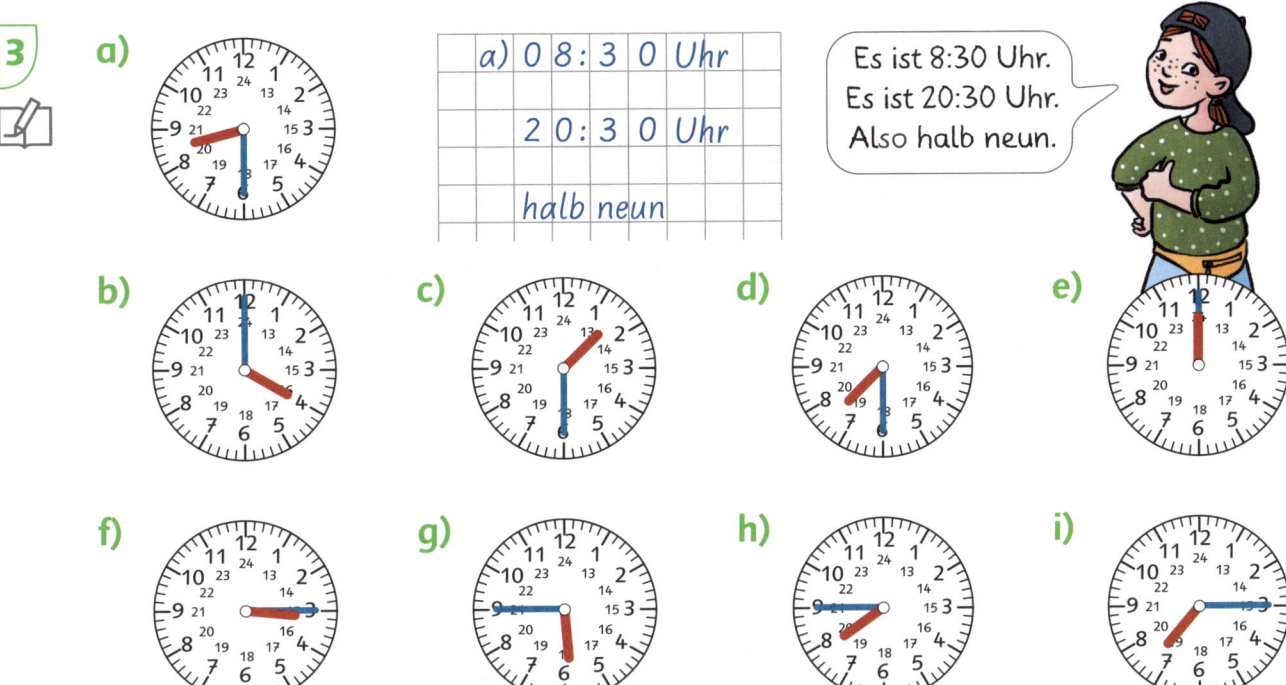

a)	0	8	:	3	0	Uhr
		2	0	:	3	0	Uhr
	halb	neun				

Es ist 8:30 Uhr.
Es ist 20:30 Uhr.
Also halb neun.

b)

c)

d)

e)

f)

g)

h)

i)

j) Wähle eigene Uhrzeiten.

4 Welche Uhrzeiten
sind für dich wichtig?

9:30 Uhr große Pause

Um 9:30 Uhr ist jeden
Tag große Pause.
Darauf freue ich mich
am meisten.

5

Viertel vor zwölf

11:45

3. Ggf. Uhrzeiten auf digitalen Uhren stellen lassen (z. B. auf einem Tablet.) **5.** Vorgegebene Uhrzeiten jeweils auf einer analogen und digitalen Uhr einstellen. Partnerkinder vergleichen ihre Lösung.

101

Zeitspannen

S. 65

1 Was dauert ungefähr wie lange?

| Sekunden | Minuten | Tage | Jahre | Stunden |

2 Wie lange dauert es?

| **Beginn** | | **Ende** |

15 Uhr   Es dauert _____ Minuten.   _____ Uhr

_____ Uhr   Es dauert _____ Stunden.   _____ Uhr

_____ Uhr   Es dauert 2 Stunden.   _____ Uhr

      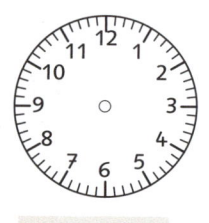

_____ Uhr   Es dauert _____ .   _____ Uhr

2. ↑ Die SuS notieren weitere Beispiele im Heft.
☝ SuS fotografieren weitere Beispiele sowie die passenden Uhrzeiten auf der Lernuhr.

3

17:00 → ✏ h → 21:00   10:00 → ▢ h → 22:00

15:30 → 45 min → ▢   04:00 → 6 h → ▢

09:00 → 60 min → ▢   ▢ → 3 h → ▢

▢ → 9 h → 19:30   ▢ → 30 min → ▢

14:45 → ▢ min → 15:15   ▢ → ▢ h → ▢

4 10 Schritte. Immer 30 Minuten mehr.

a) 07:00 Uhr

b) 13:15 Uhr

c) Deine Startzeit

a)	0 7 : 0 0	0 7 : 3 0	0 8 : 0 0	0 8 : 3 0

5 Nach 10 Schritten. Sind es immer genau 5 Stunden?

6 Was machst du in …

…1 Sekunde?   … 1 Minute?   …1 Stunde?

bis 3 zählen

---

3. ↑ Eigene Zeitspannen wählen und passende Uhrzeiten ins Heft schreiben. **5.** Die Frage bezieht sich auf Nr.4.
6. Zu dieser Aufgabe können auch Plakate im Unterricht erstellt werden.

Der Kalender

S. 66

Hier fehlt der April.

Jetzt weiß ich nicht, wann alle Geburtstag haben.

Jahr 2021

1

a) Schreibe alle Monate und die Anzahl der Tage auf.

| Januar: | 3 1 | Tage |
| Februar: | | |

b) Welche Monate haben **30** Tage?

c) Welche Monate haben **31** Tage?

So weiß ich immer, wie viele Tage die Monate haben.

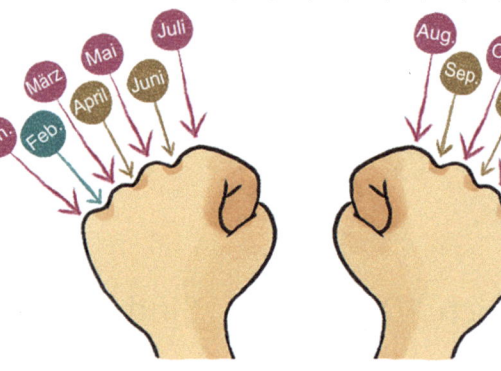

2

Welche Monate fehlen im Kalender?

2. _____   4. _____   5. _____

8. _____   9. _____   11. _____

3

In welchem Monat haben Ella und Amari Geburtstag?

Mein Geburtstag ist in dem Monat nach Februar.

Ich habe im 6. Monat Geburtstag.

Den Kalender im Plenum besprechen; Was bedeuten die Zahlen im Kalender? Warum sind immer 7 Zahlen nebeneinander? Was bedeuten die Abkürzungen Mo, Di, usw. Hinweis: Der Kalender bezieht sich auf das Jahr 2021.

März						
Mo	Di	Mi	Do	Fr	Sa	So
1	2	3	4	5	6	7
8	9	10	11	12	13	14
15	16	17	18	19	20	21
22	23	24	25	26	27	28
29	30	31				

das Datum

14.	März	2021
der Tag	der Monat	das Jahr

Ich habe am 14. März Geburtstag.

4

lang	kurz
4. März	4.3.
21. Januar	
14. August	
10. Februar	

lang	kurz
	12.6.
	31.7.
	4.5.
	11.3.

Ich habe am 4. März Geburtstag.
Ich schreibe so:

4.3.

5 An welchem Wochentag haben die Kinder Geburtstag?

Noa   4.3.   Do

Bente   15.3.

Elif   9.3.

Florin   24.3.

Eine Woche hat 7 Tage.
Montag, Dienstag,
Mittwoch, Donnerstag,
Freitag, Samstag,
Sonntag.

6 Welche Tage im März könnten es sein?

a) Sofia hat an einem Donnerstag Geburtstag.

b) Dilara hat an einem Dienstag Geburtstag.

c) Lemuel hat an einem Sonntag Geburtstag.

a) Do.,	4. März
Do.,	11. März

7 ✓ oder ✗ ?

Der 5. März liegt an einem Wochenende. ☐

Der 31.3. ist der letzte Tag im Februar. ☐

Wenn heute der 22. März ist, dann war gestern Sonntag. ☐

---

7. ↑ SuS notieren eigene Aussagen und lassen sie von einem Partnerkind überprüfen.

Merkwissen

Die Daten

S. 12, 14

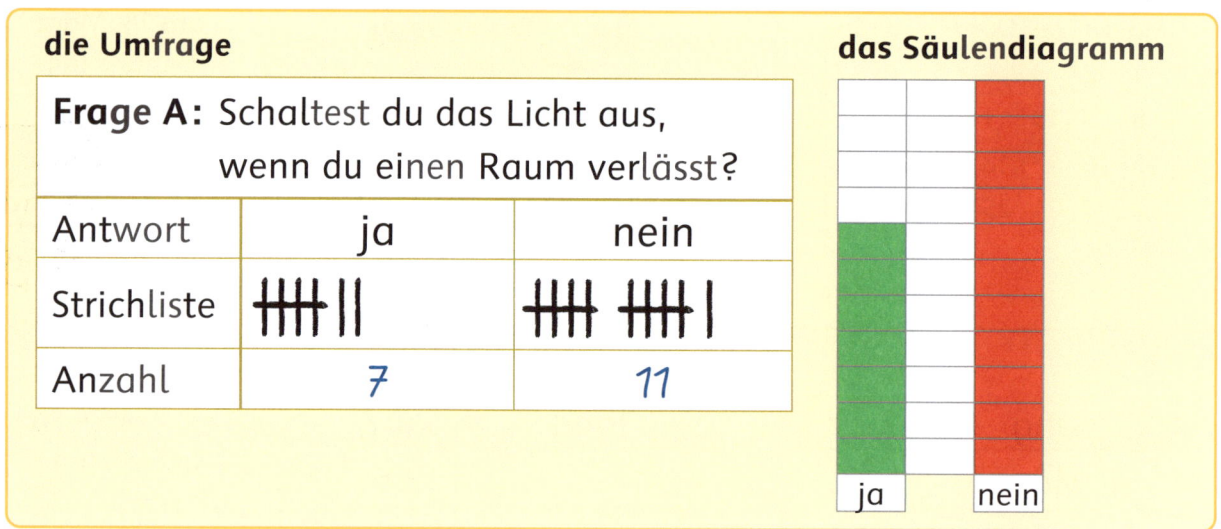

die Umfrage

Frage A: Schaltest du das Licht aus, wenn du einen Raum verlässt?		
Antwort	ja	nein
Strichliste	ⅢⅢ II	ⅢⅢ ⅢⅢ I
Anzahl	7	11

das Säulendiagramm

ja   nein

Das Hunderterfeld

S. 20

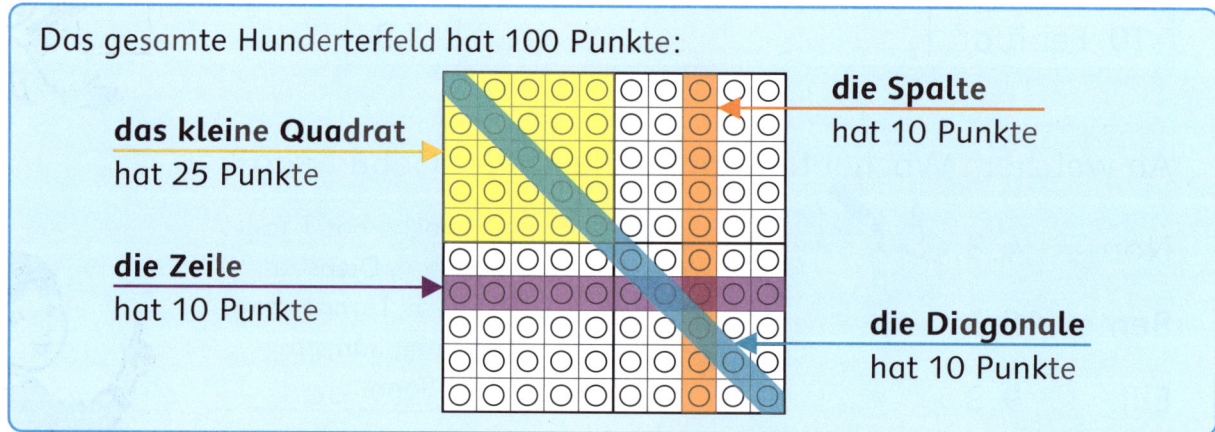

Das gesamte Hunderterfeld hat 100 Punkte:

das kleine Quadrat hat 25 Punkte

die Zeile hat 10 Punkte

die Spalte hat 10 Punkte

die Diagonale hat 10 Punkte

Der Zahlenstrahl

S. 28–29

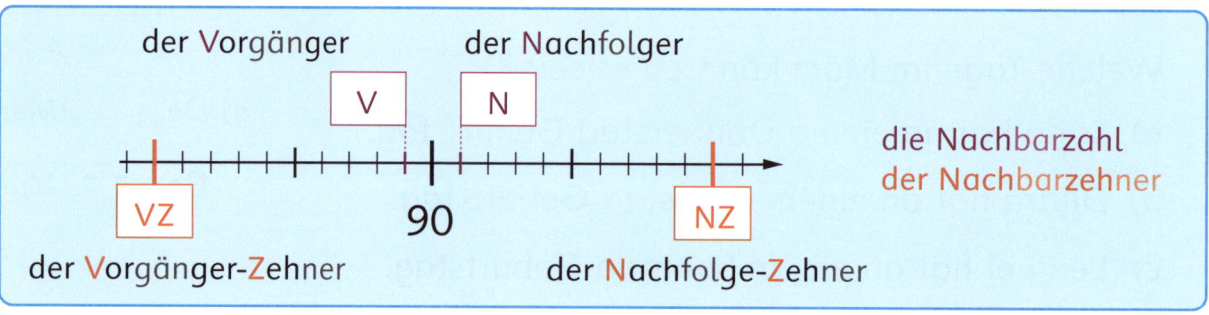

der Vorgänger   der Nachfolger

V   N

VZ   90   NZ

der Vorgänger-Zehner   der Nachfolge-Zehner

die Nachbarzahl
der Nachbarzehner

Das Geobrett

S. 32–37

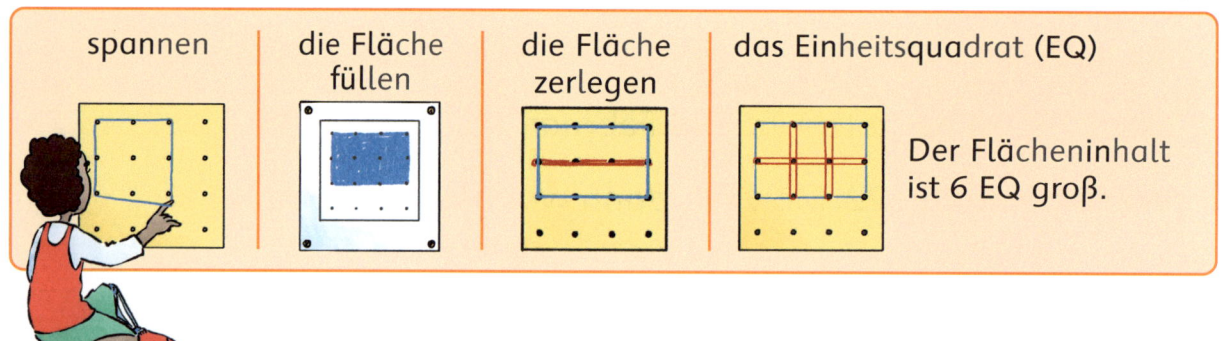

spannen	die Fläche füllen	die Fläche zerlegen	das Einheitsquadrat (EQ)
			Der Flächeninhalt ist 6 EQ groß.

Die Addition, die Subtraktion   S. 40, 62

addieren			subtrahieren		
32	**+**	**4** **= 36**	**36**	**– 4**	**= 32**
1. Summand	2. Summand	Summe	Minuend	Subtrahend	Differenz

Alle Rechenwege   S. 58, 80

Riesen und Zwerge	Verliebt in den Zehner	Aufgaben mit 10 helfen	Stellenweise addieren/ subtrahieren	Schrittweise addieren/ subtrahieren	Hilfsaufgabe
![Riesen und Zwerge]	![Herz Z]	+/– 10	Z+Z E+E / Z–Z E–E	⌒	⭕
32 + 4 2 + 4	38 + 4 38 + 2 + 2	23 + 9 23 + 10 – 1 23 + 11 23 + 10 + 1	24 + 33 = 20 + 30 = 50 4 + 3 = 7 50 + 7 = 57	49 + 25 = 49 + 20 = 69 69 + 5 = 74	17 + 39 17 + 40 – 1
36 – 4 6 – 4	32 – 7 32 – 2 – 5	36 – 9 36 – 10 + 1 36 – 11 36 – 10 – 1	67 – 24 = 60 – 20 = 40 7 – 4 = 3 40 + 3 = 43	48 – 25 = 48 – 20 = 28 28 – 5 = 23	54 – 29 54 – 30 + 1

Die Körper   S. 84, 86

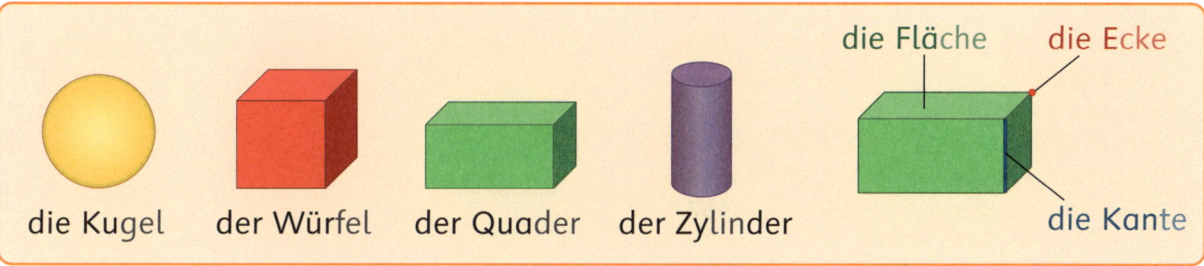

die Kugel — der Würfel — der Quader — der Zylinder — die Fläche — die Ecke — die Kante

Die Zeit   S. 84, 86

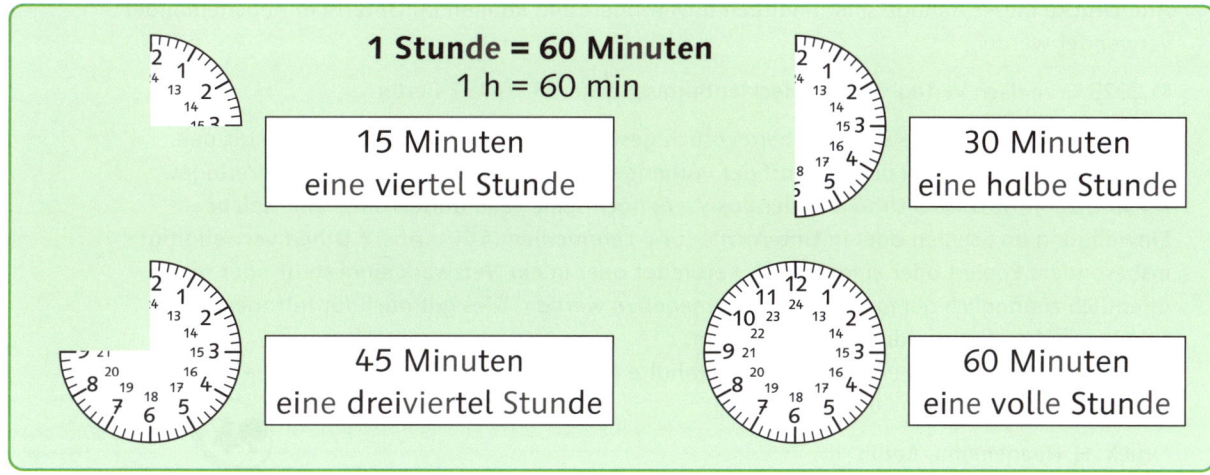

1 Stunde = 60 Minuten
1 h = 60 min

15 Minuten
eine viertel Stunde

30 Minuten
eine halbe Stunde

45 Minuten
eine dreiviertel Stunde

60 Minuten
eine volle Stunde

Mathematik

Arbeitsheft 2A

Erarbeitet von:	Eva Brosi, Anna Harrich-Voßen, Gesa Hochscherff, Uwe Nienhaus, Anna Pöllinger
Begutachtet von:	Christian Grulich, Maria Kruse, Katja Simon
Redaktion:	Juliane Hasselbrink, Angela Lucke, Simone Micek
Illustration:	Friederike Ablang (Team Nase), Berlin, Antje Hagemann, Berlin, Christine Wächter (Geobrett, Körper, Würfelgebäude), Berlin, Josephine Wolff (Eddi), Berlin
Bildquellen:	S. 10, 94–97, 99, 107 sowie Kartonbeilage zu den Arbeitsheften (Euroscheine): Christine Wächter / Deutsche Bundesbank. S. 10, 94–97, 99, 107 sowie Kartonbeilage zu den Arbeitsheften (Wertseite aller Euromünzen): Cornelsen / Christine Wächter / Deutsche Bundesbank / Luc Luycx aus Belgien; (nationale Seite der 1-, 2-, 5-Cent-Münze): Cornelsen / Christine Wächter / Deutsche Bundesbank / Prof. Rolf Lederbogen; (nationale Seite der 10-, 20-, 50-Cent-Münze): Cornelsen / Christine Wächter / Deutsche Bundesbank / Reinhart Heinsdorff; (nationale Seite der 1-, 2-Euro-Münze): Cornelsen / Christine Wächter / Deutsche Bundesbank / Heinz Hoyer und Sneschana Russewa-Hoyer; (Euroscheine): Quelle: Deutsche Bundesbank
Umschlaggestaltung:	Corinna Babylon, Berlin
Layoutkonzept:	Heike Börner, Berlin
Layout und technische Umsetzung:	Marion Röhr, Mega 14, Berlin

Begleitmaterialien für die Lernenden

Einstiegsbuch	978-3-06-084947-5
BuchTaucher-App	978-3-06-084945-1
Sachrechnen	978-3-06-084185-1
Größen	978-3-06-084469-2
Geometrie	978-3-06-084470-8
Plus und minus bis 100	978-3-06-084117-2
Mal und geteilt bis 100	978-3-06-084118-9
Einmaleins-Führerschein	978-3-06-084119-6
Sicher in die 3. Klasse	978-3-06-084467-8

www.cornelsen.de

1. Auflage, 3. Druck 2024

Alle Drucke dieser Auflage sind inhaltlich unverändert und können im Unterricht nebeneinander verwendet werden.

© 2023 Cornelsen Verlag GmbH, Mecklenburgische Str. 53, 14197 Berlin

Druck: H. Heenemann, Berlin

ISBN 978-3-06084944-4

2B

Mathematik

Arbeitsheft

Erarbeitet von

Anna Harrich-Voßen

Gesa Hochscherff

Uwe Nienhaus

Anna Pöllinger

Illustriert von

Friederike Ablang

Antje Hagemann

Josephine Wolff

Inhalt

1

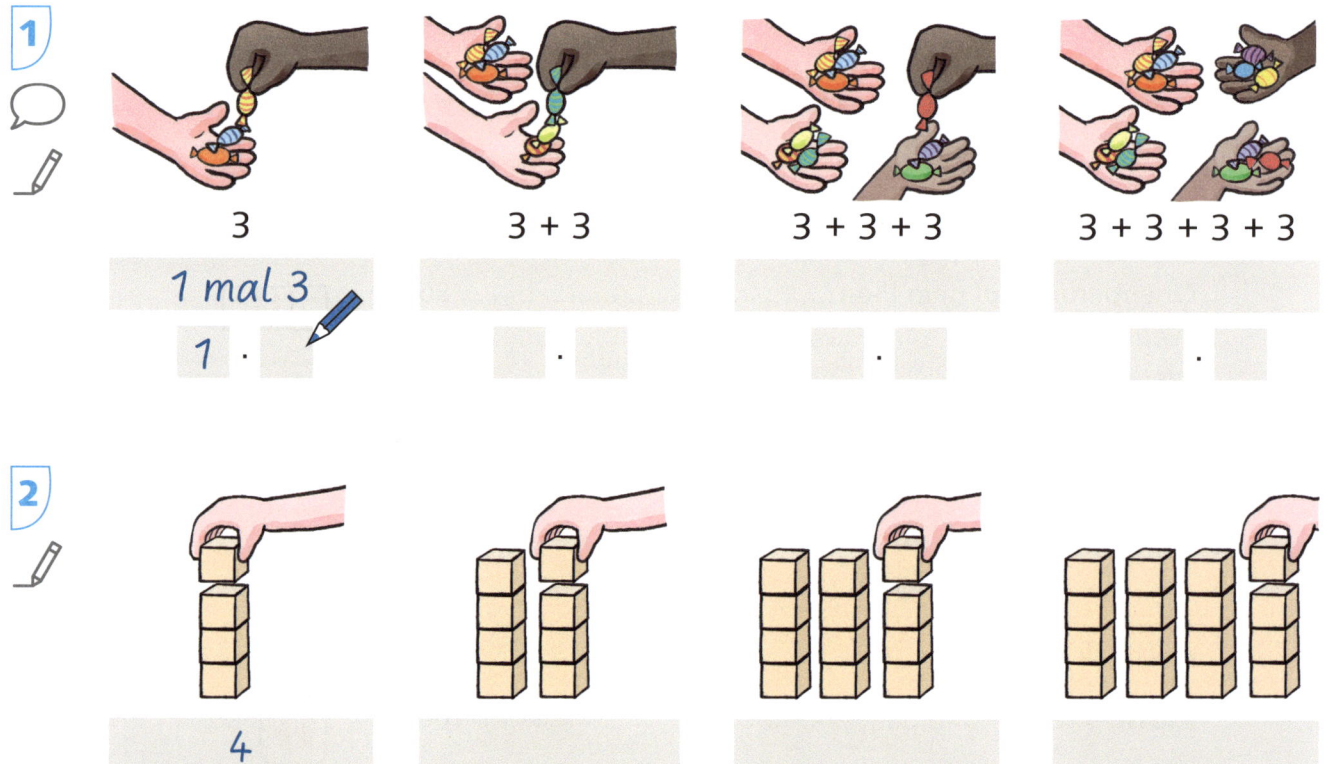

3 | 3 + 3 | 3 + 3 + 3 | 3 + 3 + 3 + 3

1 mal 3

1 ·

2

4

1 mal 4

·

3 Male eigene Bilder.

Notiere passende Plusaufgaben und Malaufgaben.

1.–2. Passende Aufgabe zum Bild notieren.

Welche Aufgaben passen zu den Bildern?

| 4 + 4 + 4 + 4 + 4 | 6 + 6 | 3 + 3 + 3 + 3 |

| 2 · 6 | 3 · 4 | 5 · 4 | 4 · 3 |

3 + 3   □ + □   □ + □

2 · □   □ · □   □ · □

Immer eine Plusaufgabe und eine Malaufgabe zusammen.

2 · 9 =

5 + 5 + 5 + 5 + 5 + 5 =

5 · 2 =

4 + 4 + 4 + 4 + 4 + 4 =

9 + 9 =

4 · 6 =

6 + 6 + 6 + 6 =

6 · 5 =

2 + 2 + 2 + 2 + 2 =

6 · 4 =

4. Aufgaben mit Bildern verbinden. Eine Aufgabe bleibt übrig.
6. Passende Aufgaben in gleicher Farbe anmalen und lösen.

Malaufgaben in der Umwelt

S. 68

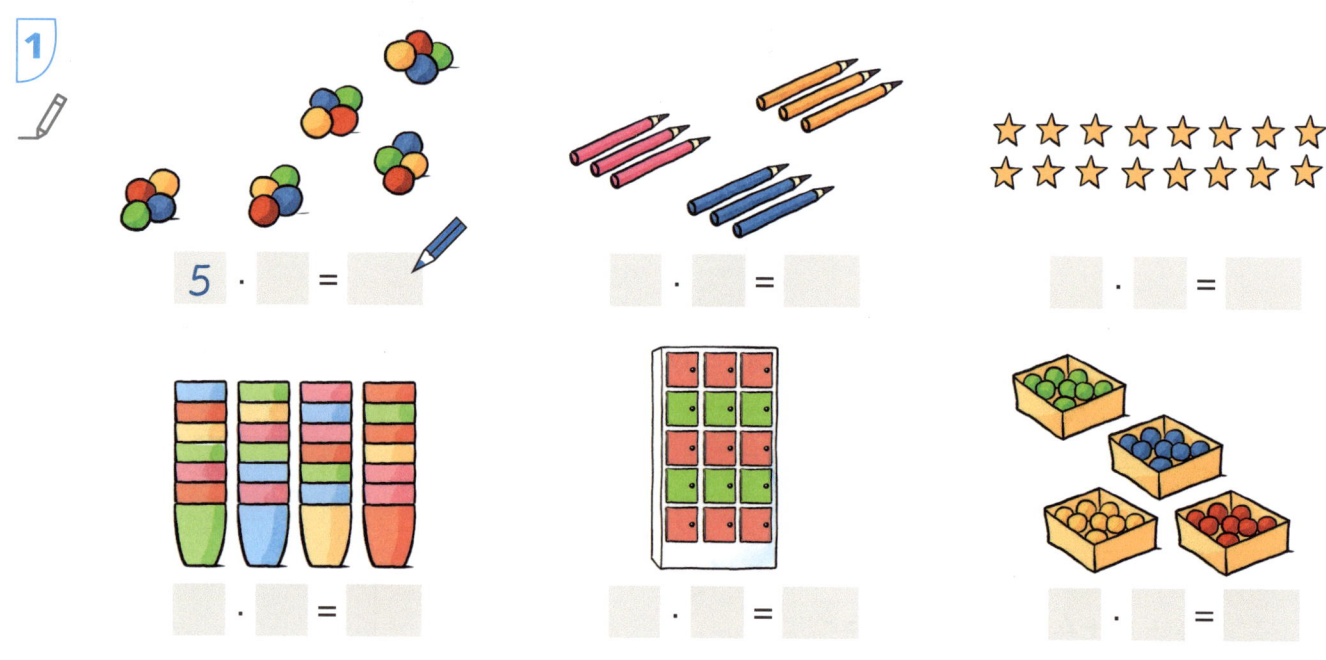

1

$5 \cdot \boxed{} = \boxed{}$

$\boxed{} \cdot \boxed{} = \boxed{}$

$\boxed{} \cdot \boxed{} = \boxed{}$

$\boxed{} \cdot \boxed{} = \boxed{}$

$\boxed{} \cdot \boxed{} = \boxed{}$

$\boxed{} \cdot \boxed{} = \boxed{}$

2 Finde weitere Malaufgaben im Bild.

3 · 3

1. Aufgabe notieren und ausrechnen.

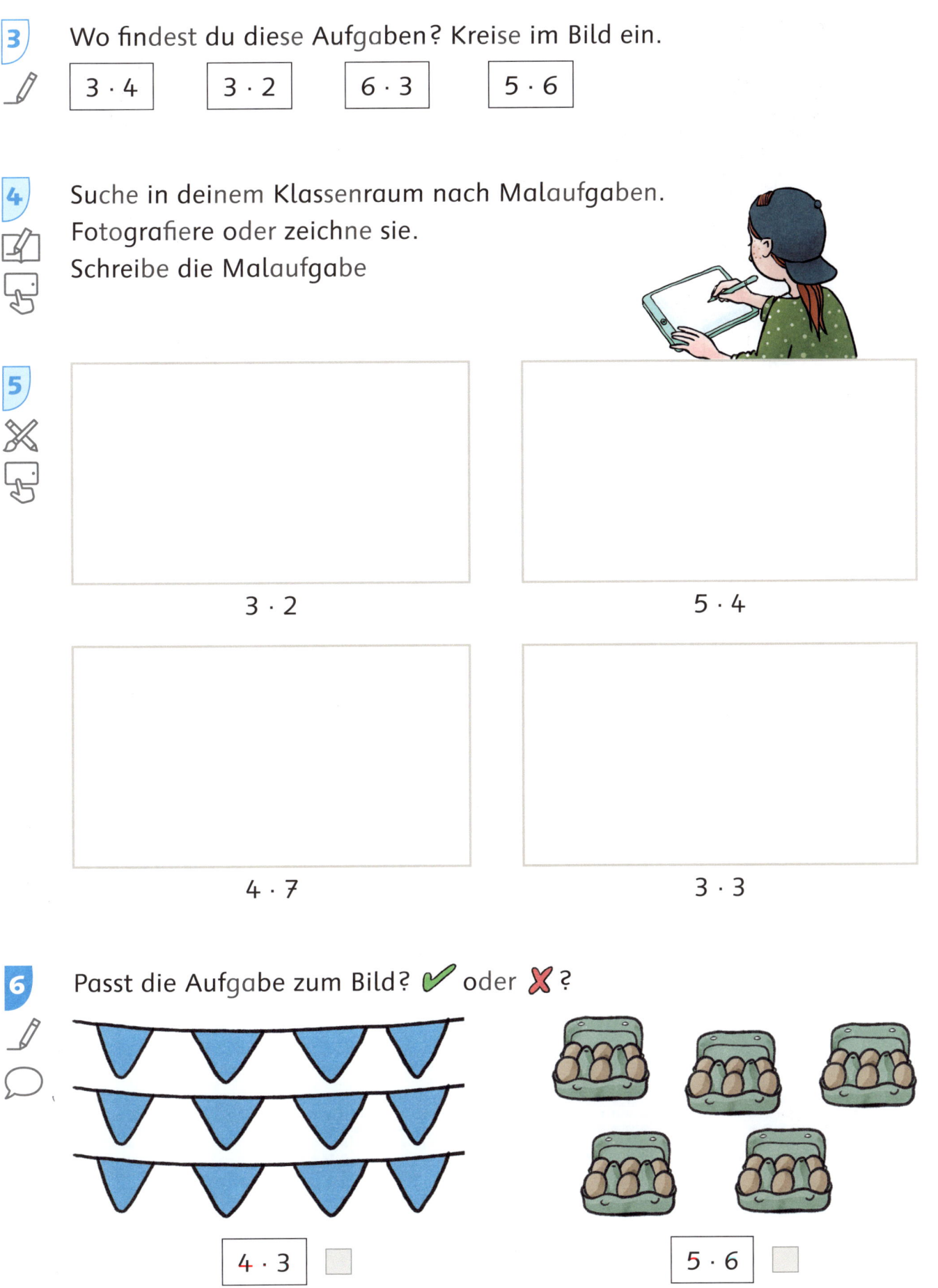

3 Wo findest du diese Aufgaben? Kreise im Bild ein.

| 3 · 4 | 3 · 2 | 6 · 3 | 5 · 6 |

4 Suche in deinem Klassenraum nach Malaufgaben.
Fotografiere oder zeichne sie.
Schreibe die Malaufgabe

5

3 · 2

5 · 4

4 · 7

3 · 3

6 Passt die Aufgabe zum Bild? ✔ oder ✘ ?

| 4 · 3 |

| 5 · 6 |

5. Passende Bilder zu den Malaufgaben zeichnen. Alternativ können die SuS Fotos zur Aufgabe machen.

1·1 # Einmaleins am Hunderterfeld

1 Lege Aufgaben mit dem Malwinkel.

| 8 · 9 | 7 · 4 | 3 · 6 | 5 · 7 | 9 · 4 | 6 · 6 | 9 · 10 |

2

4 · 2 =

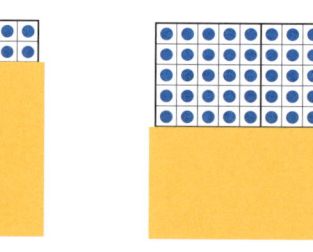

 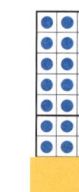

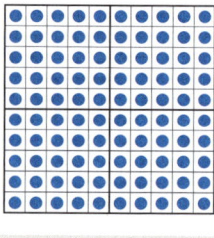

3 Immer 12 Punkte.

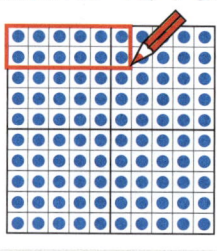

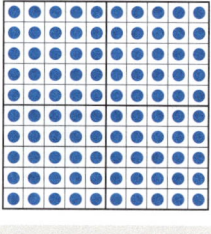

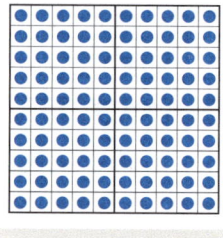

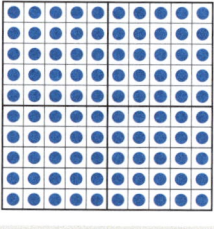

8

2. Passende Aufgabe notieren und lösen.

3. Mit dem Malwinkel 12 Punkte zeigen, diese markieren und die Multiplikationsaufgabe notieren.

4

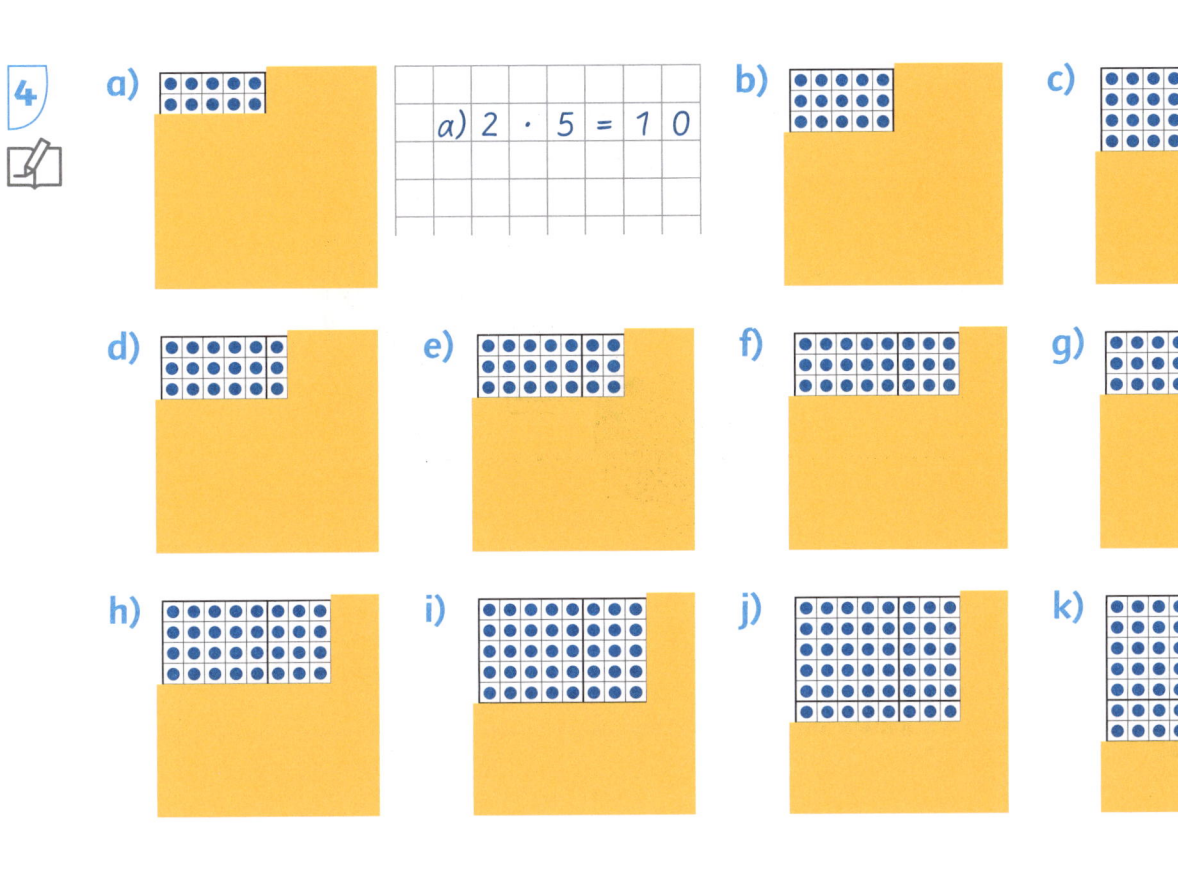

a) $2 \cdot 5 = 10$

5

4 mal 7 gleich 28.

6 Rechne und setze fort.

a) 5 · 5
   6 · 5
   7 · 5
   8 · 5

b) 1 · 4
   3 · 4
   5 · 4
   7 · 4

c) 3 · 9
   3 · 8
   3 · 7
   3 · 6

d) Eigene Päckchen

a) 5	·	5	=	2	5
	6	·	5	=	

---

5. Kind zeigt eine Aufgabe mit dem Malwinkel am Hunderterfeld, Partnerkind nennt die Aufgabe.
6. Muster erkennen und fortsetzen. ↑ SuS erklären das Muster mündlich.

1 Aufgabe und Tauschaufgabe.

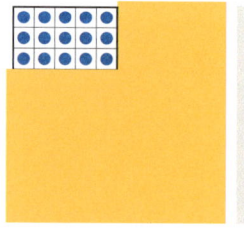 5 · 3 = 15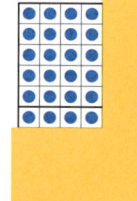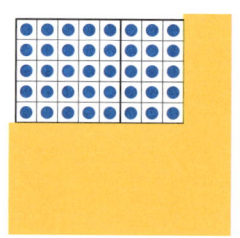

3 · 5 = 15

2 a)

a) 2	·	4	=	8
	4	· 2	=	8

b)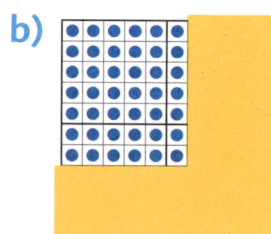

c)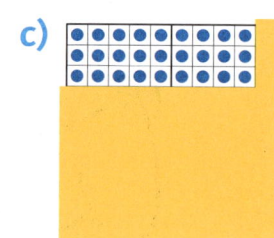

3

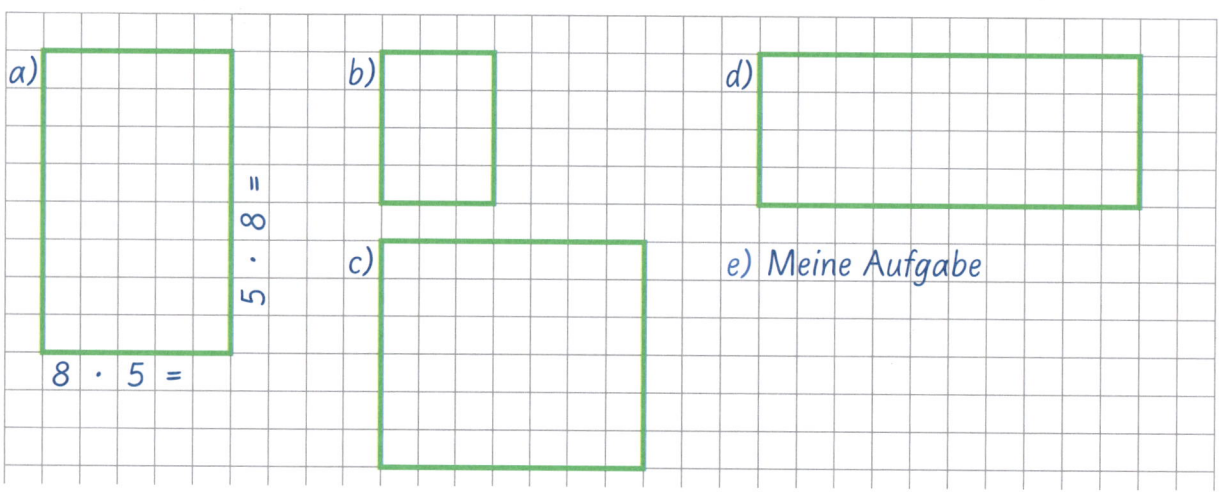

a) 8 · 5 = | 5 · 8 = | b) | c) | d) | e) Meine Aufgabe

3. Rechtecke ins Heft übertragen und entsprechend der Karokästchen die Aufgabe und Tauschaufgabe notieren.

1 a)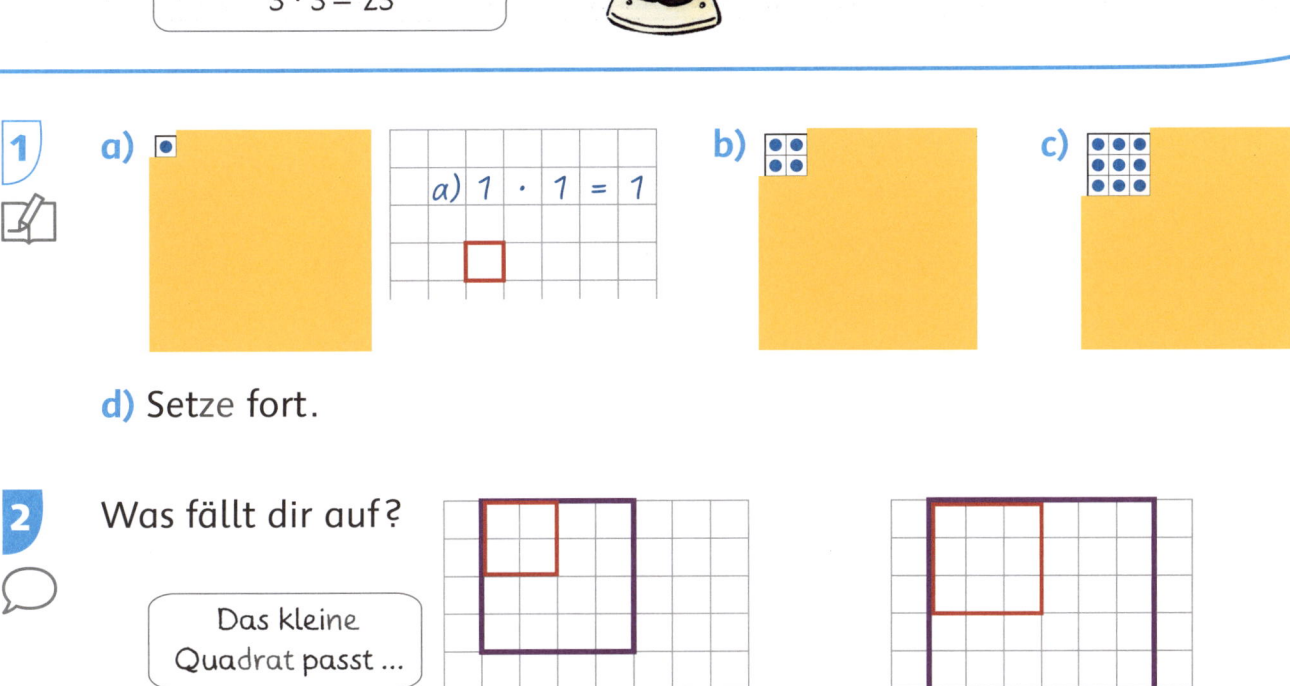

a) $1 \cdot 1 = 1$

b)

c)

d) Setze fort.

2 Was fällt dir auf?

Das kleine Quadrat passt ...

$2 \cdot 2 = 4$

$4 \cdot 4 = 1\,6$

$3 \cdot 3 = 9$

$6 \cdot 6 = 3\,6$

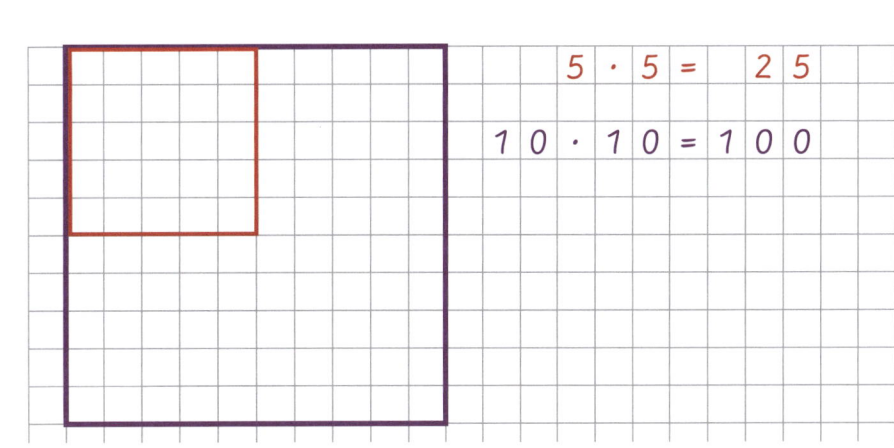

$5 \cdot 5 = 2\,5$

$10 \cdot 10 = 100$

1. Quadrataufgaben ins Heft schreiben, zeichnen und fortsetzen bis mindestens $10 \cdot 10$. **2.** Quadrataufgaben-Paare beschreiben und erkennen, dass die kleinere Quadrataufgabe mal 4 gleich die größere Quadrataufgabe ist.

1 Bringe in die richtige Reihenfolge.

| 3 · 2 | 5 · 2 | 10 · 2 | 2 · 2 | 1 · 2 |

| ☐ · 2 | ☐ · 2 | ☐ · 2 | ☐ · 2 | ☐ ·2 |

2 Schreibe die Einmaleinsreihe mit 2 geordnet in dein Heft.

S. 1 2	N r. 2
1 · 2 = 2	
2 · 2 =	
3 · 2 =	

Wie geht die Reihe weiter?

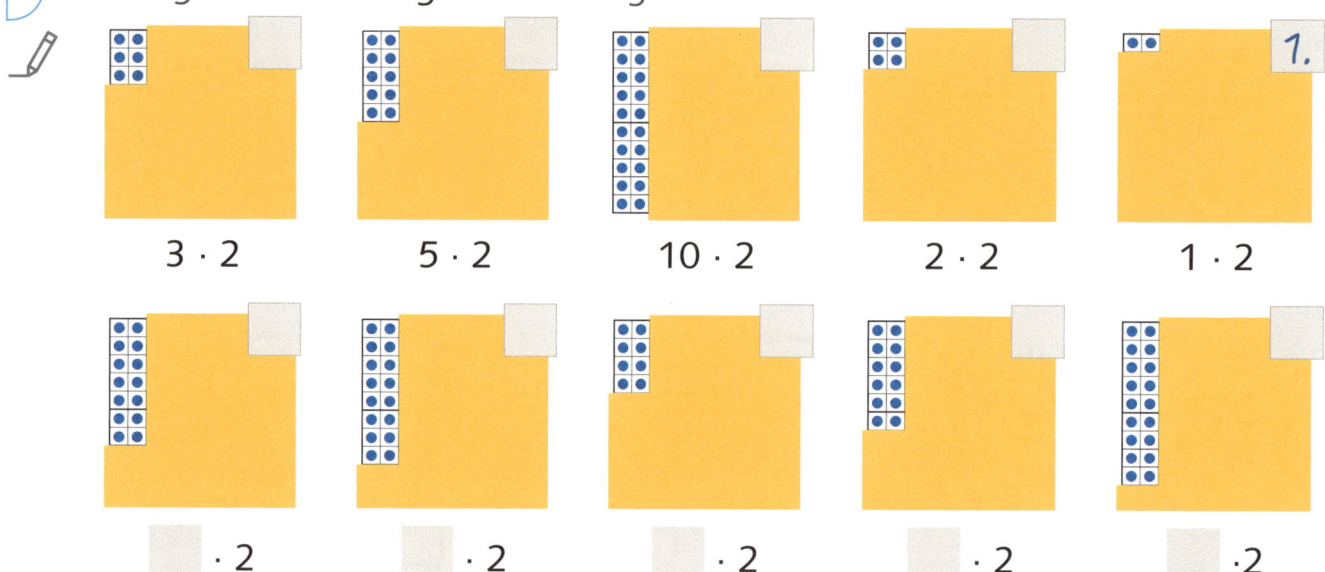

3 Male die Ergebnisse aus der Reihe mit 2 an.

1	2	3	4	5	6	7	8	9	10
11	12	13	14	15	16	17	18	19	20
21	22	23	24	25	26	27	28	29	30

1. Malaufgabe notieren und die Hunderterfelder sortieren.

4 Was fällt dir auf?

1 · 2 = [ ]

2 · 2 = [ ]

3 · 2 = [ ]

4 · 2 = [ ]

↓

10 · 2 = [ ]

Der 1. Faktor

Der 2. Faktor

Das Produkt

bleibt immer gleich.

wird immer um [ ] größer.

wird immer um [ ] größer.

5 Steckbrief zur Einmaleinsreihe mit 2.

Die Ergebnisse haben an der Einerstelle die Ziffer [ ], [ ], [ ], [ ] oder [ ].

Die Ergebnisse bestehen aus *allen/geraden/ungeraden* Zahlen.

Wie gut kann ich die Reihe? ☺ 🤔

6 Mein Trick: Ich kann mir die Reihe gut merken, weil ....

5. Hinweis zu den ausgefüllten Lücken: Nicht zutreffende Begriffe streichen.

1

$1 \cdot 1 = 1$

2 Schreibe die Einmaleinsreihe mit 1 geordnet in dein Heft.

S.	1	4		N	r.	2	
	1	·	1	=	1		
	2	·	1	=			
	3	·	1	=			

3 Male die Ergebnisse der Einmaleinsreihe mit 1 an.

1	2	3	4	5	6	7	8	9	10
11	12	13	14	15	16	17	18	19	20

Welche Zahl gehört nicht zur Reihe mit 1?

4 Mein Steckbrief.

Die Ergebnisse werden immer um ⬚ größer.

Alle/Geraden/Ungeraden Zahlen gehören zur Reihe mit 1.

Wie gut kann ich die Reihe? ☺ 🤔

5 Mein Trick: Ich kann mir die Reihe gut merken, weil ....

1. Malaufgabe notieren und die Hunderterfelder sortieren.

Einmaleins mit 10 ●●●●● ●●●●●

1
Schreibe die Einmaleinsreihe mit 10 geordnet in dein Heft.

S. 1 5			N r. 1	
1 · 1 0	=	1 0		
2 · 1 0	=			
3 · 1 0	=			

2

1	2	3	4	5	6	7	8	9	10
11	12	13	14	15	16	17	18	19	20
21	22	23	24	25	26	27	28	29	30
31	32	33	34	35	36	37	38	39	40
41	42	43	44	45	46	47	48	49	50
51	52	53	54	55	56	57	58	59	60
61	62	63	64	65	66	67	68	69	70
71	72	73	74	75	76	77	78	79	80
81	82	83	84	85	86	87	88	89	90
91	92	93	94	95	96	97	98	99	100

Wenn ich die Reihe mit 1 und die Reihe mit 10 vergleiche, fällt mir auf …

3

Die Einer der Ergebnisse haben immer die Ziffer ____ .

Die Zehner werden immer um ____ größer.

Die Ergebnisse werden immer um ____ größer.

Wie gut kann ich die Reihe? ☺ 🤔

4

Mein Trick: Ich kann mir die Reihe gut merken, weil ....

---

2. Die Ergebnisse der Reihe mit 10 markieren.

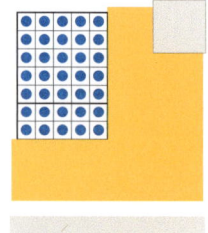  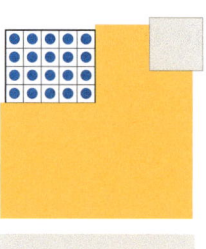 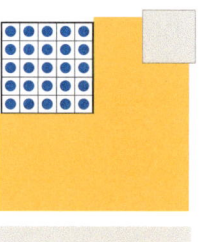 

  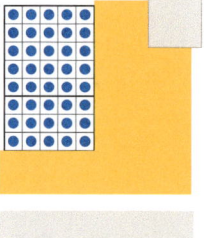  

 Einmaleinsreihe mit 5.

S.	1	6		N	r.	2
	1	·	5	=		5
	2	·	5	=		

1	2	3	4	5	6	7	8	9	10
11	12	13	14	15	16	17	18	19	20
21	22	23	24	25	26	27	28	29	30
31	32	33	34	35	36	37	38	39	40
41	42	43	44	45	46	47	48	49	50
51	52	53	54	55	56	57	58	59	60

> Wenn ich die Reihe mit 5 und die Reihe mit 10 vergleiche, fällt mir auf …

Die Einer der Ergebnisse haben die Ziffer ▢ oder ▢.

Die Ergebnisse werden immer um ▢ größer.

Wie gut kann ich die Reihe? ☺ 🤔

Mein Trick: Ich kann mir die Reihe gut merken, weil ….

1. Malaufgabe notieren und die Hunderterfelder sortieren.
3. Die Ergebnisse der Reihe mit 5 markieren.

Mal üben mit 1, 2, 5, 10

1

10 · 2 =	2 · 5 =	8 · 1 =	4 · 10 =
4 · 2 =	4 · 5 =	4 · 1 =	8 · 10 =
2 · 2 =	1 · 5 =	5 · 1 =	6 · 10 =
8 · 2 =	6 · 5 =	7 · 1 =	10 · 10 =
3 · 5 =	3 · 10 =	3 · 2 =	8 · 5 =
5 · 10 =	1 · 10 =	2 · 10 =	6 · 1 =
1 · 7 =	9 · 5 =	9 · 2 =	5 · 10 =
9 · 10 =	7 · 2 =	7 · 5 =	10 · 1 =

2

Ergebnisse von

… 1 bis 10	
… 11 bis 20	
… 21 bis 50	
… 51 bis 100	

5 · 8 / 1 · 5	2 · 10 / 9 · 10	7 · 3 / 2 · 2	3 · 4 / 7 · 8
8 · 10 / 3 · 6	4 · 2 / 7 · 6	7 · 9 / 8 · 2	2 · 5 / 6 · 6
5 · 7 / 3 · 3	5 · 3 / 8 · 8	6 · 8 / 2 · 3	4 · 5 / 10 · 7
10 · 10 / 2 · 7	1 · 10 / 5 · 9	6 · 9 / 4 · 4	1 · 7 / 10 · 3

2. Aufgaben rechnen und Felder in der Farbe des Ergebnisses anmalen.

Kernaufgaben sind leichte Malaufgaben. Die erste Zahl ist immer eine 1, 2, 5 oder 10.

Jede Einmaleinsreihe hat 4 Kernaufgaben.

1 ·

2 ·

5 ·

10 ·

---

1 Schreibe alle Kernaufgaben geordnet in dein Heft.

S.	1	8		N	r.	1		
1	·	1	=	1		2	· 1	= 2
1	·	2	=	2		2	· 2	= 4

---

2 Nur die **Kernaufgabe**.

10 · 1	5 · 1	1 · 7	7 · 6	5 · 2	10 · 5	4 · 9
7 · 4	3 · 9	2 · 4	5 · 3	5 · 4	6 ·7	10 · 10
4 ·3	10 · 3	7 · 9	5 · 8	3 · 7	8 · 6	2 · 10

---

3 Rechne die Kernaufgaben aus Aufgabe 2.

_____ · _____ = _____   _____ · _____ = _____   _____ · _____ = _____

_____ · _____ = _____   _____ · _____ = _____   _____ · _____ = _____

_____ · _____ = _____   _____ · _____ = _____   _____ · _____ = _____

_____ · _____ = _____   _____ · _____ = _____   _____ · _____ = _____

4

$1 \cdot 4 =$ ☐ $1 \cdot 8 =$ ☐

$2 \cdot 4 =$ ☐ $2 \cdot 8 =$ ☐

$5 \cdot 4 =$ ☐ $5 \cdot 8 =$ ☐

$10 \cdot 4 =$ ☐ $10 \cdot 8 =$ ☐

Was fällt dir auf, wenn du die Kernaufgaben aus der Reihe mit 4 und mit 8 vergleichst?

$1 \cdot 3 =$ ☐ $1 \cdot 6 =$ ☐ $1 \cdot 9 =$ ☐

$2 \cdot 3 =$ ☐ $2 \cdot 6 =$ ☐ $2 \cdot 9 =$ ☐

$5 \cdot 3 =$ ☐ $5 \cdot 6 =$ ☐ $5 \cdot 9 =$ ☐

$10 \cdot 3 =$ ☐ $10 \cdot 6 =$ ☐ $10 \cdot 9 =$ ☐

5 Vergleiche die Ergebnisse.
Was fällt dir auf?

6 Finde die richtig gelösten Kernaufgaben.

1
$10 \cdot 4 = 30$	A
$2 \cdot 3 = 6$	(K)
$1 \cdot 10 = 11$	N

2
$4 \cdot 7 = 28$	B
$2 \cdot 9 = 17$	A
$5 \cdot 9 = 45$	E

3
$5 \cdot 6 = 45$	C
$10 \cdot 8 = 80$	R
$10 \cdot 6 = 65$	S

4
$1 \cdot 7 = 7$	N
$9 \cdot 7 = 63$	D
$5 \cdot 7 = 30$	E

5
$4 \cdot 6 = 24$	E
$2 \cdot 7 = 14$	A
$0 \cdot 8 = 8$	V

6
$4 \cdot 3 = 12$	X
$2 \cdot 4 = 9$	O
$5 \cdot 4 = 20$	U

7
$3 \cdot 3 = 9$	I
$5 \cdot 3 = 20$	R
$2 \cdot 8 = 16$	F

8
$8 \cdot 7 = 56$	M
$5 \cdot 3 = 15$	G
$2 \cdot 9 = 19$	N

9
$10 \cdot 9 = 90$	A
$2 \cdot 6 = 10$	E
$6 \cdot 6 = 36$	O

10
$7 \cdot 7 = 49$	N
$5 \cdot 8 = 40$	B
$3 \cdot 8 = 24$	D

11
$1 \cdot 1 = 0$	G
$7 \cdot 10 = 70$	D
$10 \cdot 7 = 70$	E

12
$6 \cdot 7 = 42$	O
$10 \cdot 3 = 33$	I
$5 \cdot 7 = 35$	N

Das Lösungswort lautet:

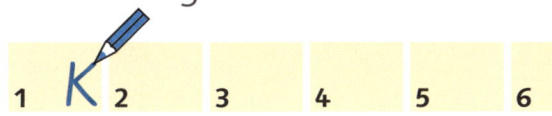

K											
1	2	3	4	5	6	7	8	9	10	11	12

5. Die Ergebnisse von Nr. 4 innerhalb einer Reihe und zwischen den Reihen vergleichen.
6. Buchstaben der richtig gelösten Kernaufgaben ergeben das Lösungswort.

1 ✂️ ✏️

Kernaufgabe	Quadrataufgabe	3 · 4 =	1 · 4 =
6 · 4 =	7 · 4 =	8 · 4 =	2 · 4 =
9 · 4 =	10 · 4 =	5 · 4 =	4 · 4 =

2 ✏️ Löse erst die leichte Aufgabe.

3 · 4 =

1 · 4 =
2 · 4 =) +

6 · 4 =

5 · 4 =
1 · 4 =) +

8 · 4 =

4 · 4 =
4 · 4 =) +

9 · 4 =

10 · 4 =
1 · 4 =) −

Hier helfen mir die leichten Kernaufgaben und Quadrataufgaben.

3 Einmaleinsreihe mit 4.

S.	2	0		N	r.	3
	1	·	4	=	4	
	2	·	4	=		

4 ✂️

1	2	3	4	5	6	7	8	9	10
11	12	13	14	15	16	17	18	19	20
21	22	23	24	25	26	27	28	29	30
31	32	33	34	35	36	37	38	39	40
41	42	43	44	45	46	47	48	49	50

5 ✏️

Die Einer der Ergebnisse haben die Ziffer ▢ , ▢ , ▢ , ▢ , oder ▢ .

Die Ergebnisse bestehen aus *allen/geraden/ungeraden* Zahlen.

In der Reihe mit 4 finde ich die Ergebnisse aus der Reihe mit ▢ .

Wie gut kann ich die Reihe? 🙂 🤔

6 💬 Mein Trick: Ich kann mir die Reihe gut merken, weil ....

1. Nur Quadrat- und Kernaufgaben einfärben und ausrechnen.
4. Die Ergebnisse der Reihe mit 4 markieren.

Einmaleins mit 8 ●●●●● ●●●

1

| Kernaufgabe | Quadrataufgabe | 8 · 8 = ___ | 5 · 8 = ___ |

| 2 · 8 = ___ | 3 · 8 = ___ | 6 · 8 = ___ | 7 · 8 = ___ |

| 1 · 8 = ___ | 10 · 8 = ___ | 9 · 8 = ___ | 4 · 8 = ___ |

2

3 · 8 = ___   6 · 8 = ___   7 · 8 = ___   9 · 8 = ___

| 1 · 8 = ___ | 5 · 8 = ___ | 8 · 8 = ___ | 10 · 8 = ___ |
| 2 · 8 = ___ | 1 · 8 = ___ | 1 · 8 = ___ | 1 · 8 = ___ |

+   +   −   −

3

Einmaleinsreihe mit 8.

S. 2 1	N r. 3
1 · 8 =	8
2 · 8 =	
3 · 8 =	
4 · 8 =	

4

1	2	3	4	5	6	7	8	9	10
11	12	13	14	15	16	17	18	19	20
21	22	23	24	25	26	27	28	29	30
31	32	33	34	35	36	37	38	39	40
41	42	43	44	45	46	47	48	49	50
51	52	53	54	55	56	57	58	59	60
61	62	63	64	65	66	67	68	69	70
71	72	73	74	75	76	77	78	79	80

5

Die Einer der Ergebnisse haben die Ziffer ___ , ___ , ___ , ___ , oder ___ .

Die Ergebnisse bestehen aus *allen/geraden/ungeraden* Zahlen.

In der Reihe mit 8 finde ich die Ergebnisse aus der Reihe mit ___ .

Die Ergebnisse der Reihe mit 8 sind *halb/doppelt* so groß wie die Ergebnisse der Reihe mit 4.

Wie gut kann ich die Reihe? ☺ 🤔

6

Mein Trick: Ich kann mir die Reihe gut merken, weil ....

1. Nur Quadrat- und Kernaufgaben farbig umrahmen und ausrechnen.
4. Die Ergebnisse der Reihe mit 8 markieren.

21

1

Kernaufgabe	Quadrataufgabe	1 · 3 =	10 · 3 =
2 · 3 =	7 · 3 =	9 · 3 =	3 · 3 =
6 · 3 =	8 · 3 =	4 · 3 =	5 · 3 =

2

7 · 3 =

5 · 3 =
2 · 3 =
+

6 · 3 =

5 · 3 =
1 · 3 =
+

4 · 3 =

2 · 3 =
2 · 3 =
+

8 · 3 =

3 · 3 =
5 · 3 =
+

9 · 3 =

10 · 3 =
1 · 3 =
−

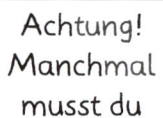

Achtung! Manchmal musst du subtrahieren.

3 Einmaleinsreihe mit 3.

S. 2 2		N r. 3	
1 ·	3	=	3
2 ·	3	=	

4

1	2	3	4	5	6	7	8	9	10
11	12	13	14	15	16	17	18	19	20
21	22	23	24	25	26	27	28	29	30
31	32	33	34	35	36	37	38	39	40

5

Die Ergebnisse bestehen aus *allen/geraden/ungeraden* Zahlen.

Die Ergebnisse der Reihe mit 3 sind *halb/doppelt* so groß wie die Ergebnisse der Reihe mit 6.

Wie gut kann ich die Reihe? ☺ 🤔

6

Mein Trick: Ich kann mir die Reihe gut merken, weil ....

1. Nur Quadrat- und Kernaufgaben farbig umrahmen und ausrechnen.
4. Die Ergebnisse der Reihe mit 3 markieren.

Einmaleins mit 6 ●●●●●● ●

1

Kernaufgabe	Quadrataufgabe	7 · 6 = ☐	2 · 6 = ☐
5 · 6 = ☐	10 · 6 = ☐	6 · 6 = ☐	8 · 6 = ☐
1 · 6 = ☐	4 · 6 = ☐	3 · 6 = ☐	9 · 6 = ☐

2

7 · 6 = ☐

| 5 · 6 = ☐ |
| 2 · 6 = ☐ |

+

3 · 6 = ☐

| 2 · 6 = ☐ |
| 1 · 6 = ☐ |

+

8 · 6 = ☐

| 6 · 6 = ☐ |
| 2 · 6 = ☐ |

+

9 · 6 = ☐

| 10 · 6 = ☐ |
| 1 · 6 = ☐ |

−

3

Einmaleinsreihe mit 6.

S. 2 3	N r. 3	
1 · 6 =	6	
2 · 6 =		
3 · 6 =		

4

1	2	3	4	5	6	7	8	9	10
11	12	13	14	15	16	17	18	19	20
21	22	23	24	25	26	27	28	29	30
31	32	33	34	35	36	37	38	39	40
41	42	43	44	45	46	47	48	49	50
51	52	53	54	55	56	57	58	59	60
61	62	63	64	65	66	67	68	69	70

5

In der Reihe mit 6 finde ich die Ergebnisse aus der Reihe mit ☐.

Die Einer der Ergebnisse haben die Ziffer ☐, ☐, ☐, ☐ oder ☐.

Die Ergebnisse bestehen aus *allen/geraden/ungeraden* Zahlen.

Wie gut kann ich die Reihe? ☺ 🤔

6

Mein Trick: Ich kann mir die Reihe gut merken, weil ....

---

1. Nur Quadrat- und Kernaufgaben farbig umrahmen und ausrechnen.
4. Die Ergebnisse der Reihe mit 6 markieren.

1

Kernaufgabe	Quadrataufgabe

8 · 9 =

2 · 9 =

5 · 9 =

1 · 9 =

4 · 9 =

3 · 9 =

6 · 9 =

9 · 9 =

10 · 9 =

7 · 9 =

2

7 · 9 =

5 · 9 =
2 · 9 =   +

3 · 9 =

2 · 9 =
1 · 9 =   +

8 · 9 =

9 · 9 =
1 · 9 =   −

4 · 9 =

2 · 9 =
2 · 9 =   +

3 Einmaleinsreihe mit 9.

S.	2	4		N	r.	3
1	·	9	=		9	
2	·	9	=			
3	·	9	=			
4	·	9	=			

4

1	2	3	4	5	6	7	8	9	10
11	12	13	14	15	16	17	18	19	20
21	22	23	24	25	26	27	28	29	30
31	32	33	34	35	36	37	38	39	40
41	42	43	44	45	46	47	48	49	50
51	52	53	54	55	56	57	58	59	60
61	62	63	64	65	66	67	68	69	70
71	72	73	74	75	76	77	78	79	80
81	82	83	84	85	86	87	88	89	90
91	92	93	94	95	96	97	98	99	100

Erkennst du ein Muster?

5

Die Zehner der Ergebnisse werden immer um 1   ,

die Einer der Ergebnisse immer um 1   .

Die Ergebnisse aus der Reihe mit 9 sind 3-mal so groß wie die Ergebnisse aus der Reihe mit   .

Wie gut kann ich die Reihe? ☺ 🤔

6 Mein Trick: Ich kann mir die Reihe gut merken, weil ....

1. Nur Quadrat- und Kernaufgaben farbig umrahmen und ausrechnen.
4. Die Ergebnisse der Reihe mit 9 markieren und das Muster beschreiben. Es entsteht eine Diagonale.

Einmaleins mit 7 ●●●●● ●● und 0

1

| Kernaufgabe | Quadrataufgabe | 10 · 7 = ▢ | 7 · 7 = ▢ |

| 1 · 7 = ▢ | 5 · 7 = ▢ | 8 · 7 = ▢ | 2 · 7 = ▢ |

| 4 · 7 = ▢ | 3 · 7 = ▢ | 9 · 7 = ▢ | 6 · 7 = ▢ |

2

9 · 7 = ▢

| 10 · 7 = ▢ |
| 1 · 7 = ▢ | − |

3 · 7 = ▢

| 2 · 7 = ▢ |
| 1 · 7 = ▢ | + |

8 · 7 = ▢

| 7 · 7 = ▢ |
| 1 · 7 = ▢ | + |

6 · 7 = ▢

| 5 · 7 = ▢ |
| 1 · 7 = ▢ | + |

3

Einmaleinsreihe mit 7.

S.	2	5		N	r.	3
	1	·	7	=		7
	2	·	7	=		

Wie gut kannst du die Reihe mit 7?

4

Welche Ergebnisse aus der Reihe mit 7 fehlen?

(7) (▢) (21) (28) (▢) (42) (▢) (56) (63) (▢)

5

Reihe mit 0.

| 1 · 0 = ▢ | 2 · 0 = ▢ | 3 · 0 = ▢ | 4 · 0 = ▢ | 5 · 0 = ▢ |

| 6 · 0 = ▢ | 7 · 0 = ▢ | 8 · 0 = ▢ | 9 · 0 = ▢ | 10 · 0 = ▢ |

6

Alle Ergebnisse aus der Reihe mit 0 sind gleich ▢ .

---

1. Nur Quadrat- und Kernaufgaben farbig umrahmen und ausrechnen.

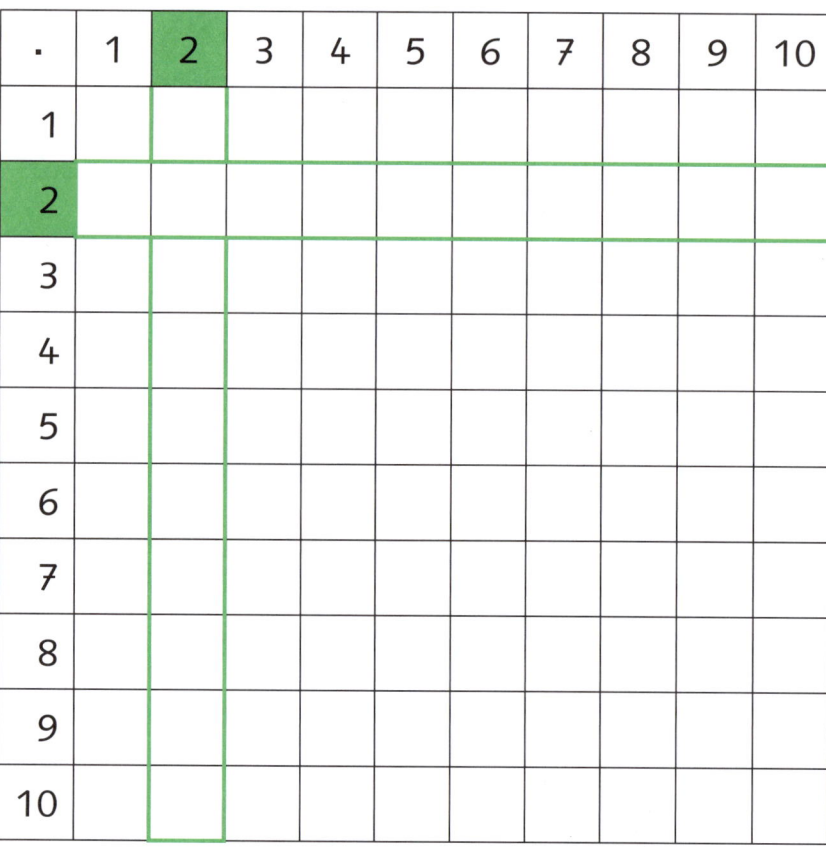

Ich rechne die Zahlen aus der linken <u>Spalte</u> …

… mal die Zahlen aus der oberen <u>Zeile</u>.

1 Umrahme die Spalten und Zeilen.

Einmaleins mit 2

Einmaleins mit 10

Einmaleins mit 1

Einmaleins mit 5

Quadrataufgaben

2 Löse alle Aufgaben in den umrahmten Feldern.

3 Löse diese Aufgaben in der Tabelle.

| $7 \cdot 8$ | $4 \cdot 3$ | $6 \cdot 7$ | $3 \cdot 9$ | $8 \cdot 3$ | $3 \cdot 8$ | $7 \cdot 4$ |

4 Schreibe die Ergebnisse in die Tabelle.

| 48 | 36 | 72 | 24 | 21 | 10 | 32 |

1. Rechenweise der Tabelle besprechen.
2.–4. Ergebnisse in die Tabelle oben eintragen. Mehrere Lösungen möglich.

5

·	5
1	

·	3
3	

·	2
10	

·	10
5	

·	5	10
2		

·	1	5
9		

·	8	10
8		

·	6
3	

·	2
9	

·	5
7	

·	10
7	

·	6	10
2		

·	6	9
4		

·	9	3
7		

6

·	1	2
2		
10		

·	7	9
1		
2		

·	3	6
2		
5		

·	6	8
8		
6		

·	7	3
2		
9		

·	5	3
4		
5		

7

·	8	
1		
4		16

·	7	3
	35	
	28	

·		8
	18	
	12	

2 · 2 = 4

4 · 2 = 8
Das Ergebnisfeld ist belegt. Ich wende von 🔴 auf 🔵.

3 🔴 und 4 🔵.
Ich habe gewonnen!

1 Spielfeld

·	1	2	4	8
1				
2				
4				
8				

Ich gucke mir die Spielanleitung zur Zahlenjagd im Internet an.

Ergebnisfeld

1	2	4	8	16	32	64

2 Schreibe die Ergebnisse ins Spielfeld.

3 Markiere gleiche Ergebnisse in gleichen Farben.

4 Wie oft gibt es jedes Ergebnis im Spielfeld?
Trage die Anzahl in das Ergebnisfeld ein.

28 **1** Partnerkinder spielen die Zahlenjagd auf einem Ergebnis- und Spielfeld.

5 Meine Entdeckungen.

Diese Ergebnisse gibt es je einmal: ▢ und ▢ .

In der Diagonalen sind die Ergebnisse immer ▢ .

In einer Zeile ▢ sich die Ergebnisse.

Dieses Ergebnis kommt am häufigsten vor: ▢ .

verdoppeln

gleich

	64
8	
	1

6 Meine Spielstrategie.

Ich belege im Spielfeld zuerst das kleinste Ergebnis, weil …	Ich belege im Spielfeld zuerst das größte Ergebnis, weil …

Ich sichere mir ein Ergebnisfeld, indem …	Ich vertreibe mein Partnerkind vom Ergebnisfeld, indem …

7 Spielfeld

·	0	1	3	9
0				
1				
3				
9				

Denke an deine Spielstrategie.

Ergebnisfeld

0	1	3	9	27	81

7. Partnerkinder wiederholen das Spiel und wenden ihre Strategie an, um zu gewinnen.

Zeig, was du kannst!

1

4 +

:) 🤔

2

4 · 7

3 · 3

9 · 2

3 · 6   :) 🤔

3

1.

:) 🤔

30

Kernaufgabe   **Quadrataufgabe**

1 · 3 =		5 · 4 =		9 · 9 =		5 · 9 =	

6 · 6 =		10 · 8 =		2 · 8 =		8 · 8 =	

5

4 · 8 =   7 · 4 =   6 · 9 =   7 · 6 =

2 · 8 =   2 · 8 = +   5 · 4 =   2 · 4 = +   5 · 9 =   1 · 9 = +   6 · 6 =   1 · 6 = +

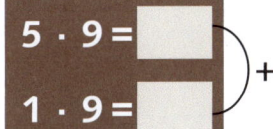
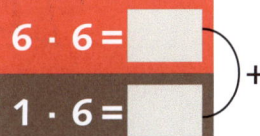

6

3 · 5 =   3 · 10 =   3 · 2 =   8 · 5 =

5 · 10 =   6 · 8 =   2 · 10 =   5 · 1 =

7 · 1 =   9 · 5 =   6 · 10 =   4 · 10 =

9 · 10 =   7 · 2 =   2 · 5 =   10 · 10 =

7

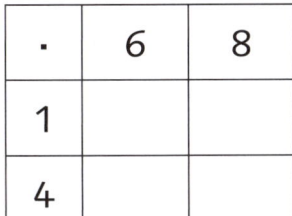

·	6	8
1		
4		

·	5	6
2		
10		

·	7	9
4		
5		

·	5	9
3		
5		

·	5	6
4		
9		

·	6	8
6		
7		

·	4	
2		
8		24

·	10	2
	40	
	100	

·		9
	49	
	56	

6 geteilt durch 3
6 : 3

Ich verteile 6 Becher gerecht an 3 Kinder.

die Division
dividieren
teilen

6 : 3 = 2
Dividend Divisor Quotient

1

6 geteilt durch 2	4 geteilt durch 2	4 geteilt durch 4
6 : 2	4 : 2	4 : 4

2

☐ : ☐ = ☐   ☐ : ☐ = ☐   ☐ : ☐ = ☐

3 Denke dir eine Handlung aus. Spiele sie einem Partnerkind vor.
Schreibe die passende Geteiltaufgabe.

1.–2. Passende Aufgabe zum Bild verbinden bzw. notieren.

4

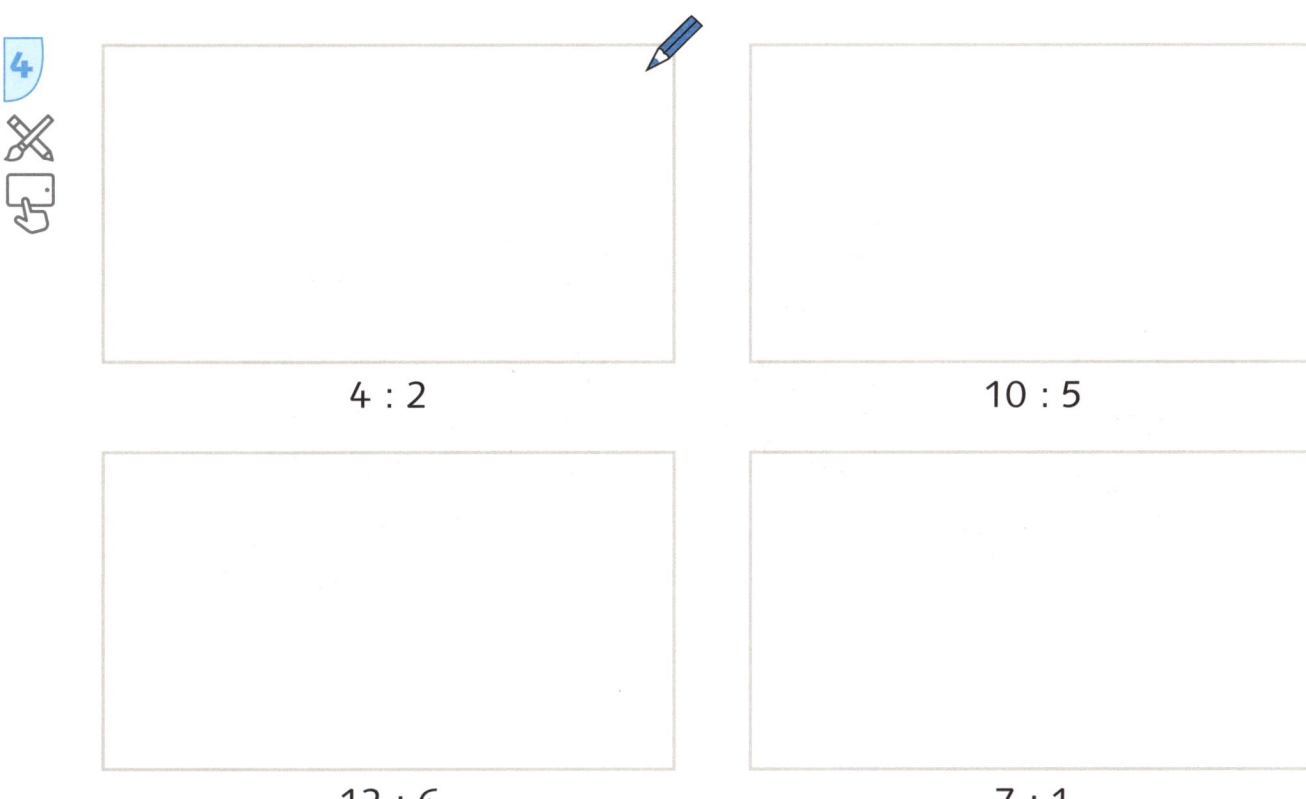

4 : 2	10 : 5
12 : 6	7 : 1

5 24 Kinder. Bilde Gruppen.

Anzahl der Gruppen	4			
Kinder in einer Gruppe				
Wie viele Kinder bleiben übrig?				

6 Passt die Aufgabe zum Bild? ✔ oder ✗ ?

7 : 8 ☐

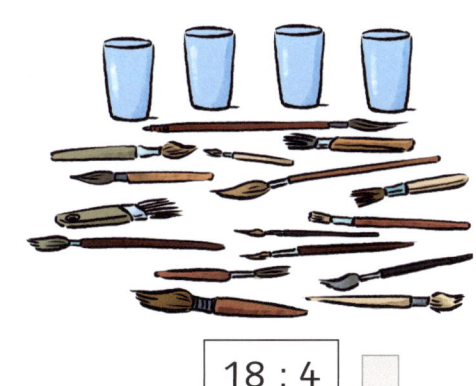

18 : 4 ☐

4. Passende Situation zur Geteiltaufgabe zeichnen. ⌨ Alternativ können die SuS Fotos/Videos zur Aufgabe erstellen. 5. Gruppenbildung in einer Klasse mit 24 Kindern. Spielfiguren nutzen.

30 : 3 = 10

1

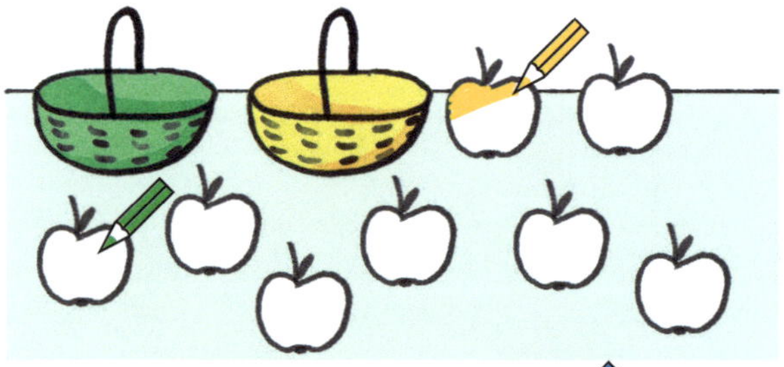

8 : 2 =

___ : ___ = ___

___ : ___ = ___

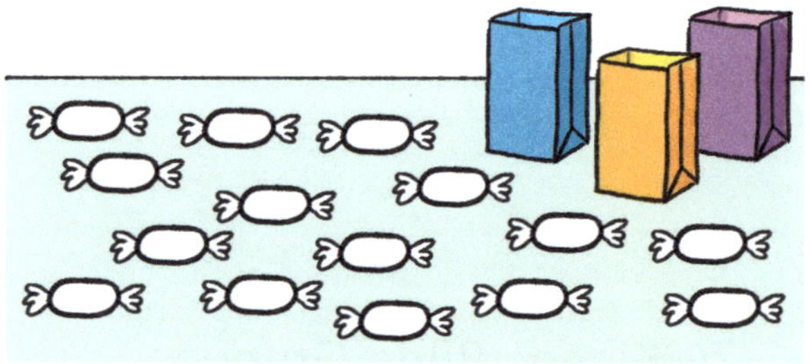

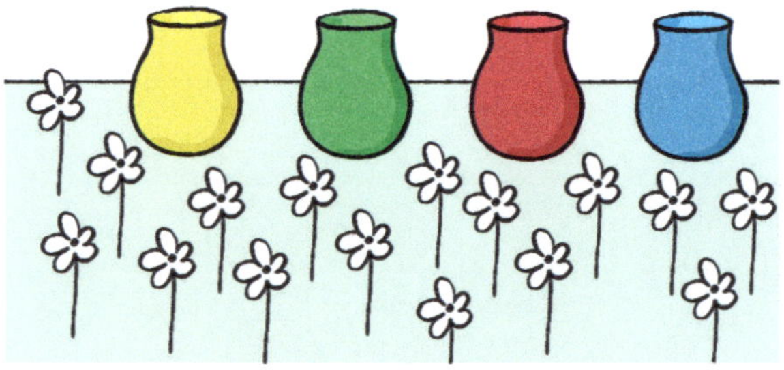

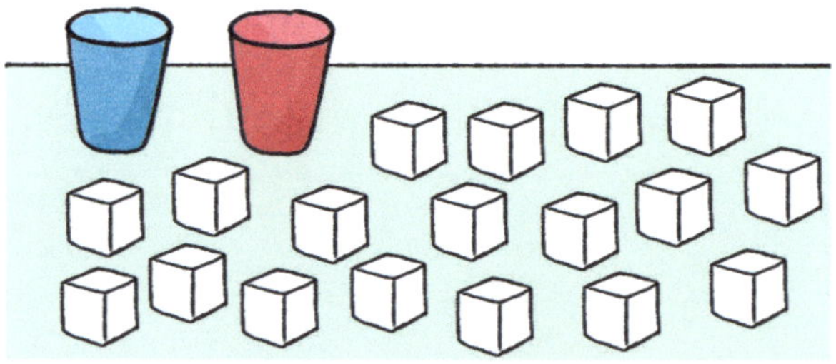

18 : 2 = ___

___ : ___ = ___

___ : ___ = ___

1. Gegenstände gerecht verteilen, indem diese entsprechend eingefärbt werden. Rechnung darunter notieren.
Eigene Situation zeichnen oder fotografieren und Geteiltaufgabe notieren.

✔ oder ✘ ?

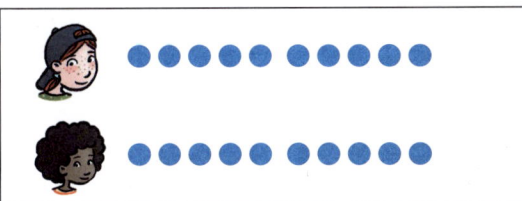

20 : 2 = 6 ☐

☐ : ☐ = ☐

 Stimmt das?

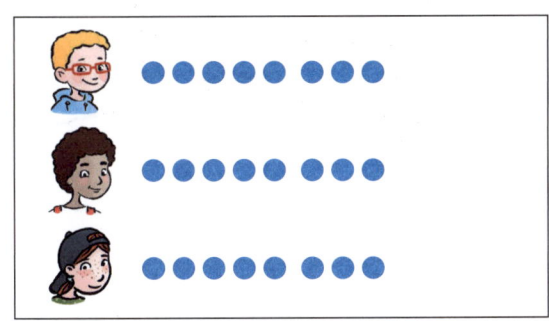

24 : 3 = 8 ☐

☐ : ☐ = ☐

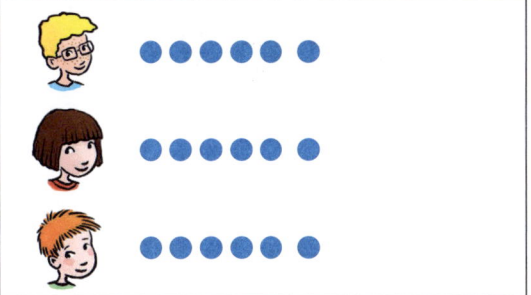

18 : 2 = 9 ☐

☐ : ☐ = ☐

24 : 3 = 8 ☐

☐ : ☐ = ☐

20 : 5 = 4 ☐

☐ : ☐ = ☐

3

Du hast 24 Kekse.
Eine Freundin und ein
Freund stehen neben dir.
Jeder von euch

bekommt ☐ Kekse.

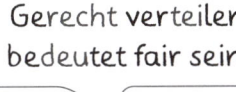 Gerecht verteilen bedeutet fair sein.

Du hast 30 Karten.
2 Freunde wollen mit dir
mitspielen. Alle Karten
werden verteilt. Jeder von

euch bekommt ☐ Karten.

2. Fehler finden und ggf. die richtige Rechnung notieren.
3. ↑ Eigene Sachaufgaben erstellen. ↓ Schlüsselwörter markieren / Handlung spielen.

35

32 : 3 = 10 R 2

____ : ____ = _____

____ : ____ = _____

____ : ____ = _____

22 : **4** = _____

____ : ____ = _____

____ : ____ = _____

1. Eigene Situation zeichnen oder fotografieren und Geteiltaufgabe notieren.

2  ✔ oder ✘ ?

17 : 2 = 8 R 1 ☐

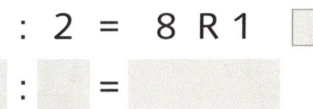 : ☐ = ☐

Stimmt das?

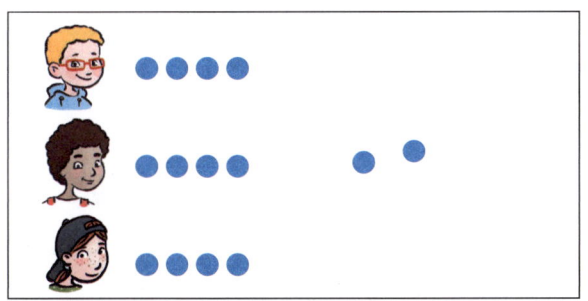

14 : 3 = 4 R 2 ☐

☐ : ☐ = ☐

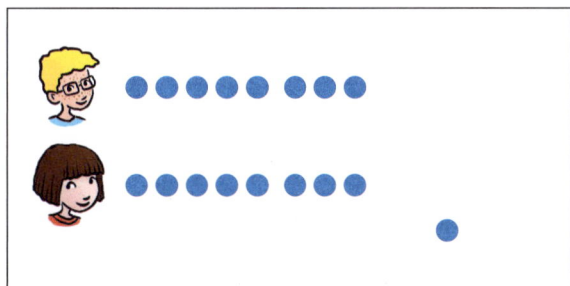

16 : 2 = 8 ☐

☐ : ☐ = ☐

10 : 4 = 2 R 2 ☐

☐ : ☐ = ☐

28 : 3 = 8 R 3 ☐

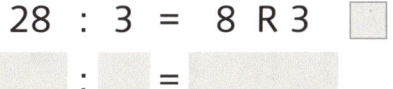 : ☐ = ☐

3

Du hast 23 Kekse und machst eine Geburtstagsfeier mit 4 Gästen.
Jeder von euch bekommt
☐ Kekse.
Die restlichen ☐ Kekse bekommt der Hund.

Du hast 32 Karten. 4 Freunde wollen mit dir mitspielen.
Alle Karten werden verteilt.
Jeder von euch bekommt
☐ Karten.
Die restlichen ☐ Karten kommen auf den Ablegestapel.

---

2. Fehler finden und ggf. die richtige Rechnung notieren.
3. ↑ Eigene Sachaufgaben erstellen. ↓ Schlüsselwörter markieren / Handlung spielen.

1 Wie viele Gruppen?

Immer 3.

[   ] : [   ] = [   ]

Immer 5.

[   ] : [   ] = [   ]

Immer 6.

[   ] : [   ] = [   ]

Immer 3.

[   ] : [   ] = [   ]

[   ]

[   ] : [   ] = [   ]

[   ]

[   ] : [   ] = [   ]

1. Eigene Situation zeichnen oder fotografieren und Geteiltaufgabe notieren.

2

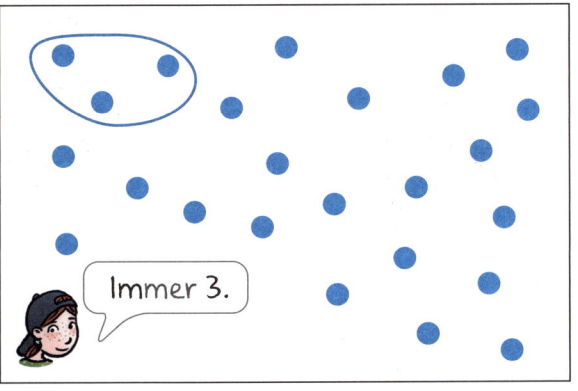

24 : 3 = ⬜

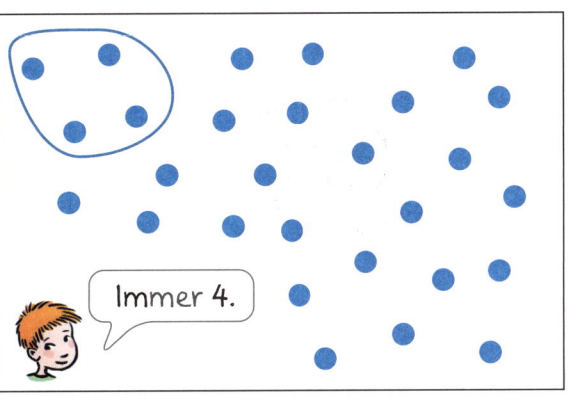

28 : 4 = ⬜

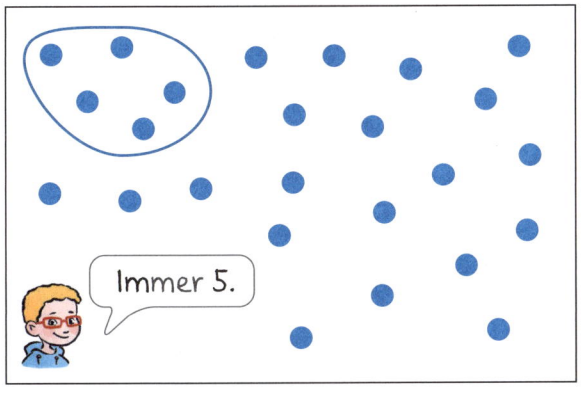

25 : ⬜ = ⬜

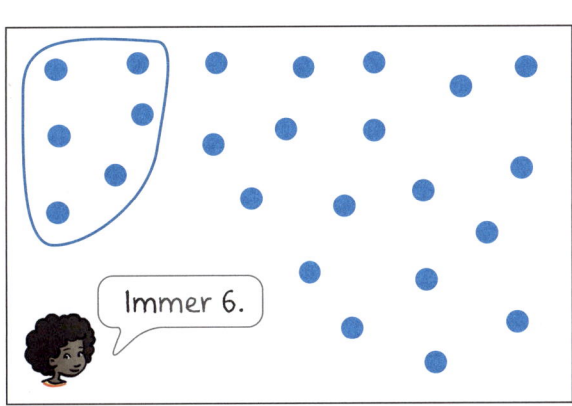

24 : ⬜ = ⬜

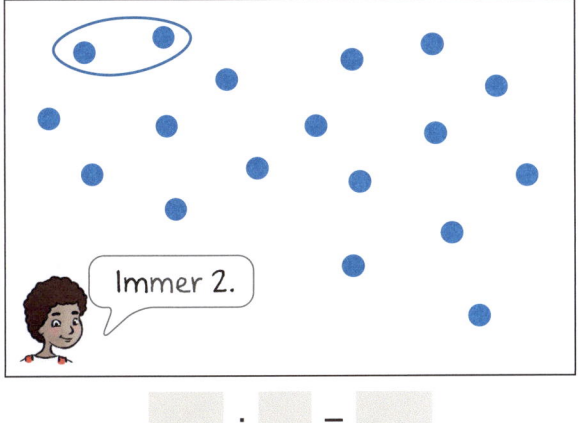

⬜ : ⬜ = ⬜

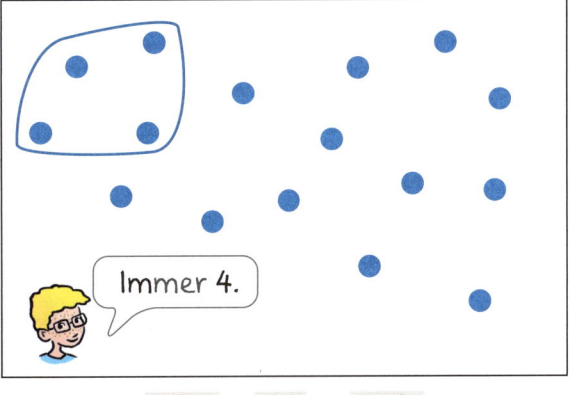

⬜ : ⬜ = ⬜

3

Du hast 24 Kekse.
Immer 8 Kekse passen
in eine Packung.
Du brauchst ⬜ Packungen.

Du hast 28 Karten.
Immer 7 Karten für jedes Kind.
⬜ Kinder können mitspielen.

---

3. ↓ Schlüsselwörter markieren / Handlung spielen.
↑ Eigene Sachaufgaben erstellen.

1 Wie viele gefüllte Packungen?
Wie viele einzelne 🍪?

$9 : 6 =$ _____

_____ : _____ = _____

_____ : _____ = _____

_____ : _____ = _____

_____ : _____ = _____

_____ : _____ = _____

1. Macarons aufteilen z. B. durch Einkreisen von 6 Macarons pro Packung.
Eigene Situation zeichnen oder fotografieren und Geteiltaufgaben notieren.

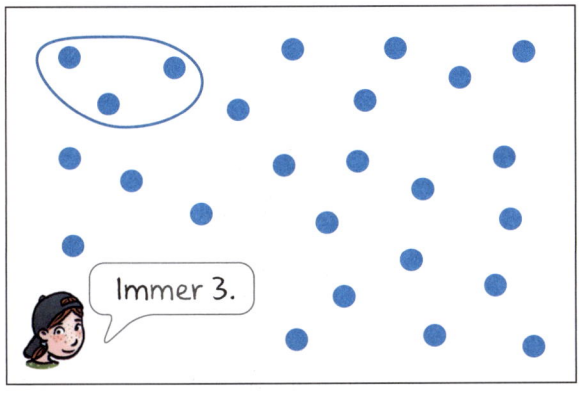

25 : 3 =

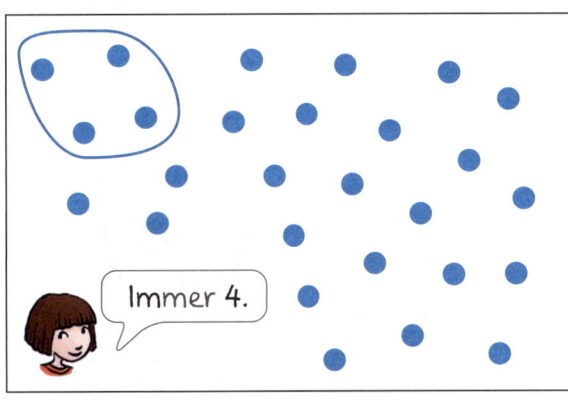

27 : 4 =

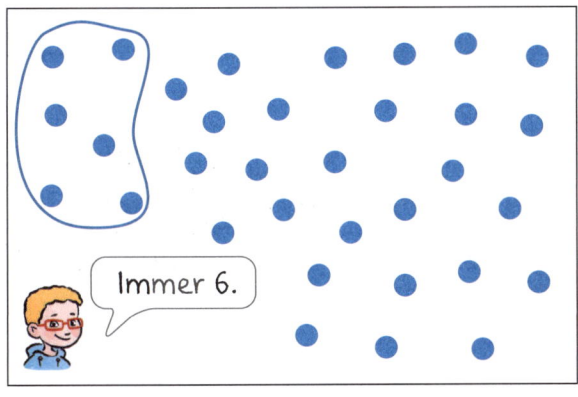

33 : ☐ = ☐

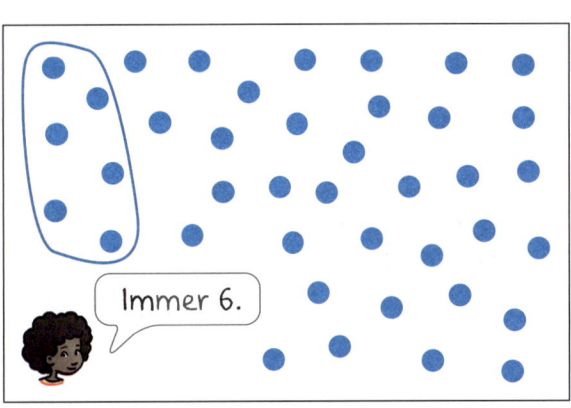

40 : ☐ = ☐

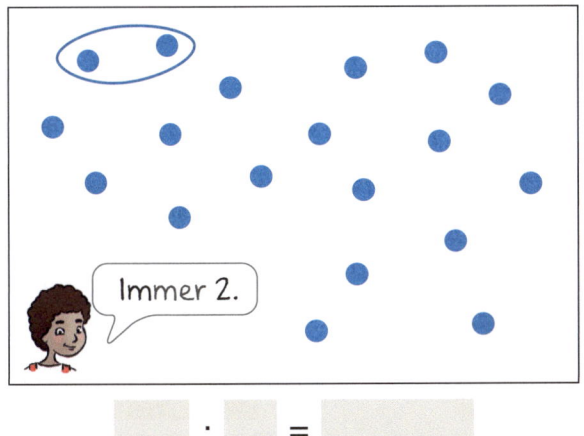

☐ : ☐ = ☐

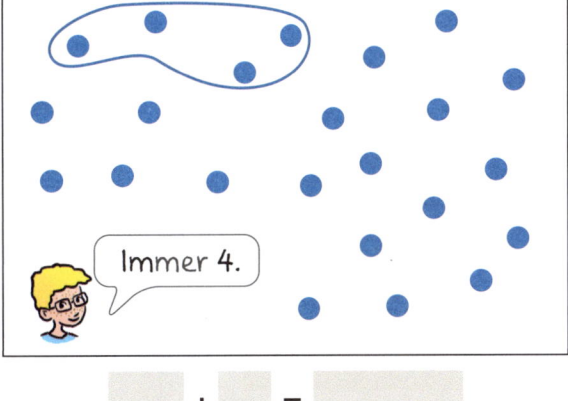

☐ : ☐ = ☐

3

Du hast 20 Kekse. Immer 8 Kekse passen in eine Packung.

Du brauchst ☐ Packungen.

☐ Kekse bleiben übrig.

Du hast 30 Karten.
Immer 7 Karten für jedes Kind.

☐ Kinder können mitspielen.

☐ Karten bleiben übrig.

3. ↓ Schlüsselwörter markieren / Handlung spielen.
↑ Eigene Sachaufgaben erstellen.

20 : 4 = 5
4 · 5 = 20

1

 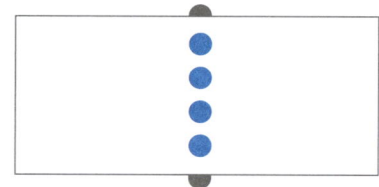 

| 6 : 3 = 2 | 4 : 4 = 1 | 8 : 2 = 4 |
| 3 · 2 = 6 | 4 · 1 = 4 | 2 · 4 = 8 |

| 4 steckt 1-mal in 4. | 2 steckt 4-mal in 8. | 3 steckt 2-mal in 6. |

🧍 = steht für einen Menschen, an den etwas verteilt wird.

2 Immer 24 ●.

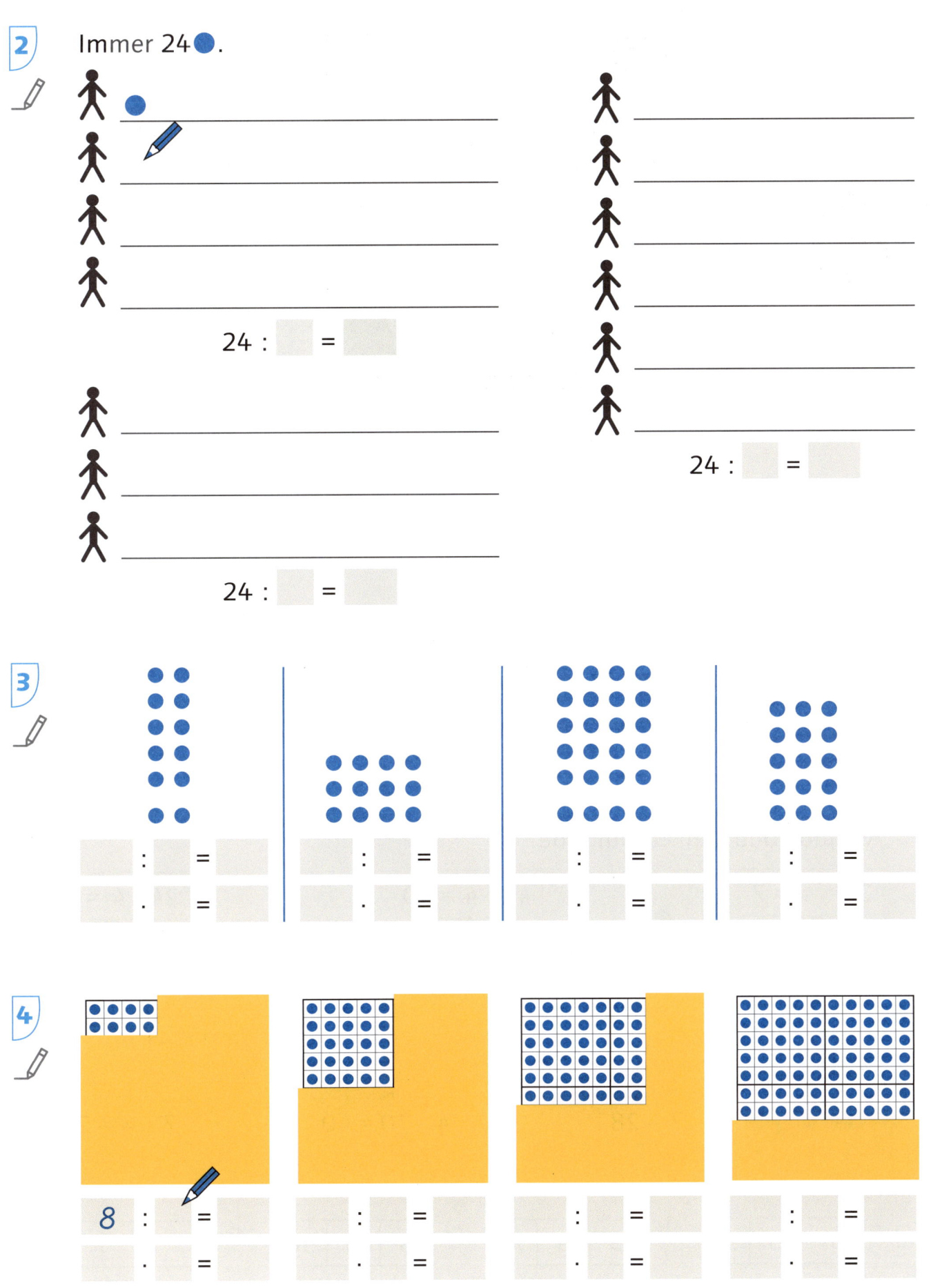

24 : ⬜ = ⬜

24 : ⬜ = ⬜

24 : ⬜ = ⬜

3

⬜ : ⬜ = ⬜
⬜ · ⬜ = ⬜

⬜ : ⬜ = ⬜
⬜ · ⬜ = ⬜

⬜ : ⬜ = ⬜
⬜ · ⬜ = ⬜

⬜ : ⬜ = ⬜
⬜ · ⬜ = ⬜

4

8 : ⬜ = ⬜
⬜ · ⬜ = ⬜

⬜ : ⬜ = ⬜
⬜ · ⬜ = ⬜

⬜ : ⬜ = ⬜
⬜ · ⬜ = ⬜

⬜ : ⬜ = ⬜
⬜ · ⬜ = ⬜

Aus 3 Zahlen kannst du 4 Aufgaben bilden.

5   15   3

$5 \cdot 3 = 15$
$3 \cdot 5 = 15$

$15 : 3 = 5$
$15 : 5 = 3$

2 Malaufgaben.
2 Geteiltaufgaben.

die Tauschaufgabe

die Umkehraufgabe

1   Immer 4 Aufgaben.

| 3 | 7 | 21 |

$\square \cdot \square = \square$
$\square \cdot \square = \square$
$\square : \square = \square$
$\square : \square = \square$

| 6 | 7 | 42 |

$\square \cdot \square = \square$
$\square \cdot \square = \square$
$\square : \square = \square$
$\square : \square = \square$

| 8 | 6 | 48 |

$\square \cdot \square = \square$
$\square \cdot \square = \square$
$\square : \square = \square$
$\square : \square = \square$

2   Aufgabe und Umkehraufgabe.

$28 : 4 = 7$ $40 : 4 = 10$ $24 : 4 = 6$

$6 \cdot 4 = 24$ $10 \cdot 4 = 40$ $4 \cdot 6 = 24$

$4 \cdot 7 = 28$ $4 \cdot 10 = 40$ $7 \cdot 4 = 28$

3

a) 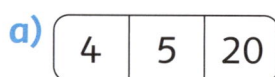 | 4 | 5 | 20 |

b) 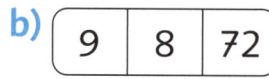 | 9 | 8 | 72 |

c)  | 6 | 6 | 36 |

d)  | | | |

2. Die passende Umkehraufgabe finden. Es bleiben 3 Karten übrig. **3.** Aufgabenfamilie mit den vorgegebenen Zahlen im Heft notieren. d) Eigene Aufgabenfamilie notieren und berechnen.

Quadrataufgaben umkehren

S. 81

Ich kenne die Quadrataufgaben sogar im Schlaf.

3 · 3 = 9

Das ist die Umkehraufgabe.

9 : 3 = 3

Das Punktebild zeigt ein Quadrat.

1

1 · 1 = 1   2 · 2 =   3 · 3 =   4 · 4 =

1 : 1 =   4 : 2 =   : 3 =   : 4 =

5 · 5 =   6 · 6 =   7 · 7 =   8 · 8 =

: 5 =   : 6 =   : 7 =   : 8 =

9 · 9 =   10 · 10 =

: 9 =   : 10 =

2

81 : 9 =   16 : 4 =   64 : 8 =   4 : 2 =

25 : 5 =   100 : 10 =   1 : 1 =   49 : 7 =

36 : 6 =   9 : 3 =

3 Diese Aufgaben kann ich gut, weil ...

 1 6 : ②= ☐   10 : 2 = ☐   4 : 2 = ☐   12 : 2 = ☐   18 : 2 = ☐

Das Ergebnis ist immer *die Hälfte / das Doppelte*

des Dividenden, weil der Divisor ☐ ist.

 2 8 : 4 = ☐   12 : 6 = ☐   16 : 8 = ☐   10 : 5 = ☐   14 : 7 = ☐

Das Ergebnis ist immer ☐ , weil der Divisor

doppelt / halb so groß ist wie der Dividend.

 **3** 90 : 9 = ☐   40 : 4 = ☐   80 : 8 = ☐   50 : 5 = ☐

Das Ergebnis ist immer ☐ , weil der Dividend

das Doppelte / das Zehnfache des Divisors ist.

Hinweis: Fachbegriffe der Division wiederholen.
1.–6. Aufgaben lösen, Entdeckungen markieren und Merksätze vervollständigen.

4 80 : 10 = ☐   10 : 10 = ☐   20 : 10 = ☐   30 : 10 = ☐

Das Ergebnis ist immer die gleiche Zahl wie der
Zehner/Einer des Dividenden.

5 1 : 1 = ☐   9 : 9 = ☐   5 : 5 = ☐   7 : 7 = ☐   4 : 4 = ☐

Das Ergebnis ist immer ☐ , wenn der ☐
und der ☐ gleich groß sind.

6 0 : 7 = ☐   0 : 4 = ☐   0 : 8 = ☐   0 : 5 = ☐   0 : 1 = ☐

Das Ergebnis ist immer ☐ , wenn der Dividend ☐ ist.

7 Welche Entdeckung passt zu den Aufgaben **1** bis **6** ?

70 : 10 = ☐

50 : 10 = ☐

8 : 8 = ☐

1

14 : 2 = ☐

8 : 2 = ☐

20 : 2 = ☐

18 : 2 = ☐

6 : 6 = ☐

60 : 6 = ☐

0 : 9 = ☐

1 Wie rechnet Ella?

Wie oft steckt die 7 in der 42?

42 : 7 = ☐

☐ · 7 = ☐

32 : 4 = ☐

☐ · 4 = ☐

2 Wie rechnet Amari?

Ich sage die Einmaleins-Reihe auf.

1 · 3 = 3

6 : 3

2 · 3 = 6, also ist 6 : 3 = 2

6 : 3

3 Wie rechnet Noa?

Ich rechne mit glatten Zehnern. Das ist einfacher.

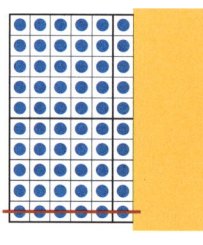

54 : 6 = ☐

60 : 6 = ☐
6 : 6 = ☐ —

24 : 4 = ☐

20 : 4 = ☐
4 : 4 = ☐ +

1.–3. Die Rechenwege von Team Nase ergänzen und erklären.

Gemischte Aufgaben

1

1 : 1 =	2 : 2 =	35 : 5 =	10 : 10 =
4 : 1 =	16 : 2 =	50 : 5 =	40 : 10 =
10 : 1 =	14 : 2 =	45 : 5 =	20 : 10 =
7 : 1 =	18 : 2 =	5 : 5 =	30 : 10 =

2

Nutze die Entdeckungen.

2 : 1 =	4 : 1 =	2 : 2 =	
40 : 5 =	6 : 2 =	49 : 7 =	
5 : 1 =	6 : 6 =	20 : 4 =	
32 : 4 =	45 : 5 =	15 : 5 =	

18 : 2 =	18 : 9 =	40 : 4 =	63 : 9 =
9 : 3 =	48 : 8 =	64 : 8 =	10 : 1 =
32 : 4 =	80 : 10 =	72 : 9 =	16 : 2 =
63 : 7 =	40 : 5 =	6 : 6 =	9 : 9 =

3

Aufgaben mit Rest schreibe ich so.

17 : 2 =	87 : 9 =	
8 : 5 =	48 : 6 =	
19 : 3 =	42 : 7 =	
23 : 4 =	61 : 9 =	

11 : 2 =	83 : 9 =	19 : 5 =
29 : 3 =	39 : 7 =	86 : 9 =
37 : 4 =	22 : 4 =	45 : 5 =
72 : 8 =	63 : 9 =	12 : 4 =

46 : 5 =	19 : 7 =	16 : 7 =
19 : 8 =	15 : 3 =	37 : 5 =
26 : 3 =	28 : 7 =	71 : 9 =
74 : 9 =	7 : 7 =	29 : 3 =

1 Verteilen ohne Rest.

24 : ☐ = ☐   ☐ : ☐ = ☐   😊 🤔

2 Verteilen mit Rest.

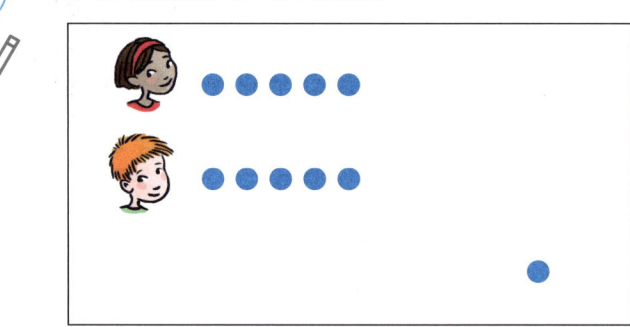

11 : ☐ = ☐   ☐ : ☐ = ☐   😊 🤔

3 Aufteilen ohne Rest.

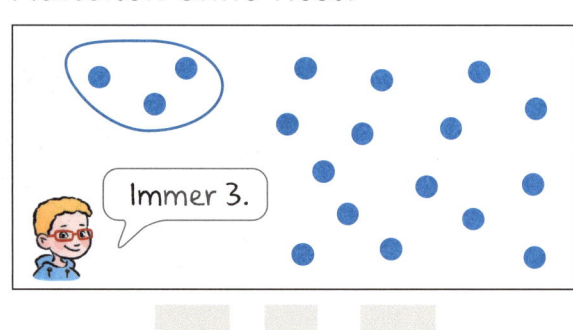

Immer 3.

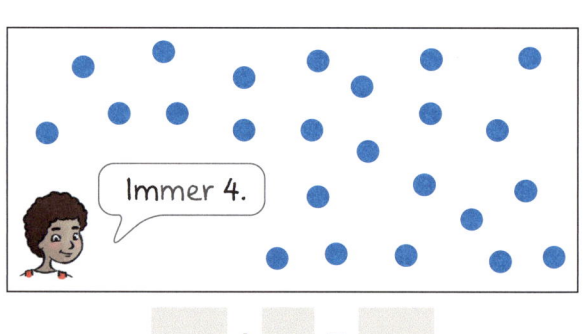

Immer 4.

☐ : ☐ = ☐   ☐ : ☐ = ☐   😊 🤔

4 Aufteilen mit Rest.

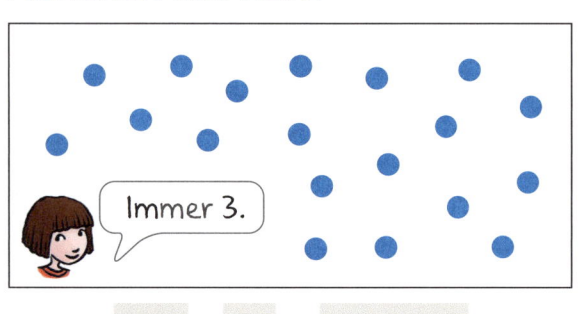

Immer 3.

Immer 4.

☐ : ☐ = ☐   ☐ : ☐ = ☐   😊 🤔

5 Aufgabenfamilien. Immer 4 Aufgaben.

2	9	18

☐ · ☐ = ☐
☐ · ☐ = ☐
☐ : ☐ = ☐
☐ : ☐ = ☐

4	7	28

☐ · ☐ = ☐
☐ · ☐ = ☐
☐ : ☐ = ☐
☐ : ☐ = ☐

9	6	54

☐ · ☐ = ☐
☐ · ☐ = ☐
☐ : ☐ = ☐
☐ : ☐ = ☐

6
36 : 6 = ☐
54 : 9 = ☐
40 : 8 = ☐
35 : 7 = ☐
63 : 9 = ☐

64 : 8 = ☐
72 : 9 = ☐
45 : 5 = ☐
56 : 7 = ☐
81 : 9 = ☐

48 : 5 = ☐
34 : 6 = ☐
27 : 4 = ☐
70 : 8 = ☐
35 : 4 = ☐

7 Es gibt 24 Luftballons und 6 Kinder.

Jedes Kind erhält ☐ Luftballons.

Es gibt 27 Luftballons und 5 Kinder.

Jedes Kind erhält ☐ Luftballons.

☐ Luftballons bleiben übrig.

8 Es gibt 36 Eier. Immer 6 Eier passen in eine Eierschachtel.

☐ Eierschachtel werden gefüllt.

Es gibt 27 Eier. Immer 6 Eier passen in eine Eierschachtel.

☐ Eierschachtel werden gefüllt.

☐ Eier bleiben übrig.

1 Was ist unmöglich?

❌

Du findest heute 100 Euro. ☐

Du bist älter als deine Oma. ☐

Heute Abend geht die Sonne nicht unter. ☐

Morgen ist Dienstag. ☐

Du kannst das Wetter ändern. ☐

Du schwimmst nach der Schule nach Hause. ☐

Du isst heute Abend Pizza. ☐

Unmöglich bedeutet, dass etwas nicht passieren kann.

1. Nur die Aussagen ankreuzen, die unmöglich sind.

2 Was ist möglich?

?

Du findest heute 2 Euro. ☐

Du hast heute Spaß. ☐

Morgen hast du Geburtstag. ☐

Morgen scheint die Sonne. ☐

Du bist älter als dein Vater. ☐

Du kannst 2 Meter weit springen. ☐

Zum Mittagessen gibt es Suppe. ☐

Möglich
bedeutet, dass etwas passieren kann.

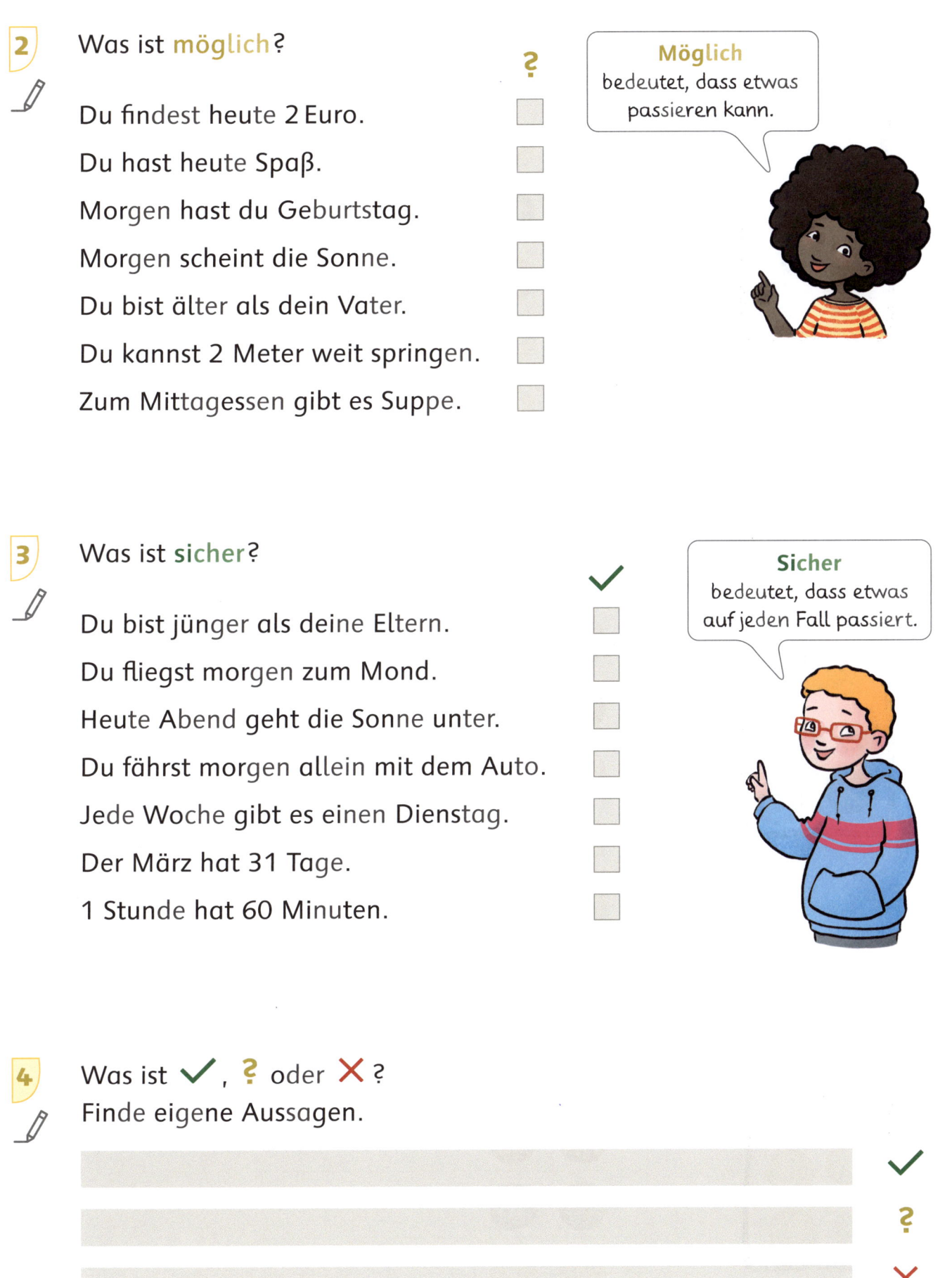

3 Was ist sicher?

✓

Du bist jünger als deine Eltern. ☐

Du fliegst morgen zum Mond. ☐

Heute Abend geht die Sonne unter. ☐

Du fährst morgen allein mit dem Auto. ☐

Jede Woche gibt es einen Dienstag. ☐

Der März hat 31 Tage. ☐

1 Stunde hat 60 Minuten. ☐

Sicher
bedeutet, dass etwas auf jeden Fall passiert.

4 Was ist ✓ , ? oder ✗ ?
Finde eigene Aussagen.

✓

?

✗

2. Nur die Aussagen mit einem Fragezeichen versehen, die möglich sind.
3. Nur die Aussagen abhaken, die sicher sind.

1 Was ist unmöglich?

Du ziehst 2 Kugeln. ✕

🔴 🟡 ☐

🔴 🔵 ☐

🟠 🟠 ☐

🔵 🟡 ☐

🟡 🟡 ☐

2 Was ist möglich?

Du ziehst 3 Kugeln. ?

🔴 🟡 🔵 ☐

🔴 🔵 🔵 ☐

🟠 🟠 🔴 ☐

🟡 🟡 🔵 ☐

🟡 🔵 🟡 ☐

3 Was ist sicher?

Du ziehst 2 Kugeln. ✓

🔴 🔴 ☐

🔵 🔵 ☐

🟡 🟡 ☐

Ziehen mit Zurücklegen. **1.–3.** Diejenigen Kombinationen markieren, die sicher, möglich oder unmöglich sind.
↑ SuS begründen ihre Entscheidung.

4 ✓ , ? oder ✗ ?

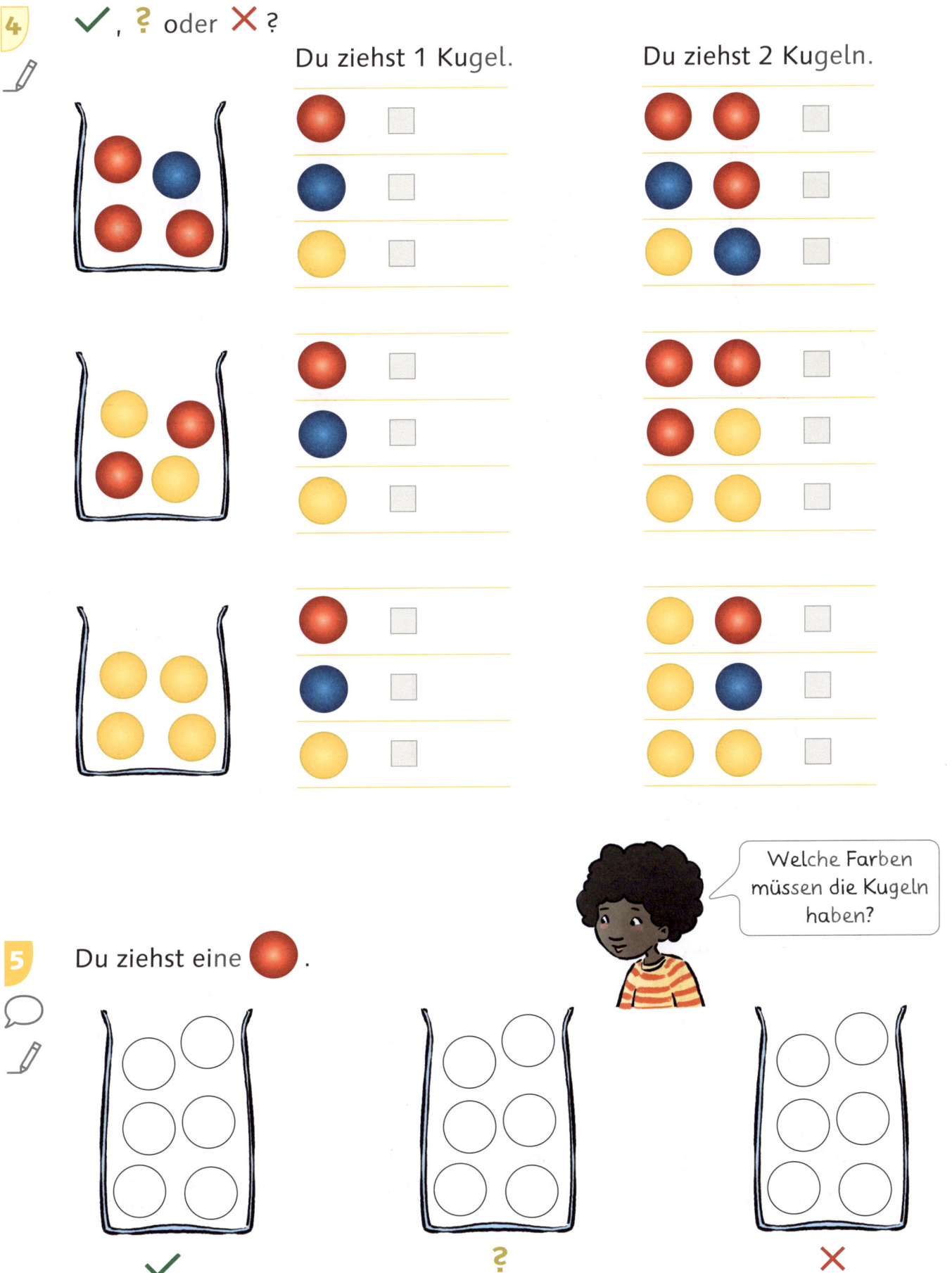

Du ziehst 1 Kugel.

Du ziehst 2 Kugeln.

5 Du ziehst eine 🔴 .

Welche Farben müssen die Kugeln haben?

✓   ?   ✗

4. Passend zum gefüllten Kugelglas entscheiden, welche Aussagen sicher, möglich oder unmöglich sind.
5. Kugeln so anmalen, dass es sicher/möglich/unmöglich ist, dass eine rote Kugel gezogen wird.

die Wahrscheinlichkeit
wahrscheinlich

1 Du ziehst eine Kugel ohne Hinsehen.

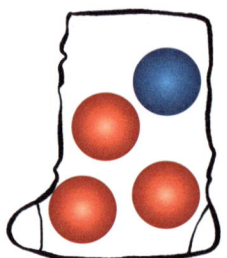

wahrscheinlich: ◯

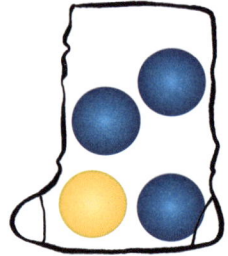

wahrscheinlich: ◯

wahrscheinlich: ◯

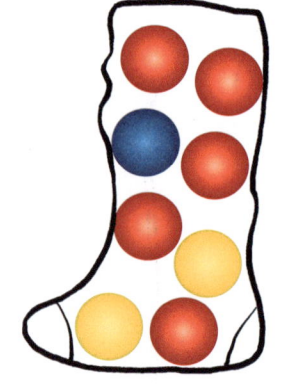

wahrscheinlich: ◯

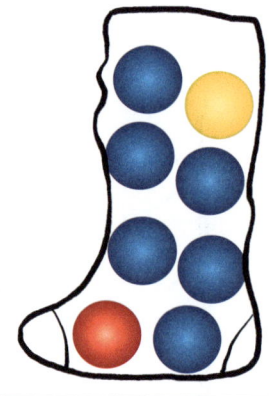

wahrscheinlich: ◯

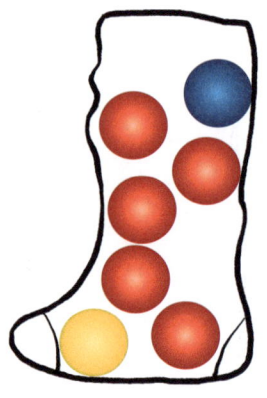

wahrscheinlich: ◯

1. Welche Kugel wird wahrscheinlich gezogen? Kugel in der entsprechenden Farbe markieren.

2 Male die Kugeln passend zur Aussage an.

wahrscheinlich: 🔴

wahrscheinlich: 🔵

wahrscheinlich: 🟡

wahrscheinlich: ⚪

3 🔵 gewinnt.
Aus welcher Socke sollte Ella ziehen?

1. Socke

2. Socke

3. Socke

4. Socke

4 Ist es sicher, dass Ella mit der ▢. Socke gewinnt?

2. Kugeln entsprechend der Wahrscheinlichkeit einfärben. Mehrere Lösungen möglich.

1 Was ist größer?

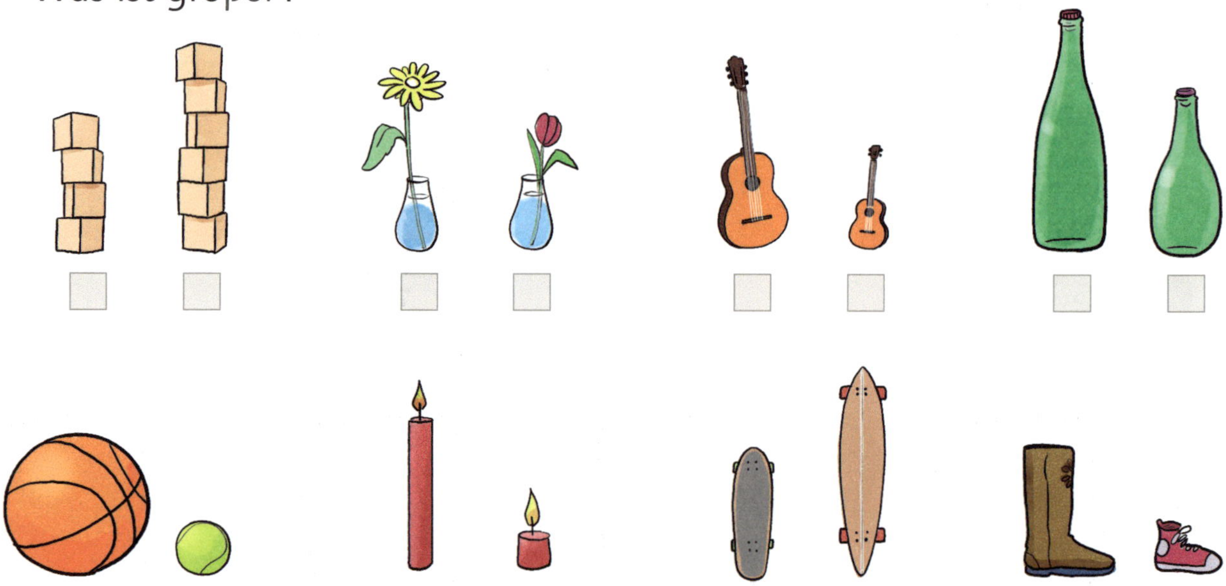

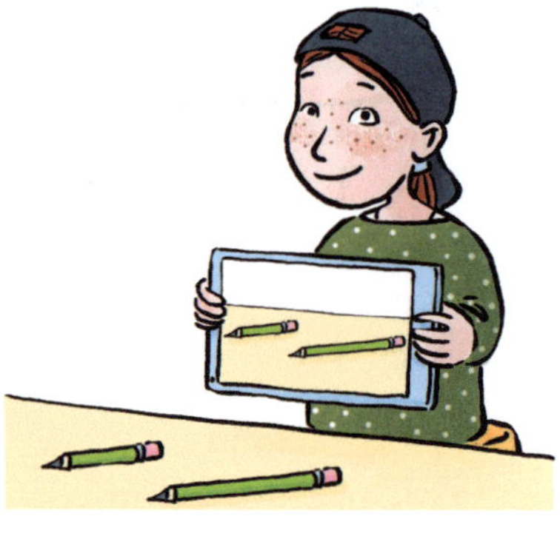

1. SuS kreuzen den jeweils größeren Gegenstand an. In der letzten Reihe zeichnen sie Gegenstände in unterschiedlicher Größe und kreuzen den größeren an. SuS fotografieren unterschiedlich große Gegenstände.

2 Sortiere nach der Größe.

| Noa | Ella | Frau Gernet | Amari | Samu |

1.　2.　3.　4.　5.

3 Was ist von jedem Kleidungsstück das längste?

4 Kannst du alles gut miteinander vergleichen?

---

3. Das jeweils längste Kleidungsstück in der Farbe der Abb. von Nr. 2 anmalen.
4. Diskutieren, inwieweit direkte Größenvergleiche (z. B. zwischen Stiften oder Türen) möglich sind.

Messen früher

S. 89

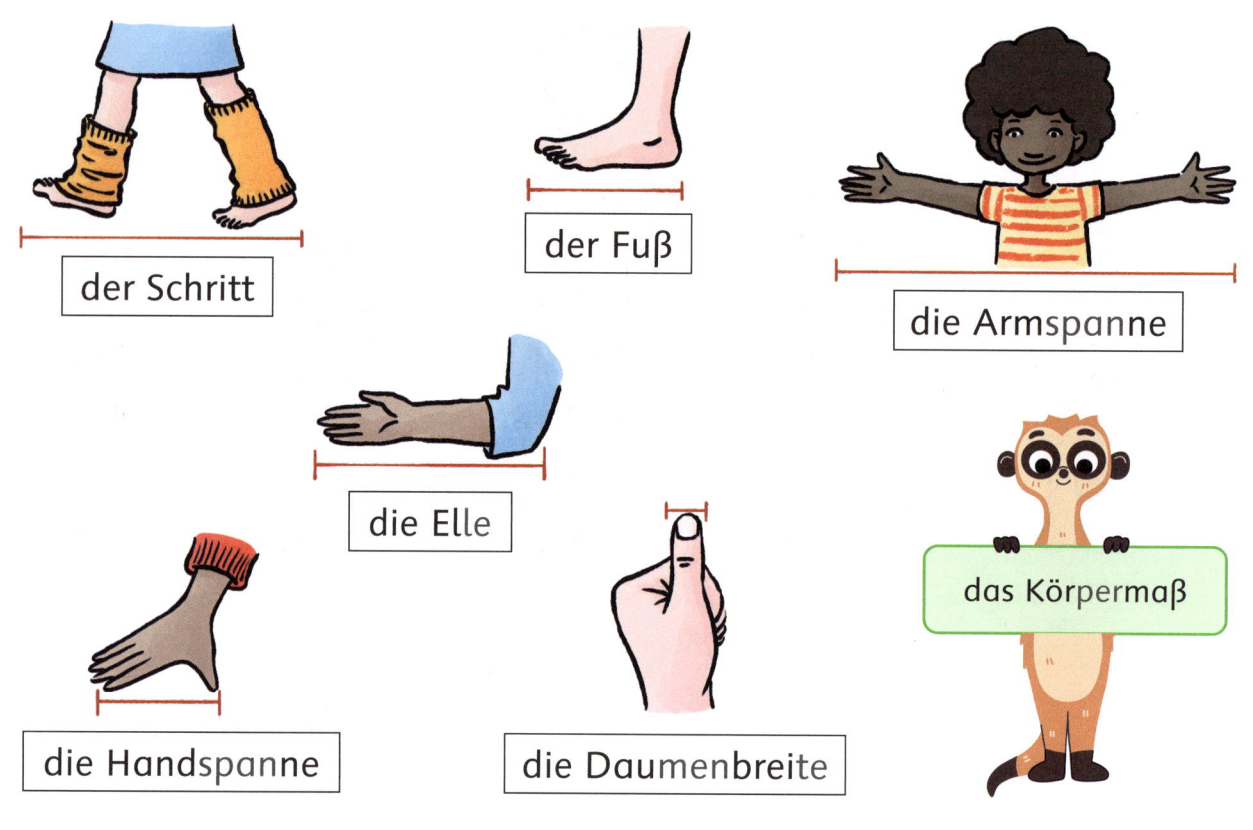

der Schritt

der Fuß

die Armspanne

die Elle

die Handspanne

die Daumenbreite

das Körpermaß

1

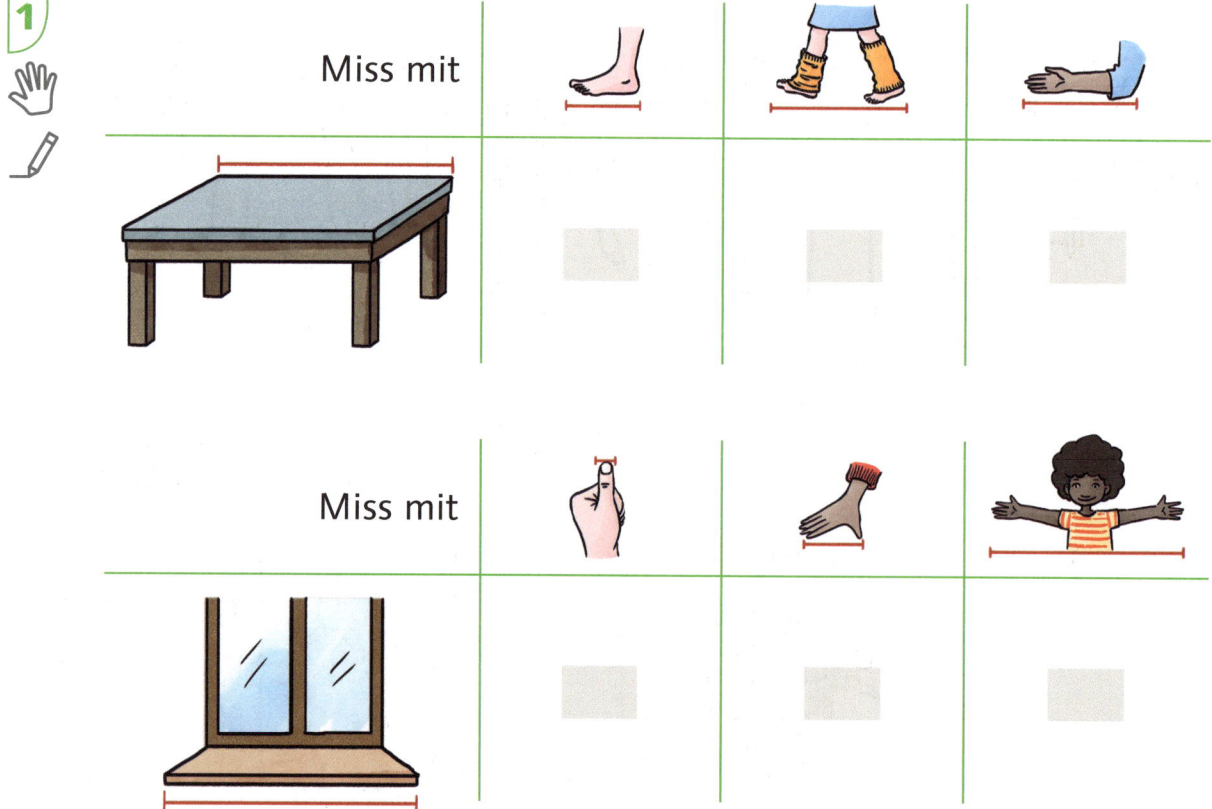

Miss mit			
Miss mit			

1. Mit dem jeweiligen Körpermaß eine Tisch- und Fensterbreite abmessen und die Messzahl eintragen. Bei Ergebnissen zwischen zwei Zahlen abrunden.

2 Welches Körpermaß ist zum Messen sinnvoll?

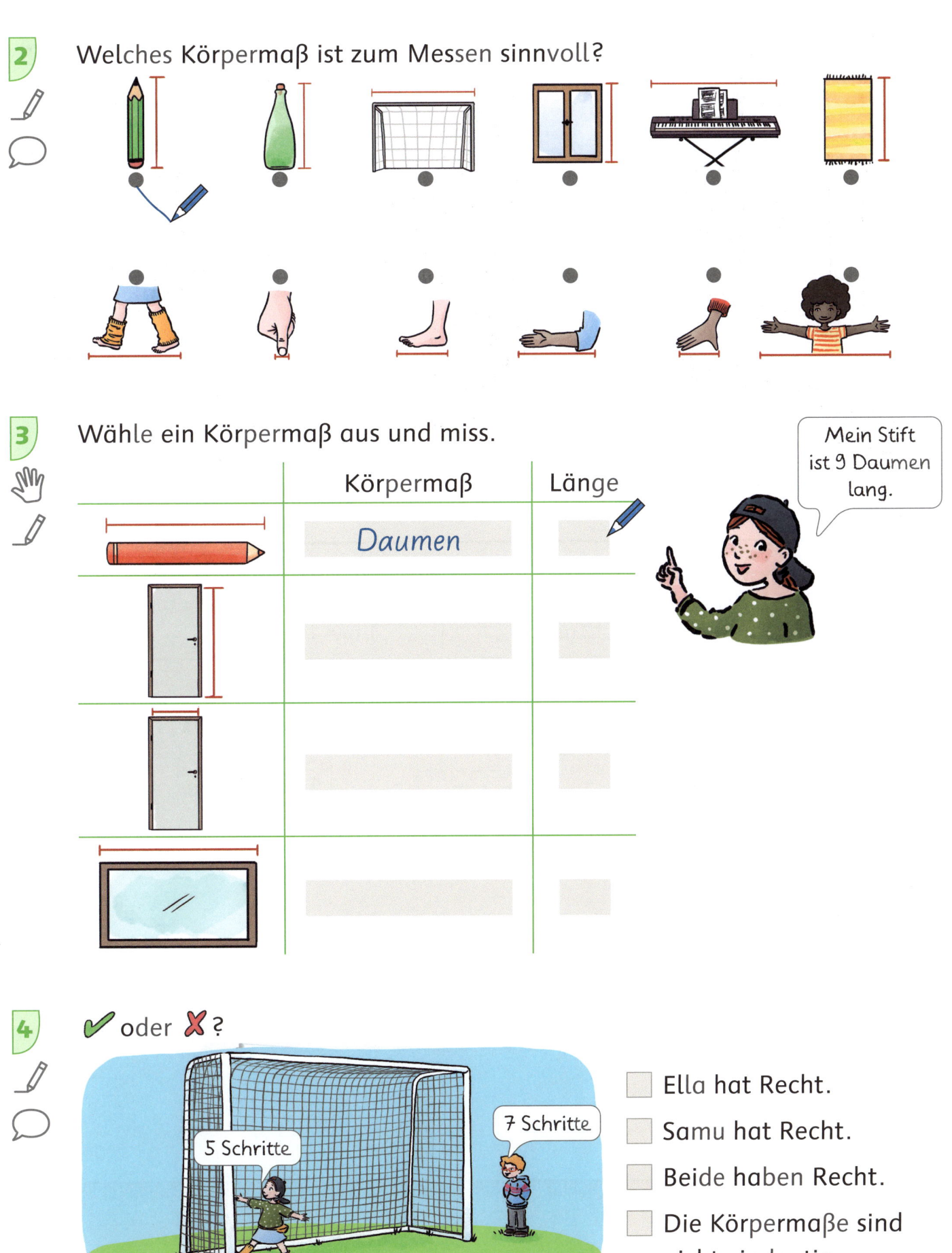

3 Wähle ein Körpermaß aus und miss.

	Körpermaß	Länge
	Daumen	

Mein Stift ist 9 Daumen lang.

4 ✔ oder ✘ ?

5 Schritte

7 Schritte

☐ Ella hat Recht.

☐ Samu hat Recht.

☐ Beide haben Recht.

☐ Die Körpermaße sind nicht eindeutig.

2. Verschiedene Lösungen sind möglich. 3.↑ SuS messen weitere Objekte und ergänzen im Heft.
4. Auf die Schwierigkeiten beim Messen mit Körpermaßen eingehen.

61

der Zollstock

das Maßband

das Lineal

das Messinstrument

1 Zentimeter = 10 Millimeter	1 Meter = 100 Zentimeter
1 cm = 10 mm	1 m = 100 cm

1 1 cm 8 cm 3 mm 11 cm 1 mm 9 cm

3 cm 5 cm 14 cm 8 mm

0 1cm 2 3 4 5 6 7 8 9 10 11 12 13 14 15

2 1 cm 5 mm

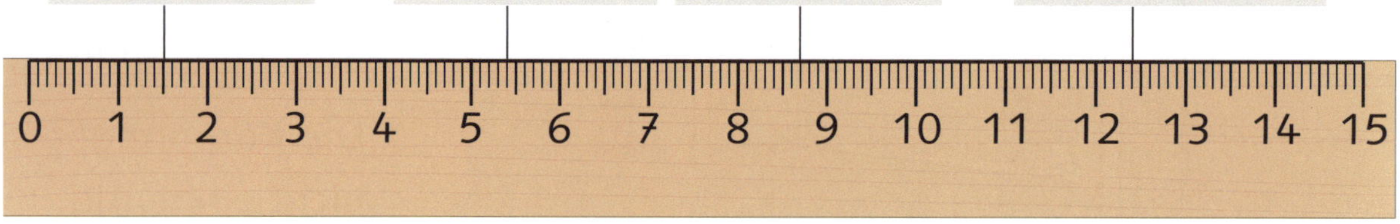

0 1 2 3 4 5 6 7 8 9 10 11 12 13 14 15

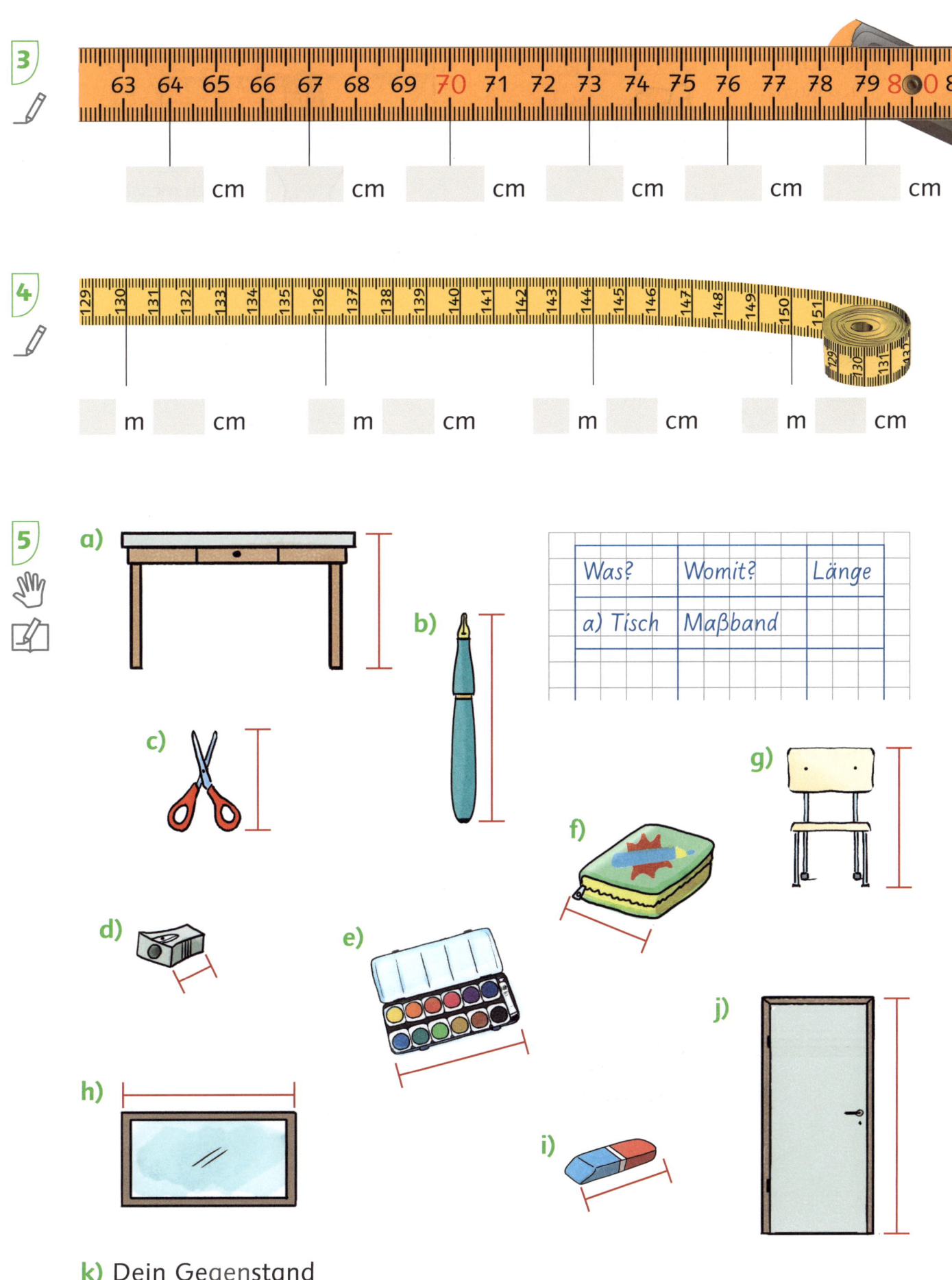

3

| | cm | | cm | | cm | | cm | | cm | | cm |

4

| | m | | cm | | m | | cm | | m | | cm | | m | | cm |

5

a)

b)

Was?	Womit?	Länge
a) Tisch	Maßband	

c)

g)

d)

e)

f)

h)

i)

j)

k) Dein Gegenstand

Längen schätzen und messen

⬛ S.91

Ich schätze. 10 Daumen sind vielleicht 9 cm.

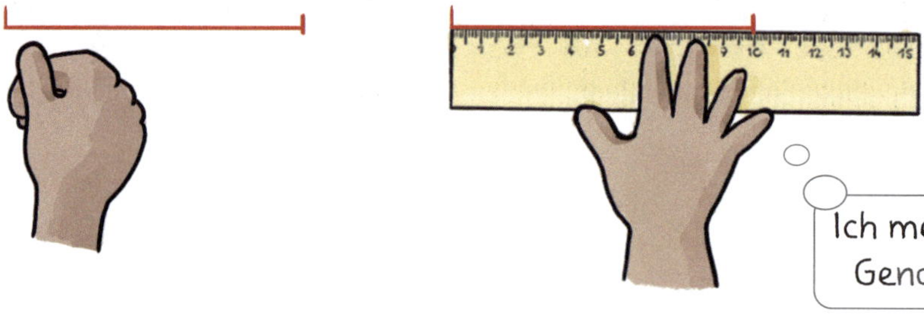

Ich messe nach. Genau 10 cm.

1

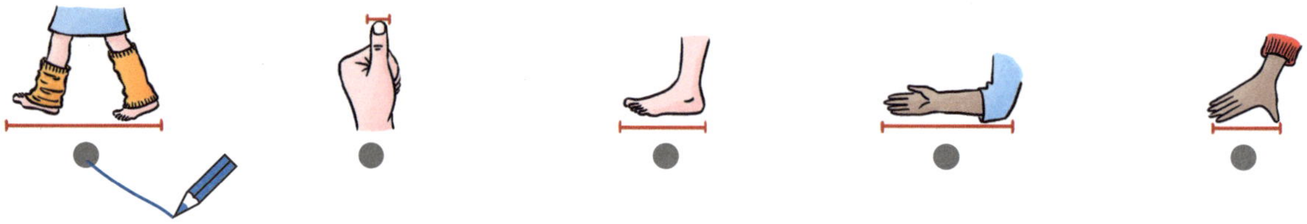

| 30 cm | 10 cm | 1 m | 1 cm | 20 cm |

2

Ich schätze: ___ cm   Ich schätze: ___ cm

Ich messe: ___ cm   Ich messe: ___ cm

Ich schätze: ___ cm   Ich schätze: ___ cm

Ich messe: ___ cm   Ich messe: ___ cm

3

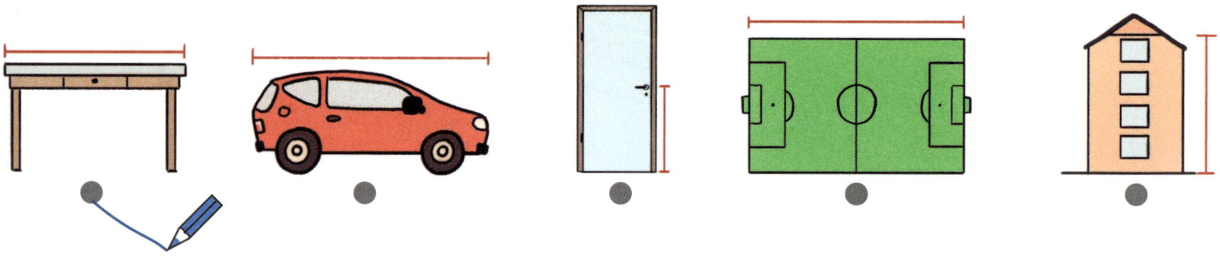

| 1 m | 100 m | 15 m | 2 m | 5 m |

1. Die Maßangaben den Körpermaßen zuordnen. Körpermaße ggf. vorher ausmessen.

4 Miss nach. Male nur die Quadrate an.

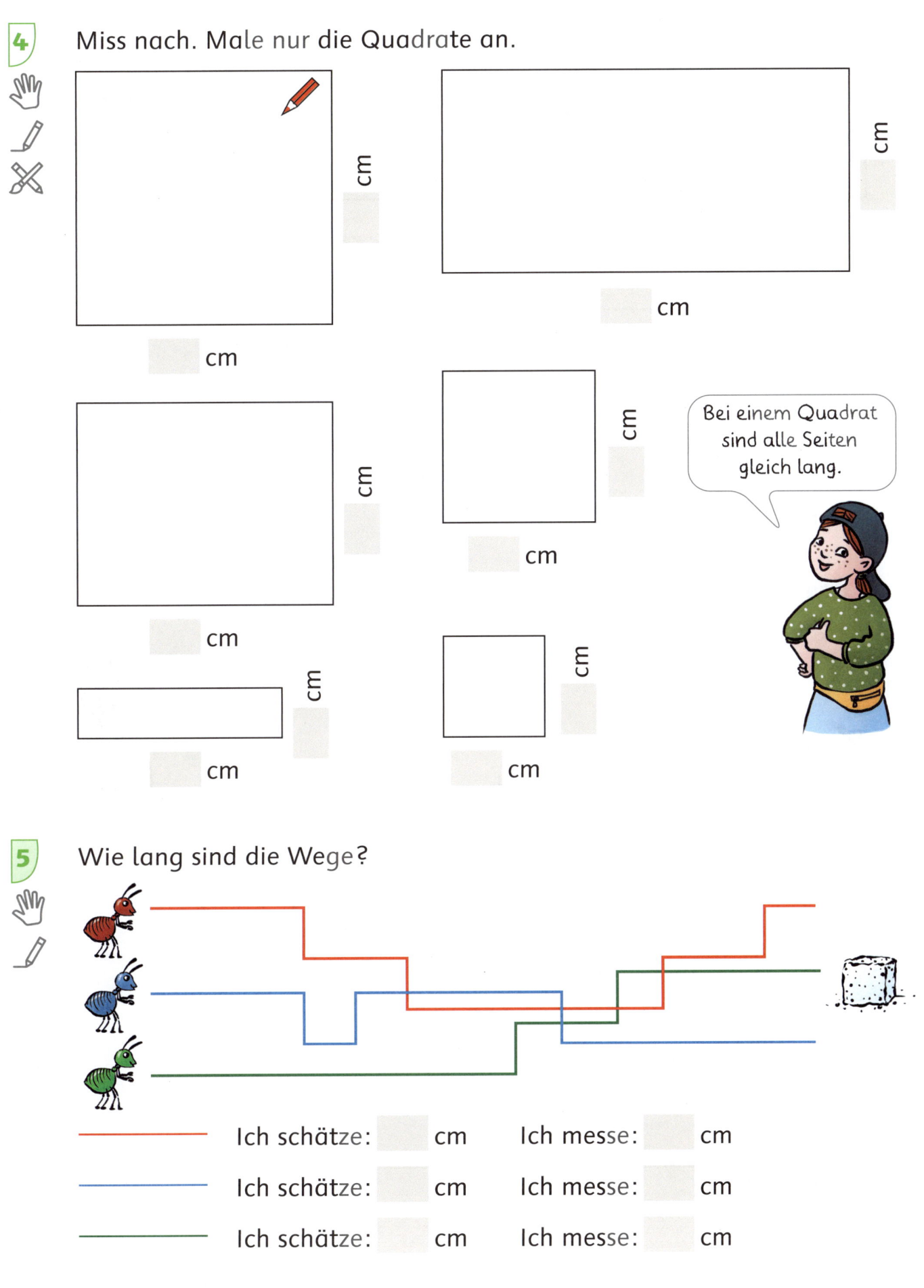

cm

cm

cm

cm

cm

cm

cm

cm

cm

cm

Bei einem Quadrat sind alle Seiten gleich lang.

5 Wie lang sind die Wege?

Ich schätze: ___ cm   Ich messe: ___ cm

Ich schätze: ___ cm   Ich messe: ___ cm

Ich schätze: ___ cm   Ich messe: ___ cm

4. Nach dem Messen nur die Quadrate rot anmalen.

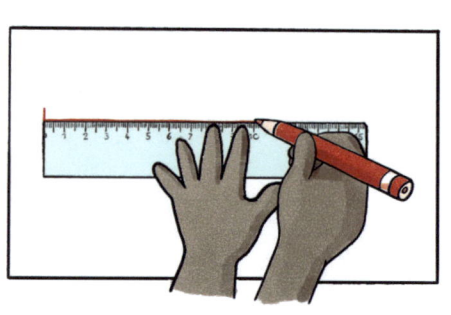
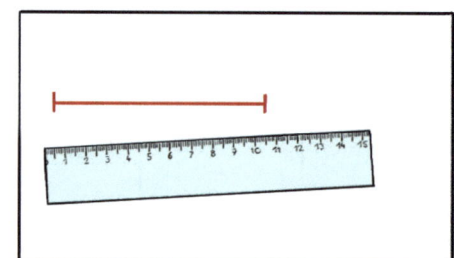

die Strecke

1

3 cm

7 cm

5 cm 5 mm

10 cm

8 cm 3 mm

Stimmt das?

2 ✔ oder ✗ ?

3 cm

8 cm

7 cm 2 mm

9 cm 5 mm

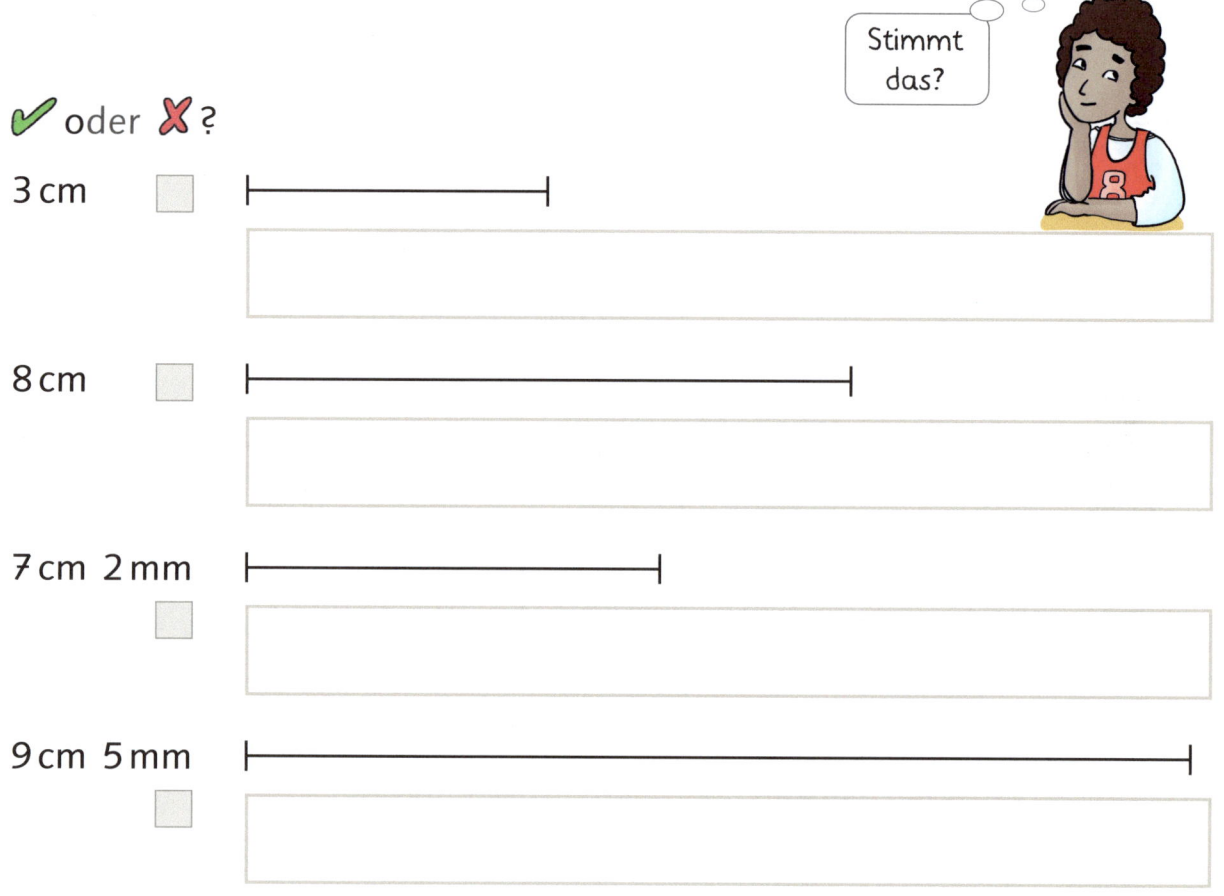

1. Die Strecken entsprechend der Maße vervollständigen.
2. Nachmessen und ggf. im unteren Feld korrigieren.

3 Miss und zeichne die Strecke ins Heft.

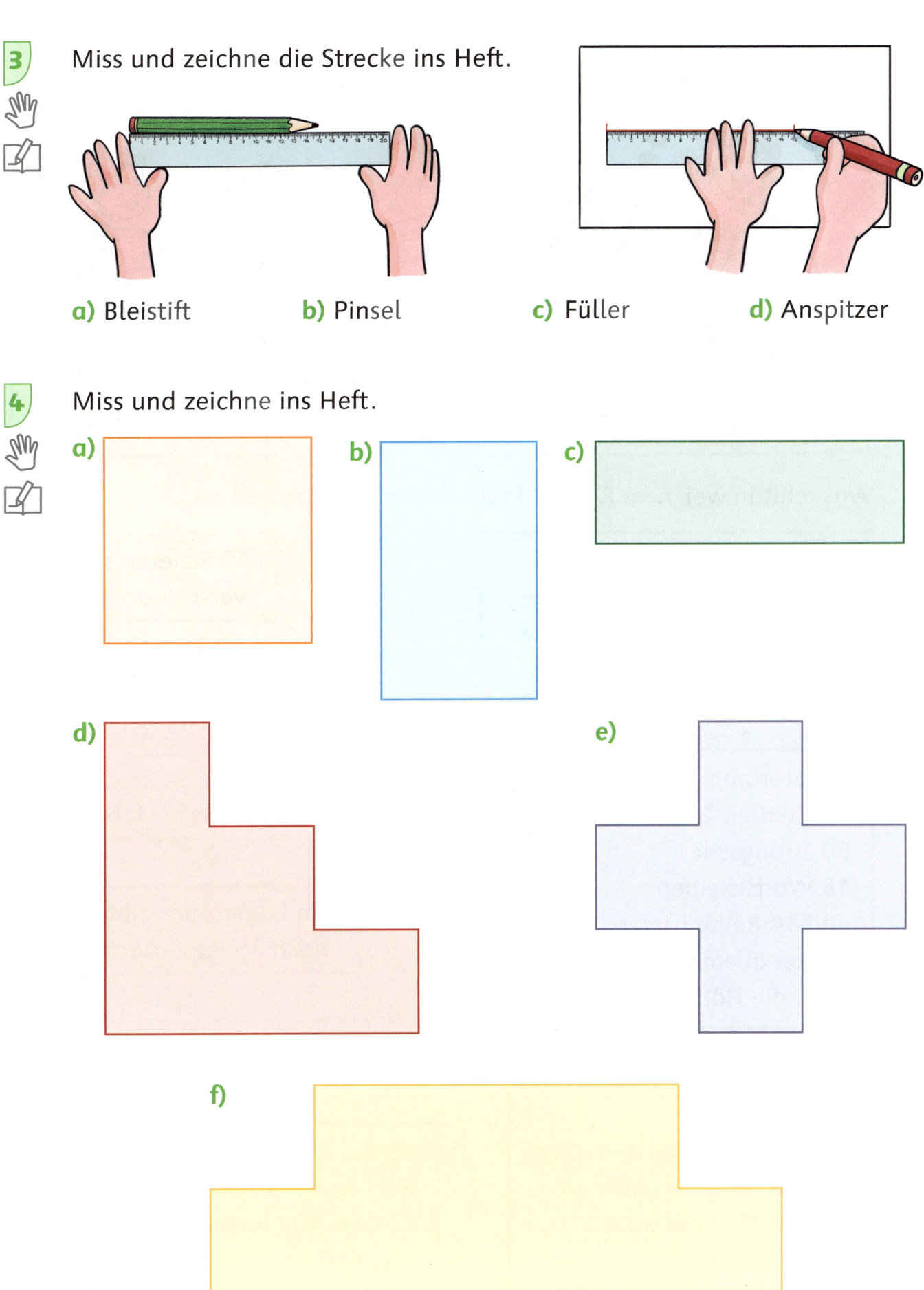

a) Bleistift   b) Pinsel   c) Füller   d) Anspitzer

4 Miss und zeichne ins Heft.

a)   b)   c)

d)   e)

f)

3.↑ SuS finden weitere Objekte und ergänzen den Hefteintrag.

Informationen finden

S. 93

1 Was fehlt in welchem Raum? Male die Karten passend an.

Gruppenraum
Hier standen 3 Kästen mit je 10 Milchflaschen. Jetzt fehlen 2 Flaschen in jedem Kasten.

19 Scheren sind verschwunden.

In jedem Kasten sind nur noch 8 Milchflaschen.

19 Kleber fehlen.

Geräteraum
Hier waren 20 Bälle, 50 Springseile, 18 Wurfscheiben und 14 Reifen. Jetzt ist von allem nur noch die Hälfte da.

Im Lagerraum gibt es noch 75 Papiertücher.

Die Hälfte der Sportsachen fehlt.

Lagerraum
Für die Einschulung wurden 100 Papiertücher gekauft. Aber es sind nur noch 75 im Lagerraum.

Kunstraum
Hier waren 35 Scheren und Kleber. Nun fehlen 19 Scheren und Kleber.

1. Zu welchem Raum gehört die Information? Schwarz umrandete Karten passend zu den Räumen einfärben.

2

Für die Einschulung wurden ____ Papiertücher gekauft.

In jeden Kasten passen ____ Milchflaschen.

____ Kleber und Scheren fehlen.

Im Sportunterricht können nur noch ____ Bälle genutzt werden.

____ Wurfscheiben, ____ Springseile und ____ Reifen sollten im Geräteraum sein.

3

Liebe Eltern,
leider fehlen seit den Ferien viele Dinge, die wir in der Schule
benötigen. Im Musikraum hatten wir <u>45 Klangstäbe</u>. Nun fehlen 12.
Wir hatten 4 Kisten mit Schwimmbrillen. In jeder Kiste waren
20 Stück. Nun fehlen in jeder Kiste 3 Schwimmbrillen.
In unserem Kühlschrank gab es 100 Butterkekse. Nun gibt es nur
noch 85. Sogar die Uhr im Treppenhaus wurde verstellt. Sie zeigt
jetzt 9:00 Uhr, obwohl es 10:00 Uhr ist.

Im Musikraum fehlen ____ Klangstäbe.

Die Uhr im Treppenhaus zeigt ____ Uhr.

Es waren ____ Schwimmbrillen in einer Kiste.

Es gibt nur noch ____ Butterkekse.

4 oder ?

Ich lese zuerst die Aufgaben. ☐

Ich markiere Zahlen und wichtige Informationen. ☐

Ich fülle erst die Lücken aus. Dann lese ich. ☐

2. Informationen aus den Rechengeschichten von Nr. 1, S. 68 entnehmen.
3. Wichtige Informationen unterstreichen und Lückentext ausfüllen.

69

1

Zum Nachtisch gab es 99 Portionen Pudding. 85 Portionen wurden gegessen.

Wie viele Brotschnitten bekommt jedes Kind?

Es gibt 27 Brotschnitten, die an 9 Kinder verteilt werden sollen.

Um wie viele Stunden wurde die Uhr verstellt?

In der Mensa fehlten 33 Teller. Heute fehlen weitere 5.

Wie viele Portionen bleiben übrig?

Die Zeiger wurden auf 11.00 Uhr gestellt, obwohl es 12.00 Uhr ist.

Wie lange dauert der Unterricht?

Der Unterricht sollte von 08.00 bis 12.00 Uhr gehen. Er ist aber erst um 13 Uhr zu Ende.

Wie viele Teller fehlen insgesamt?

1. Die Aussagen mit den passenden Fragen verbinden.

2 Welche Fragen kannst du mit einer Zahl beantworten?
✔ oder ✘ ?

> Für das jährliche Schulfest wurden 5 Sorten Eis bestellt.
> Von jeder Sorte gibt es 8 Eiskübel.
> Eddi hat eine Kugel von jeder Sorte gegessen.

Wann findet das Schulfest statt? ☐

Wie viel kostet das Eis? ☐

Wie viele Sorten Eis wurden bestellt? ☐

Warum hat Eddi das Eis gegessen? ☐

Wie viele Kinder kommen zum Schulfest? ☐

Wie viele Eiskübel gibt es? ☐

Wie viele Kugeln hat Eddi gegessen? ☐

Wie viele Schulfeste gibt es in diesem Jahr? ☐

3
> Noa, Amari, Samu und Ella haben 80 €.
> Sie geben 25 € beim Einkaufen aus.

Meine Frage:

4 ✔ oder ✘ ?

> Ich frage „Wie?" und „Warum?". ☐
>
> Ich schreibe am Ende ein Fragezeichen. ☐
>
> Ich frage „Wie viele?" oder „Wie lange?" oder „Wie groß?". ☐

Signalwörter zeigen, ob ich $+$, $-$, $\cdot$ oder $:$ rechnen muss.

$+$	$-$	$\cdot$	$:$
und	kleiner	doppelt	aufgeteilt
länger	weniger	... mal so viel	teilen
dazu	kürzer	je	die Hälfte
mehr	übrig		
weitere	fehlen		

1

Gruppenraum
Hier stehen 3 Kästen mit je 8 Flaschen.

3 5 – 1 9 =

Schulgarten
Hier gab es 4 Hochbeete mit Karotten und 6 Töpfe mit Schnittlauch. Jetzt gibt es nur noch halb so viele Töpfe.

3 · 8 =

Lagerraum
Für die Einschulung gibt es 75 Papiertücher. Die Schule benötigt 25 mehr.

2 0 : 2 =

Kunstraum
Hier waren 35 Scheren. Jetzt fehlen 19.

6 : 2 =

Geräteraum
Hier waren 20 Bälle. Jetzt ist nur noch die Hälfte da.

7 5 + 2 5 =

↑ Weitere Signalwörter zu den unterschiedlichen Rechenoperationen auflisten.
1. Signalwörter markieren sowie Aussagen mit den passenden Aufgaben verbinden und diese ausrechnen.

2 Was musst du rechnen: $+$, $-$, $\cdot$ oder $:$?

a) Im Schrank sind 8 Schläger.
   <u>Doppelt</u> so viele werden benötigt. $\quad\cdot$

b) 4 Kinder müssen sich 12 Stifte teilen. $\quad\bigcirc$

c) Gestern waren 85 Kinder in der Schule.
   Heute sind es 14 weniger. $\quad\bigcirc$

d) Letzte Woche wurden 36 Bücher gesucht.
   Heute werden weitere 18 gesucht. $\quad\bigcirc$

e) Die letzten 20 Butterkekse werden
   unter 5 Kindern aufgeteilt. $\quad\bigcirc$

> Ich unterstreiche die Signalwörter.

3 Meine Rechengeschichte. $\boxed{24 : 6}$

> Ich zeichne ein passendes Bild zur Aufgabe.

4 ✔ oder ✘ ?

Signalwörter sagen mir, ob ich $+$, $-$, $\cdot$ oder $:$ rechnen muss. ☐

Das Wort „und" bedeutet, dass ich $:$ rechnen muss. ☐

Das Wort „weniger" bedeutet, dass ich $-$ rechnen muss. ☐

---

2. Rechenart (plus, minus, mal, geteilt) in den Kreis eintragen und im Heft rechnen.
3. ↑ Weitere Rechengeschichten mit/ohne vorgegebenen Gleichungen formulieren oder zeichnen.

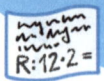

1

Wie viele Hüte fehlen in der Theater-AG?	8 Teesorten hat die Mensa.
Wie viele Blumen sind in jeder Vase?	Um 60 Minuten wurde die Uhr verstellt.
Um wie viele Minuten wurde die Uhr verstellt?	7 Hüte fehlen in der Theater-AG.
Wie viele Teesorten hat die Mensa?	6 Blumen sind in jeder Vase.

2 Welche Frage und Antwort passen? ✔ oder ✘?

36 Kinder sind eingeladen.
15 Kinder gehen nicht zur Feier.   Rechnung: 3 6 – 1 5 =

Wie viele Kinder gehen zur Feier? ☐   21 Kinder gehen zur Feier. ☐

Wie viele Kinder sind eingeladen? ☐   36 Kinder sind eingeladen. ☐

2. Die passende Frage und Antwort grün einfärben.

3 Team Nase kauft 8 Muffins für je 3 €.
Wie viel kosten die Muffins insgesamt?

Rechnung: | 8 | · | 3 € | = | | | |

Antwort:

4 a) In der Aula stehen 4 Tische.
Jeder Tisch soll mit 6 Tassen eingedeckt werden.

b) Der Raum ist mit 5 roten, 7 weißen und
8 blauen Luftballons geschmückt.

c) Noa belegt 25 Brote und Samu belegt 19 Brote.

d) Ella hat an 3 Tagen in der Woche jeweils 2 Stunden
Basketball-Training.
In der Turnhalle gibt es 4 blaue und 6 rote Basketbälle.

e) Deine Rechengeschichte.

a) Frage:

Rechnung:

Antwort:

5 ✔ oder ✘?

Ich antworte im ganzen Satz. ☐

Ich antworte nur mit der Zahl. ☐

In der Antwort ersetze ich das Fragewort durch die Anzahl. ☐

Am Ende der Antwort steht ein Punkt. ☐

die Rechengeschichte
↓
Informationen finden
↓
Fragen stellen
↓
rechnen
↓
Antworten geben

Eddi ist wieder da.
Er wollte uns zeigen, wie
wir Rechengeschichten
lösen.

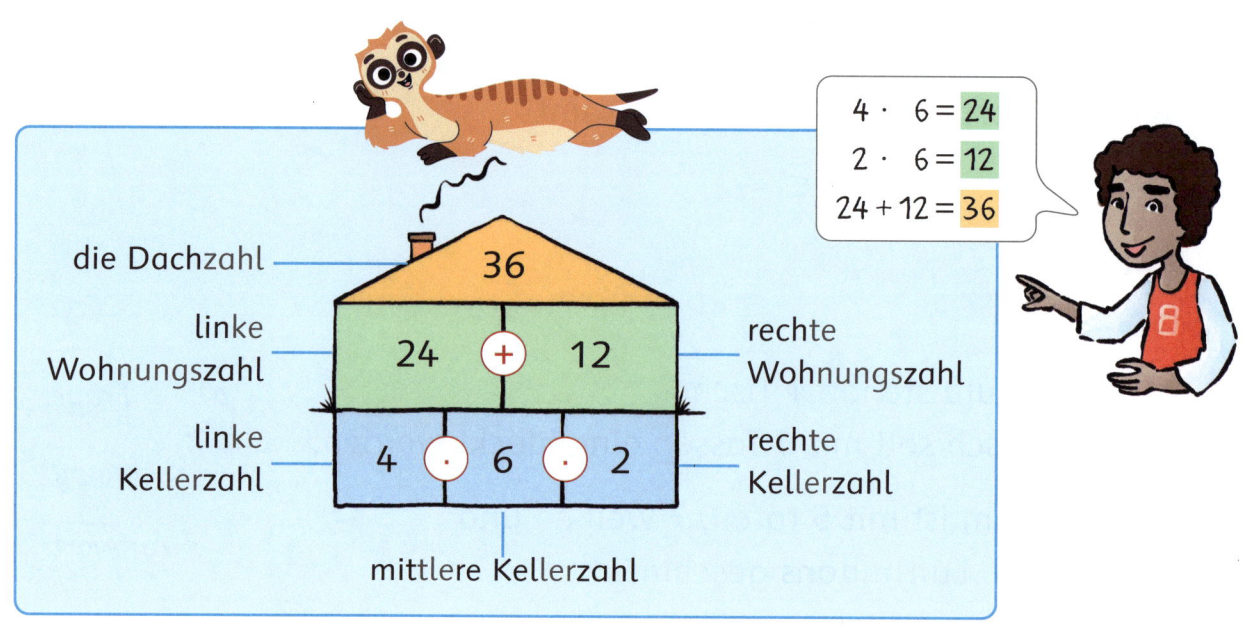

$4 \cdot 6 = 24$

$2 \cdot 6 = 12$

$24 + 12 = 36$

die Dachzahl — 36

linke Wohnungszahl — 24 (+) 12 — rechte Wohnungszahl

linke Kellerzahl — 4 (·) 6 (·) 2 — rechte Kellerzahl

mittlere Kellerzahl

1

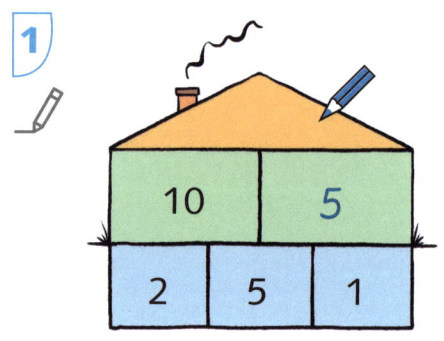

$2 \cdot 5 = 10$

$1 \cdot 5 = 5$

$10 + 5 =$

$1 \cdot 8 = 8$

$4 \cdot 8 =$

$+ =$

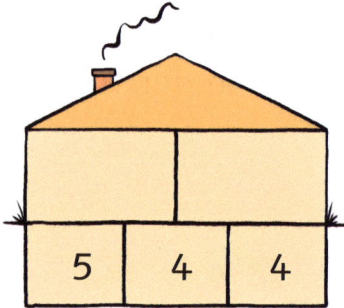

$\cdot =$

$\cdot =$

$+ =$

$\cdot =$

$\cdot =$

$+ =$

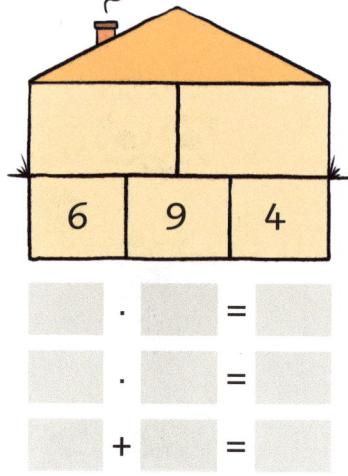

$\cdot =$

$\cdot =$

$+ =$

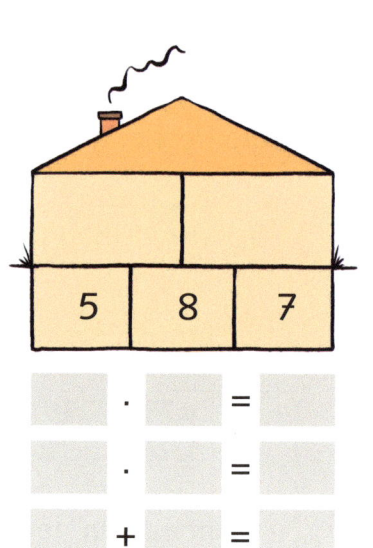

$\cdot =$

$\cdot =$

$+ =$

Ggf. im Einstieg diskutieren, welche Rechnungen ebenfalls möglich sind (vgl. S. 78).

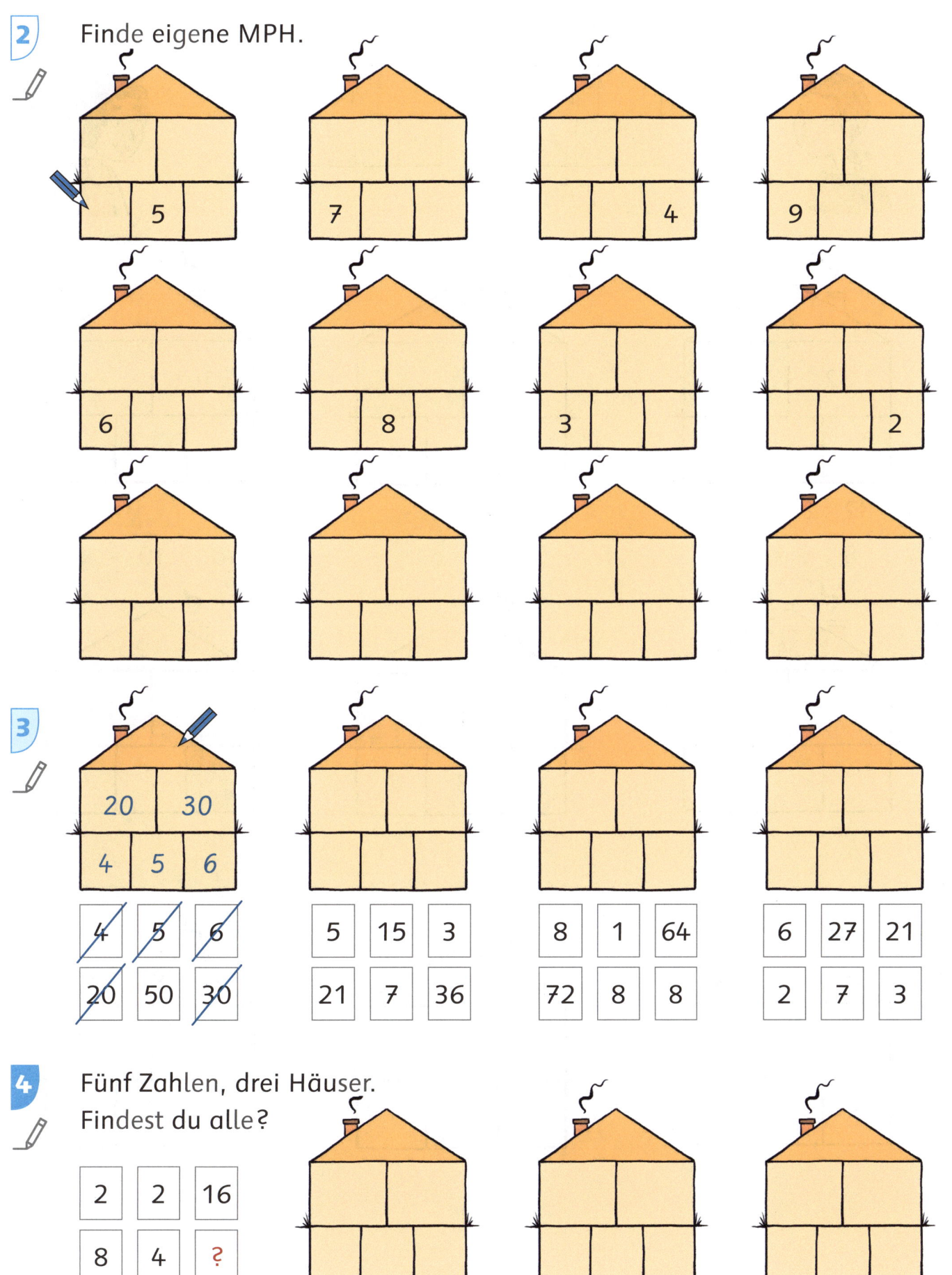

2 Finde eigene MPH.

3

4 Fünf Zahlen, drei Häuser.
Findest du alle?

3. Häuser mit den vorgegebenen Zahlen füllen. Immer zwei Lösungen pro Haus möglich (durch Spiegelung).
4.↓Durch Legen probieren.

77

 Ich multipliziere.

Ich dividiere.

$\square$ · 7 = 14   14 : 7 = $\square$

1

32 : 8 = $\square$

8 · 3 = $\square$

5 · 5 = $\square$

50 : 5 = $\square$

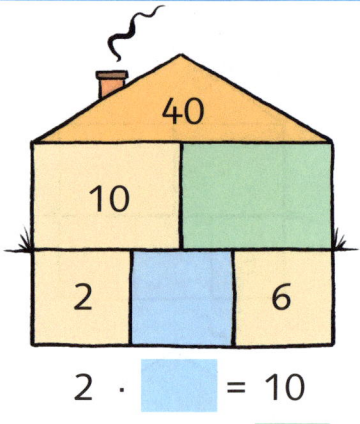

2 · $\square$ = 10

40 − 10 = $\square$

24 : 4 =

1. Rechenwege notieren und fehlende Lösungszahlen im MPH ergänzen. Verschiedene Rechenwege möglich.

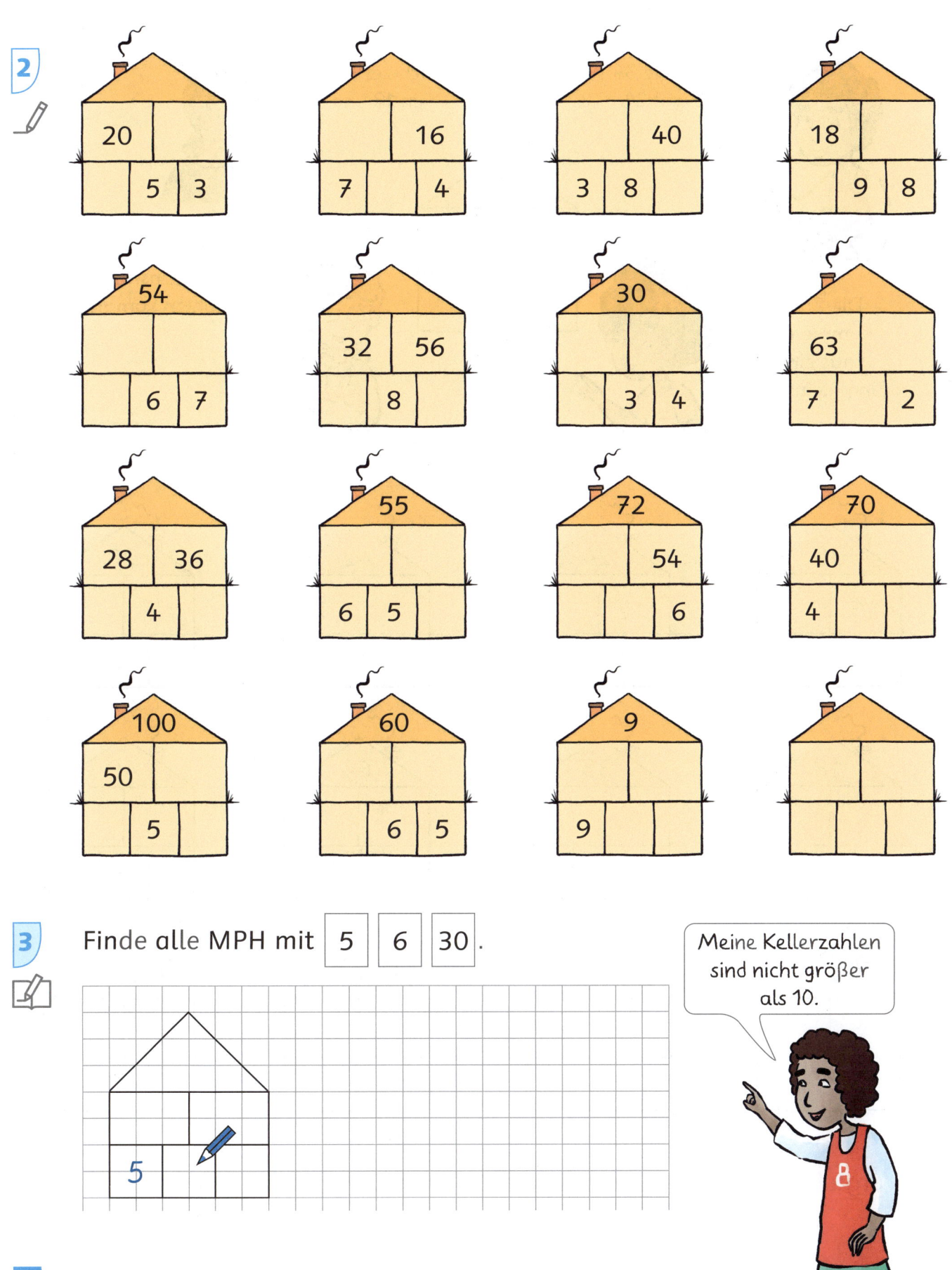

2

3 Finde alle MPH mit [5] [6] [30].

Meine Kellerzahlen sind nicht größer als 10.

4 Wie gehst du vor?

3. ↑ Lösungen mit Faktor > 10 finden.

1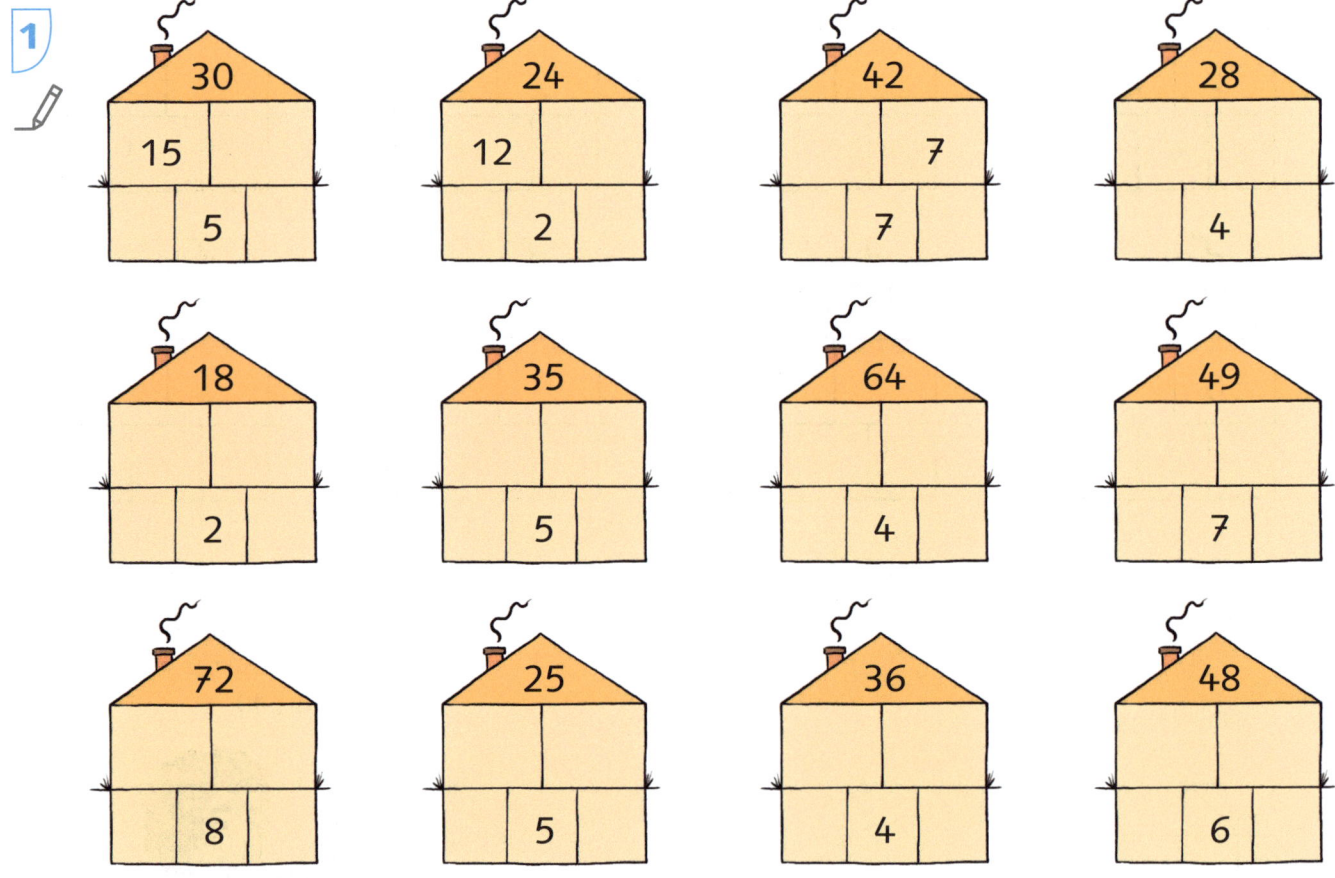

2 Vergleiche Dachzahl und mittlere Kellerzahl. Was fällt dir auf?

💬

3 Addiere die linke und rechte Kellerzahl. Was fällt dir auf?

💬

2. Thematisieren, dass Dach- und Kellerzahl aus der gleichen Einmaleins-Reihe sind.
3. Linke und rechte Kellerzahl addiert und mit mittlerer Kellerzahl multipliziert, ergibt die Dachzahl.

4 Finde verschiedene Möglichkeiten.

5 Finde alle Möglichkeiten.

Es gibt eine Strategie.

6 Hast du alle Häuser mit ⌂ (42/7) gefunden? Wie bist du vorgegangen?

7 Meine ⌂.

Ich untersuche die Kellerzahlen.

Ich untersuche die Dachzahlen.

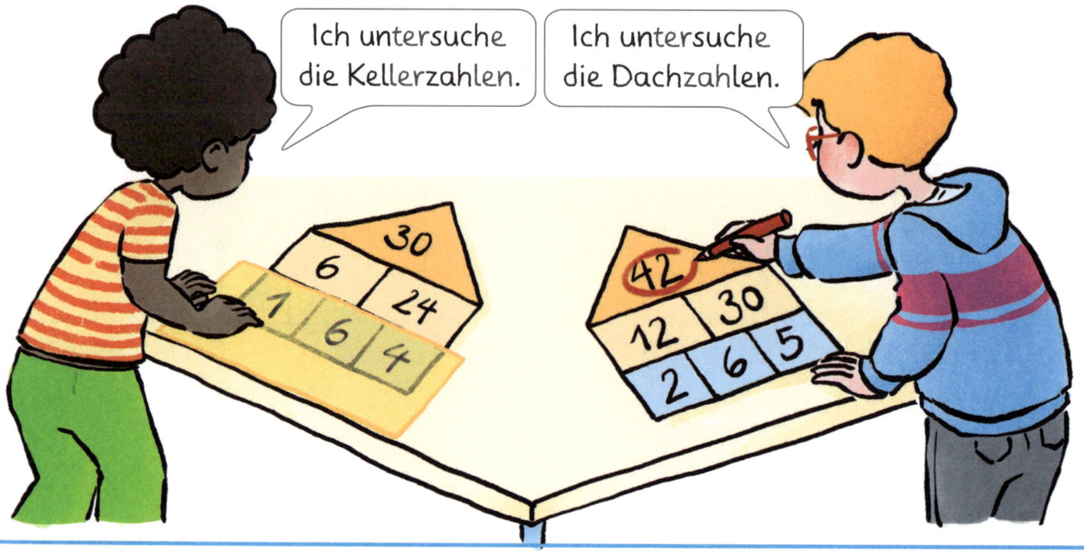

1

| 1 | 4 | 2 |

| 2 | 4 | 3 |

| 3 | 4 | 4 |

| 4 | 4 | 5 |

| 5 | 4 | 6 |

| 6 | 4 | 7 |

| 7 | 4 | 8 |

| 8 | 4 | 9 |

2

| 9 | 7 | 5 |

| 7 | 7 | 5 |

| 5 | 7 | 5 |

| 3 | 7 | 5 |

3 Setze fort.

| 9 | 5 | 8 |

| 8 | 5 | 7 |

| 7 | 5 | 6 |

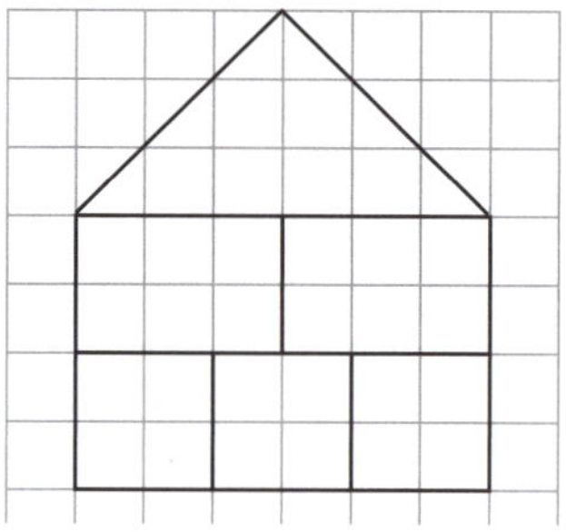

82

1.–3. MPH ausrechnen. Veränderungen der Zahlen in den Zimmern beachten.
Auffälligkeiten markieren und besprechen.

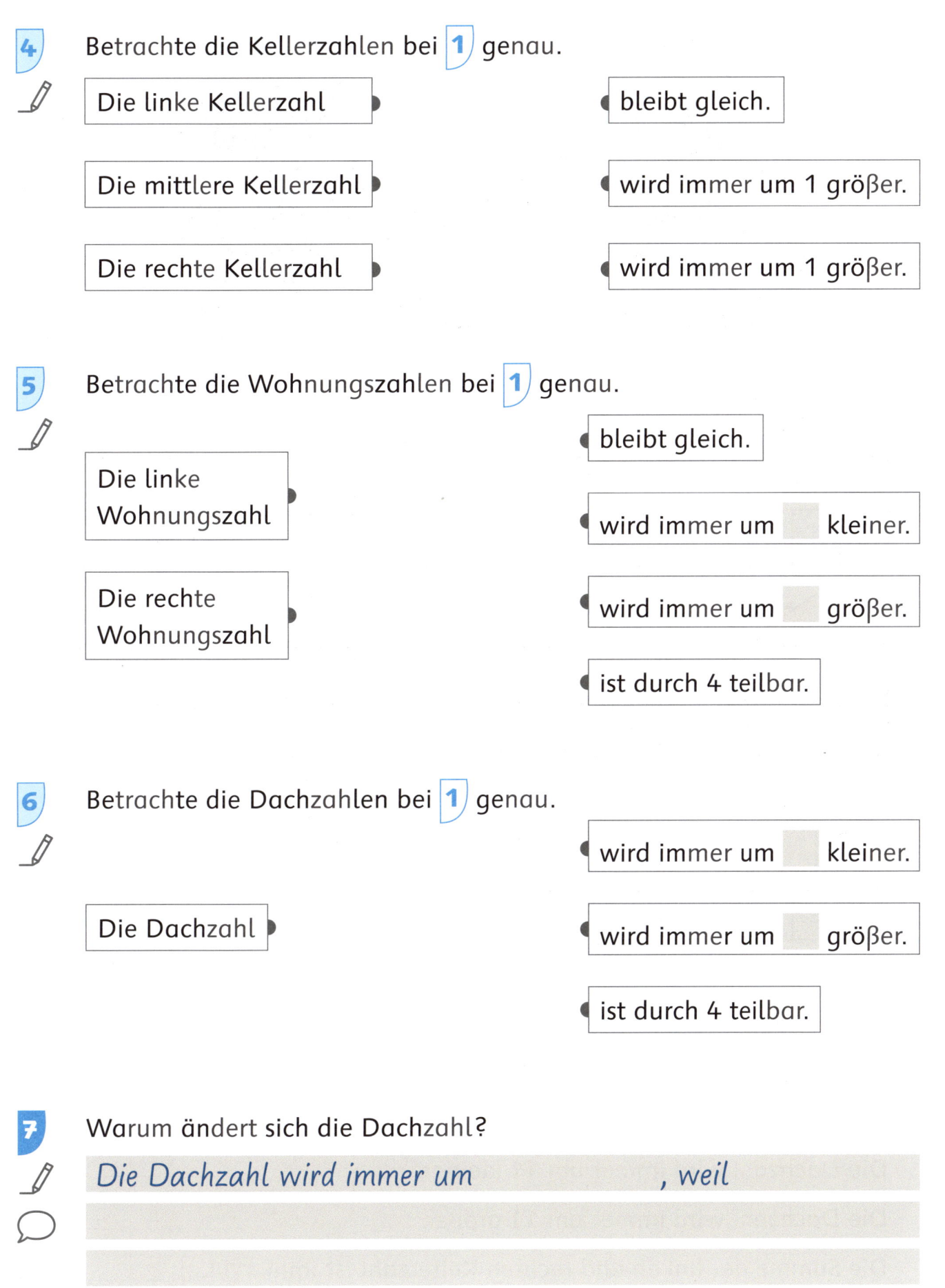

4 Betrachte die Kellerzahlen bei [1] genau.

| Die linke Kellerzahl | ● | ● | bleibt gleich. |

| Die mittlere Kellerzahl | ● | ● | wird immer um 1 größer. |

| Die rechte Kellerzahl | ● | ● | wird immer um 1 größer. |

5 Betrachte die Wohnungszahlen bei [1] genau.

● bleibt gleich.

| Die linke Wohnungszahl | ● |

● wird immer um ⬜ kleiner.

| Die rechte Wohnungszahl | ● |

● wird immer um ⬜ größer.

● ist durch 4 teilbar.

6 Betrachte die Dachzahlen bei [1] genau.

● wird immer um ⬜ kleiner.

| Die Dachzahl | ● |

● wird immer um ⬜ größer.

● ist durch 4 teilbar.

7 Warum ändert sich die Dachzahl?

Die Dachzahl wird immer um   , weil

4.–6. Mehrfache Verbindungen möglich. Es bleiben Verbindungsstücke übrig.

Die mittlere Kellerzahl erforschen

S. 101

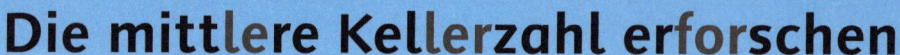

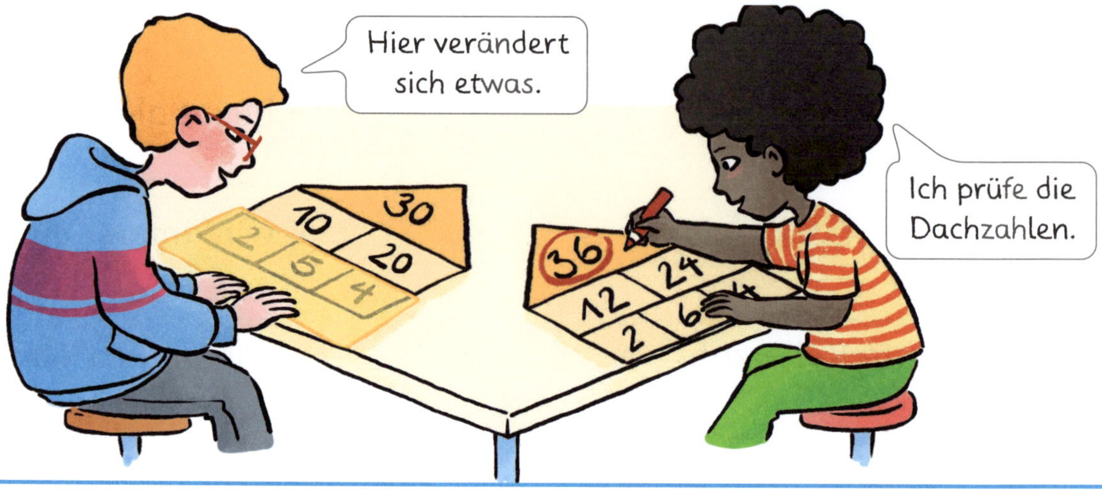

1

5	0	6
5	1	6
5	2	6
5	3	6
5	4	6
5	5	6
5	6	6
5	7	6
5	8	6
5	9	6
5	10	6

2 ✔ oder ✘?

Die äußeren Kellerzahlen bleiben gleich. ☐

Die mittlere Kellerzahl bleibt gleich. ☐

Die Dachzahl wird immer um 11 kleiner. ☐

Die Dachzahl wird immer um 11 größer. ☐

Die Summe der linken und rechten Kellerzahl ist immer 11. ☐

1. MPH ausrechnen. Veränderungen der Zahlen in den Zimmern beachten.
2. Aussagen zu den MPH aus Nr. 1 als richtig oder falsch markieren.

3 Die mittlere Kellerzahl verändert sich.
Erstelle deine eigene Häuserreihe.

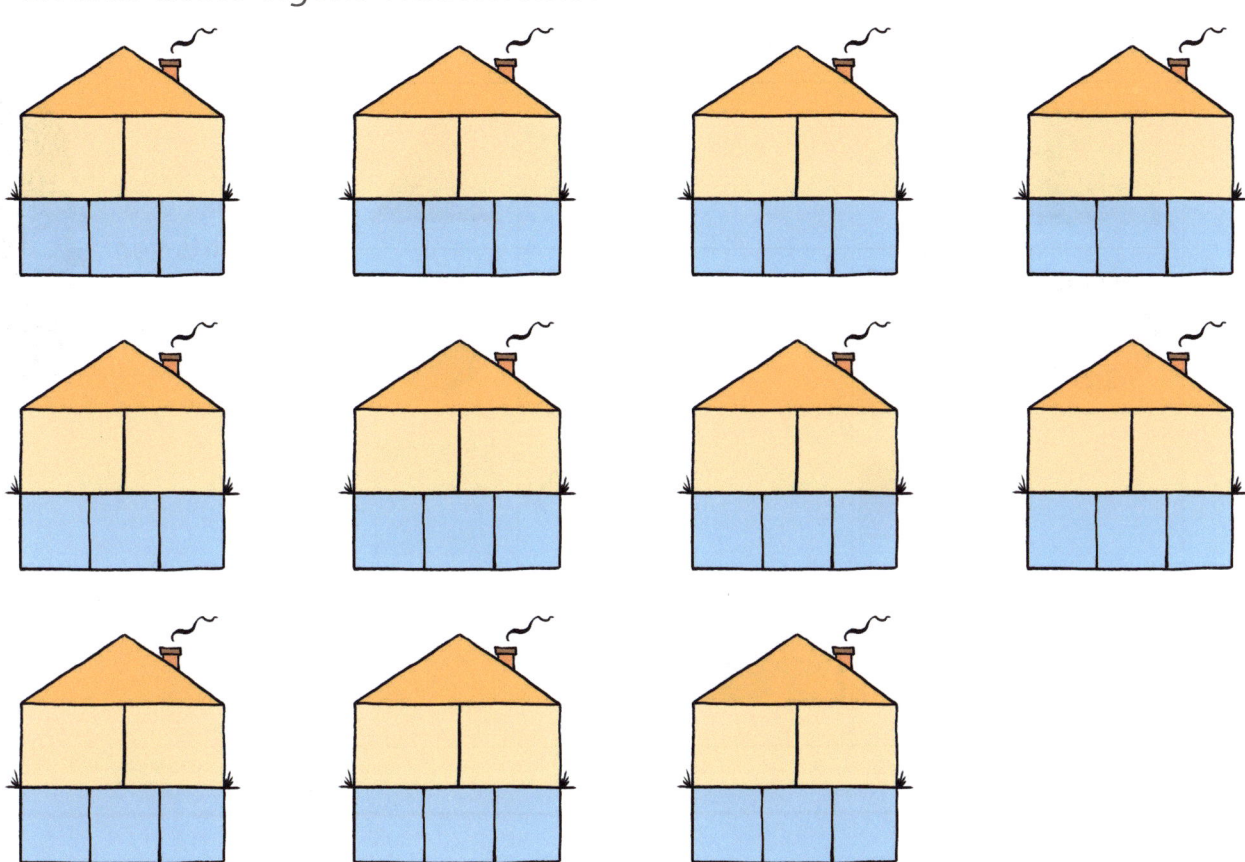

4 Wer kann aus den Zahlen die höchste Dachzahl erreichen?

---

3. Drei Ziffernkarten (0–9) ziehen und in ein MPH übertragen. Kind mit der höchsten Dachzahl erhält ein Plättchen. Das Kind mit den meisten Plättchen hat gewonnen.

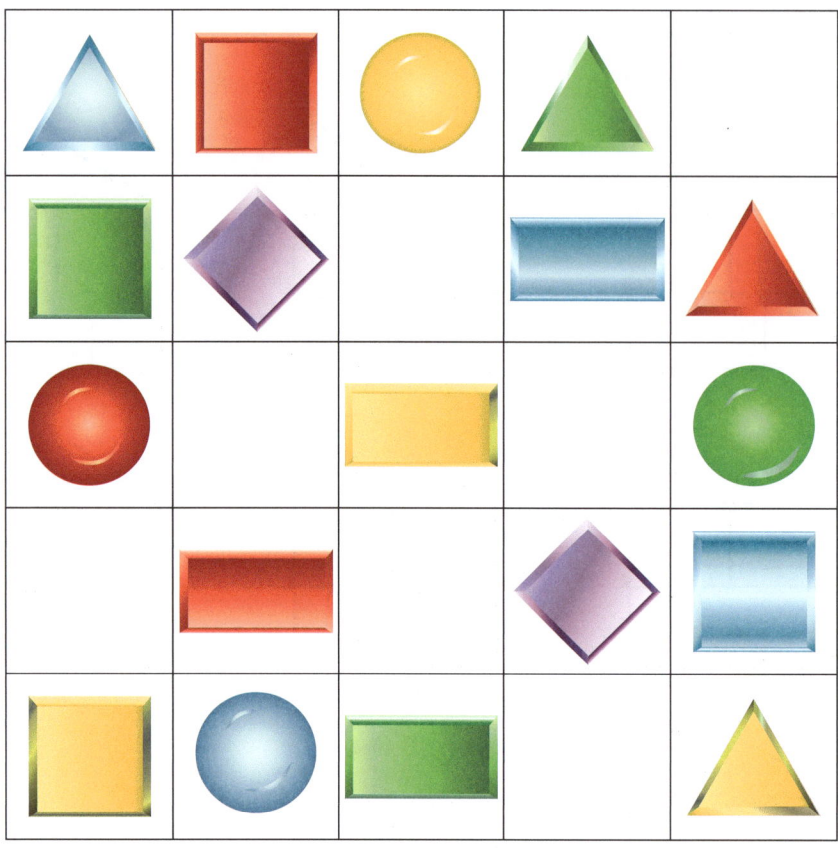

links von
rechts von
oben, über
unten, unter

1 Beschreibe den Plan.

liegt unter

2

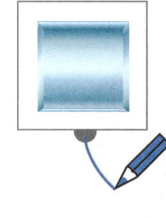   

 links von · über · unter · rechts von

1. Ggf. geometrische Formen wiederholen.
2. Zwei Elemente über die Positionsbeschreibung miteinander verbinden. Mehrere Lösungen möglich.

3

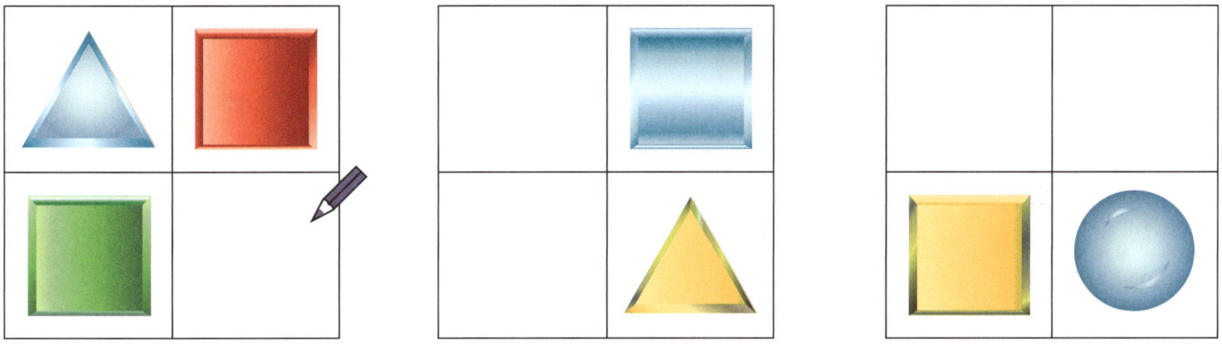

Unter

fehlt …

4 ✔ oder ✗ ?

🟩	ist unter	🔺	☐
🟢	ist links von	🟨	☐
🟦	ist rechts von	🔺	☐

🟥	ist rechts von	🔺	☐
🔵	ist links von	🟩	☐
🔺	ist über	🟦	☐

5

Das rote Dreieck ist links oben in der Ecke.
Rechts von dem roten Dreieck ist ein gelber Kreis.

3. Körper entsprechend des Planfeldes von S. 86 ergänzen.
4. ↑ Eigene Aussagen zum Spielplan schreiben und von einem Partnerkind überprüfen lassen.

"Wo kommt Robbi an?"

Befehl	Symbol
vor gehen	↑
nach links drehen	←
nach rechts drehen	↱

"So habe ich Robbi programmiert."

Start: 🟩 | ↑ | ↑ | ↱ | ↑ | ↑ |

1 Auf welchem Feld kommt Robbi an?

💬 [✏️]

2 Start: 🟩

| ↑ | ↑ | ↑ | ↑ | Ziel: [✏️] |

| ↑ | ↱ | ↑ | ↑ | Ziel: [ ] |

| ↑ | ↱ | ↑ | ↑ | ← | ↑ | Ziel: [ ] |

| ← | ↑ | ↱ | ↑ | ↑ | ↑ | Ziel: [ ] |

| ↑ | ← | ↑ | ↑ | ↱ | ↑ | ↑ | ↑ | Ziel: [ ] |

| ↱ | ↑ | ← | ↑ | ↑ | ↑ | ↱ | ↑ | Ziel: [ ] |

| ← | ← | ← | ← | ↱ | ↱ | ↱ | ↑ | Ziel: [ ] |

"Was passiert, wenn Robbi sich 4-mal in die gleiche Richtung dreht?"

Hinweis: Beim Drehen bleibt Robbi auf dem gleichen Feld stehen. Startperspektive: Robbi startet immer mit Blick nach oben (siehe Nasenspitze). **2.** ↓ SuS laufen Wege mit einer Spielfigur nach.

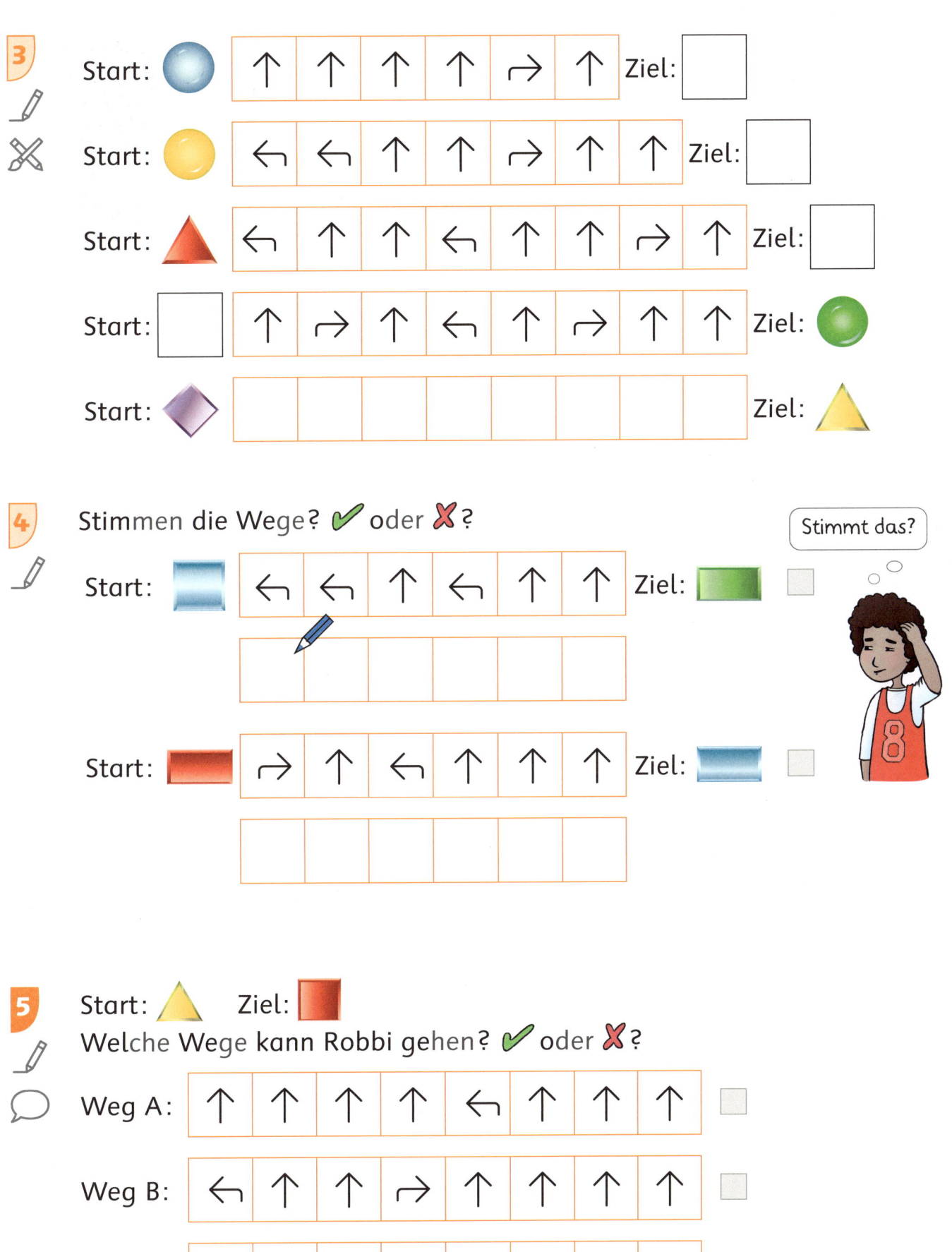

3 Start: ⬤ ↑ ↑ ↑ ↑ ↱ ↑ Ziel: ☐

Start: ⬤ ← ← ↑ ↑ ↱ ↑ ↑ Ziel: ☐

Start: ▲ ← ↑ ↑ ← ↑ ↑ ↱ ↑ Ziel: ☐

Start: ☐ ↑ ↱ ↑ ← ↑ ↱ ↑ ↑ Ziel: ⬤

Start: ◆ [ ][ ][ ][ ][ ][ ] Ziel: ▲

4 Stimmen die Wege? ✔ oder ✘ ?

Stimmt das?

Start: ▬ ← ← ↑ ← ↑ ↑ Ziel: ▬ ☐

[ ][ ][ ][ ][ ][ ]

Start: ▬ ↱ ↑ ← ↑ ↑ ↑ Ziel: ▬ ☐

[ ][ ][ ][ ][ ][ ]

5 Start: ▲ Ziel: ▮

Welche Wege kann Robbi gehen? ✔ oder ✘ ?

Weg A: ↑ ↑ ↑ ↑ ← ↑ ↑ ↑ ☐

Weg B: ← ↑ ↑ ↱ ↑ ↑ ↑ ↑ ☐

Weg C: ↑ ↑ ← ↑ ↑ ↱ ↑ ↑ ☐

---

3. Start bzw. Ziel ermitteln. Bei Start „lila Raute" gibt es 2 Möglichkeiten.
4. Fehler finden und in der Zeile darunter korrigieren. 5. ↑ Weitere Wege finden.

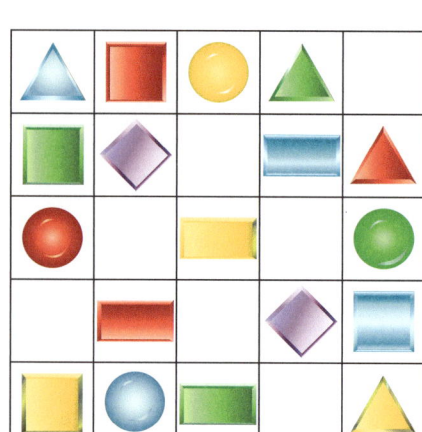

Befehl	Symbol
vor gehen	↑
nach links drehen	←
nach rechts drehen	→

Start: 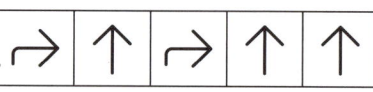 Ziel:

1

Start: ☐   Ziel: ☐

Start: ◯   Ziel: ▭

Start: ▭   Ziel: ◯

Start: ◯   Ziel: ◯

Start: ◇   Ziel: ◇

Start: ☐   Ziel: ▭

2

Start:    Ziel: ☐

Finde verschiedene Wege.

Weg A:

Weg B:

Weg C:

1. Eigene Wege finden. ↑ Weitere Start- und Zielpunkte wählen und eigene Wege finden.

3 Nutze möglichst wenig Befehle.

Start: ▲

Ziel: ▲

Robbis Weg:

Ziel: ▲

Robbis Weg:

Ziel: ●

Robbis Weg:

4 Start: ▬

Robbi erhält 4 Befehle. Welche Felder kann er erreichen?

Ziele:

Robbi erhält 5 Befehle. Welche Felder kann er erreichen?

Ziele:

5

Mit 5 Befehlen bin ich am Ziel.

Ich brauche nur 4 Befehle. Mein Weg ist kürzer.

5. Start und Ziel festlegen. Partnerkinder suchen jeweils einen Weg und legen/notieren diesen. Das Kind mit den wenigsten Befehlen gewinnt die Runde.

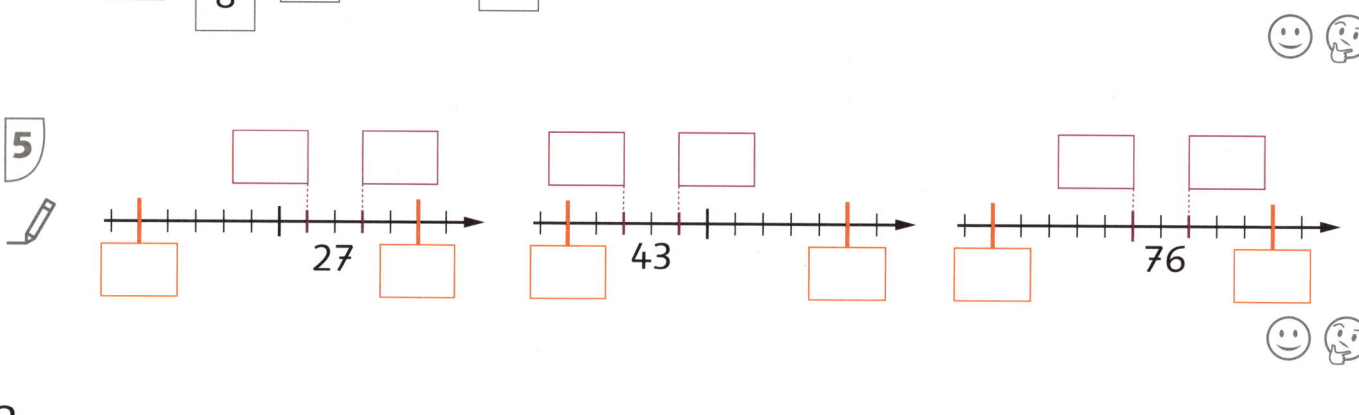

Zeig, was du kannst!

1

Z	E

Z	E

Z	E

☺ 🤔

2 15, 20, 25, **30** , ___ , ___ , ___ , ___ , ___ , ___ , ___ , ___

21, 24, 27, ___ , ___ , ___ , ___ , ___ , ___ , ___ , ___

37, 35, 33, ___ , ___ , ___ , ___ , ___ , ___ , ___ , ___

☺ 🤔

3

___ = 100   ___ = 100   ___ = 100   ___ = 100

☺ 🤔

4

17   65   56   81   34   71   ___ < ___ < ___ < ___ < ___ < ___

88   8   30   44   91   45   ___ < ___ < ___ < ___ < ___ < ___

☺ 🤔

5

___   27   ___   ___   43   ___   ___   76   ___

☺ 🤔

92

Zeig, was du kannst!

1

$67 + 2 = \boxed{}$ $51 + 8 = \boxed{}$ $34 + 3 = \boxed{}$

$\boxed{} = \boxed{}$ $\boxed{} = \boxed{}$ $\boxed{} = \boxed{}$

☺ 🤔

2

$86 + 7 = \boxed{}$ | $47 + 7 = \boxed{}$ | $37 + 6 = \boxed{}$

$\boxed{} = \boxed{}$ | $\boxed{} = \boxed{}$ | $\boxed{} = \boxed{}$

☺ 🤔

3 $\begin{array}{c} +/- \\ \hline 10 \end{array}$

$67 + 9 = \boxed{}$ $43 + 9 = \boxed{}$ $76 + 9 = \boxed{}$

$\boxed{} + \boxed{} = \boxed{}$ $\boxed{} + \boxed{} = \boxed{}$ $\boxed{} + \boxed{} = \boxed{}$

☺ 🤔

4 $\begin{array}{c} Z+Z \\ E+E \end{array}$

$15 + 63 = \boxed{}$ $34 + 17 = \boxed{}$ $26 + 55 = \boxed{}$

$\boxed{} + \boxed{} = \boxed{}$ $\boxed{} + \boxed{} = \boxed{}$ $\boxed{} + \boxed{} = \boxed{}$

$\boxed{} + \boxed{} = \boxed{}$ $\boxed{} + \boxed{} = \boxed{}$ $\boxed{} + \boxed{} = \boxed{}$

$\boxed{} + \boxed{} = \boxed{}$ $\boxed{} + \boxed{} = \boxed{}$ $\boxed{} + \boxed{} = \boxed{}$

☺ 🤔

5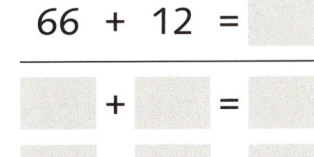

$66 + 12 = \boxed{}$ $44 + 37 = \boxed{}$ $28 + 54 = \boxed{}$

$\boxed{} + \boxed{} = \boxed{}$ $\boxed{} + \boxed{} = \boxed{}$ $\boxed{} + \boxed{} = \boxed{}$

$\boxed{} + \boxed{} = \boxed{}$ $\boxed{} + \boxed{} = \boxed{}$ $\boxed{} + \boxed{} = \boxed{}$

☺ 🤔

6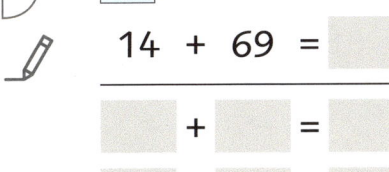

$14 + 69 = \boxed{}$ $59 + 15 = \boxed{}$ $49 + 13 = \boxed{}$

$\boxed{} + \boxed{} = \boxed{}$ $\boxed{} + \boxed{} = \boxed{}$ $\boxed{} + \boxed{} = \boxed{}$

$\boxed{} - \boxed{} = \boxed{}$ $\boxed{} - \boxed{} = \boxed{}$ $\boxed{} - \boxed{} = \boxed{}$

☺ 🤔

Zeig, was du kannst!

1

83 – 2 = ____   48 – 4 = ____   88 – 5 = ____

____ = ____   ____ = ____   ____ = ____

2

73 – 6 = ____ | 66 – 8 = ____ | 53 – 7 = ____

____ = ____ | ____ = ____ | ____ = ____

3 $\boxed{\begin{smallmatrix}+/-\\10\end{smallmatrix}}$

37 – 9 = ____   63 – 9 = ____   86 – 9 = ____

____ – ____ = ____   ____ – ____ = ____   ____ – ____ = ____

4 $\boxed{\begin{smallmatrix}Z-Z\\E-E\end{smallmatrix}}$

68 – 57 = ____   87 – 23 = ____   52 – 16 = ____

____ – ____ = ____   ____ – ____ = ____   ____ – ____ = ____

____ – ____ = ____   ____ – ____ = ____   ____ – ____ = ____

____ + ____ = ____   ____ + ____ = ____   ____ – ____ = ____

5

98 – 57 = ____   94 – 37 = ____   98 – 29 = ____

____ – ____ = ____   ____ – ____ = ____   ____ – ____ = ____

____ – ____ = ____   ____ – ____ = ____   ____ – ____ = ____

6

67 – 29 = ____   82 – 49 = ____   89 – 25 = ____

____ – ____ = ____   ____ – ____ = ____   ____ – ____ = ____

____ + ____ = ____   ____ + ____ = ____   ____ – ____ = ____

1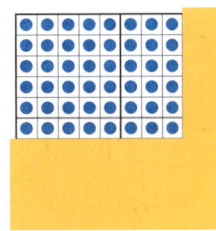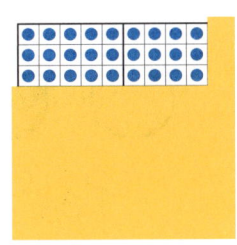

6 · 8 =

☺ 🤔

2 Quadrataufgaben lösen.

2 · 2 =   3 · 3 =   ___ · ___ =   ___ · ___ =

___ · ___ =   ___ · ___ =   ___ · ___ =   ___ · ___ =

☺ 🤔

3

Kernaufgabe	5 · 6 =	3 · 5 =	1 · 6 =
6 · 4 =	2 · 7 =	8 · 4 =	2 · 9 =
9 · 5 =	10 · 4 =	5 · 8 =	10 · 3 =

☺ 🤔

4 Welche Ergebnisse aus der Einmaleinsreihe mit 8 fehlen?

(8) (   ) (24) (   ) (   ) (48) (   ) (64) (   ) (   )

☺ 🤔

5 Einmaleinsreihe mit 7.

1	2	3	4	5	6	7	8	9	10
11	12	13	14	15	16	17	18	19	20
21	22	23	24	25	26	27	28	29	30
31	32	33	34	35	36	37	38	39	40
41	42	43	44	45	46	47	48	49	50
51	52	53	54	55	56	57	58	59	60
61	62	63	64	65	66	67	68	69	70
71	72	73	74	75	76	77	78	79	80

☺ 🤔

Zeig, was du kannst!

1

9 : ☐ = ☐   ☐ : ☐ = ☐

☺ 🤔

2

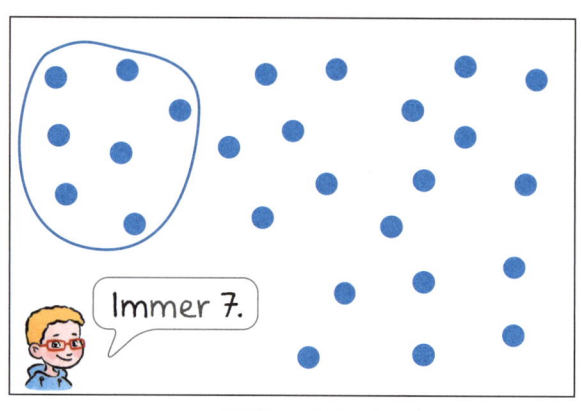

Immer 7.

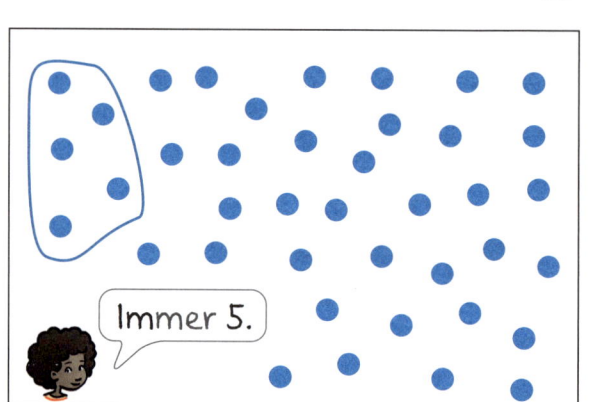

Immer 5.

26 : ☐ = ☐   ☐ : ☐ = ☐

☺ 🤔

3 Aufgabenfamilien. Immer 4 Aufgaben.

| 4 | 7 | 28 |

| 6 | 9 | 54 |

| 8 | 9 | 72 |

☐ · ☐ = ☐   ☐ ⬤ ☐ = ☐   ☐ ⬤ ☐ = ☐

☐ · ☐ = ☐   ☐ ⬤ ☐ = ☐   ☐ ⬤ ☐ = ☐

☐ : ☐ = ☐   ☐ ⬤ ☐ = ☐   ☐ ⬤ ☐ = ☐

☐ : ☐ = ☐   ☐ ⬤ ☐ = ☐   ☐ ⬤ ☐ = ☐

☺ 🤔

4 Quadrataufgaben umkehren.

4 · 4 = ☐   5 · 5 = ☐   7 · 7 = ☐

☐ : 4 = ☐   ☐ : ☐ = ☐   ☐ : ☐ = ☐

10 · 10 = ☐   2 · 2 = ☐   3 · 3 = ☐

☐ : ☐ = ☐   ☐ : ☐ = ☐   ☐ : ☐ = ☐

☺ 🤔

Zeig, was du kannst!

1 Im Kunstschrank waren 25 Kleber. Jetzt fehlen 9.

Frage:

Rechnung:

Antwort:

In der Mensa waren 95 Gabeln. Heute fehlen 26 Gabeln.

Frage:

Rechnung:

Antwort:

In der Trommel sind 27 Lose. Jedes Kind zieht 3 Lose.

Frage:

Rechnung:

Antwort:

Im Klassenraum stehen 5 Gruppentische mit je 4 Stühlen.

Frage:

Rechnung:

Antwort:

☺ 🤔

2

3	7	4

30
5	4

45
8	7

☺ 🤔

1 Zerlege die Fläche in 3 gleich große Teile.

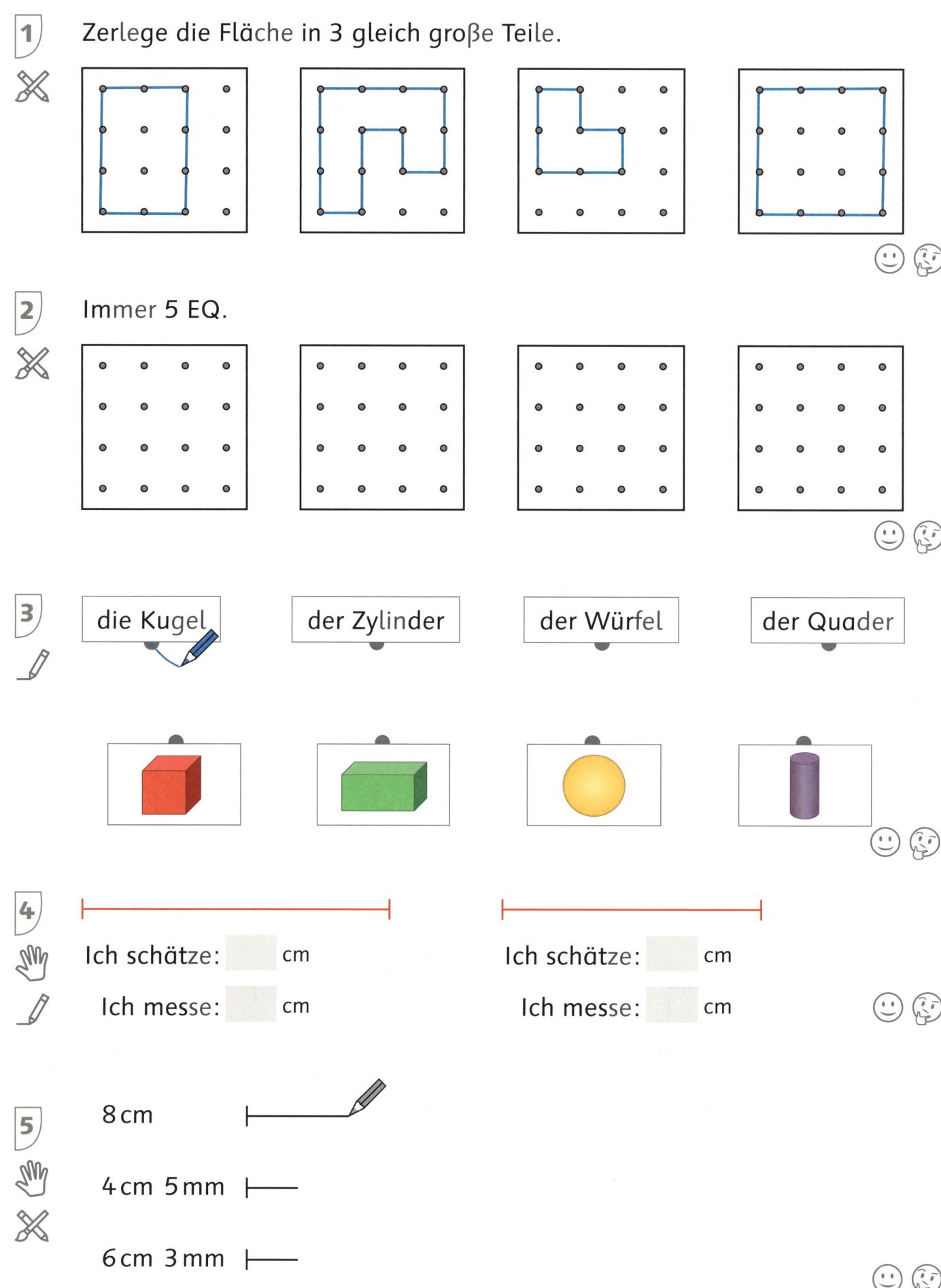

2 Immer 5 EQ.

3

die Kugel	der Zylinder	der Würfel	der Quader

4 Ich schätze: ___ cm   Ich schätze: ___ cm

Ich messe: ___ cm   Ich messe: ___ cm

5 8 cm

4 cm 5 mm

6 cm 3 mm

Zeig, was du kannst!

1 Wie viel Euro?

_____ €

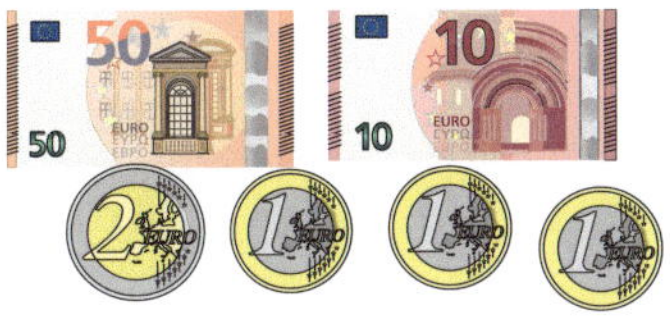

☺ 🤔

2 Wie viel Cent?

_____ ct

☺ 🤔

3 <, = oder >?

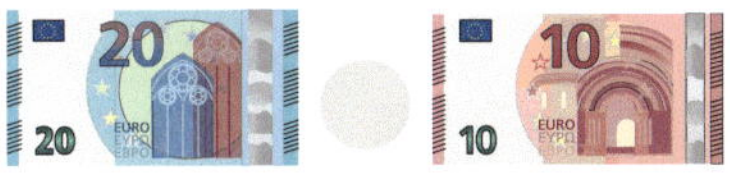

☺ 🤔

4

14:00   21:30   19:45   01:15

☺ 🤔

5

☺ 🤔

6
1.	4.	7. Juli	10.
2. Februar	5. Mai	8.	11. November
3. März	6.	9.	12.

☺ 🤔

99

1 Immer 100.

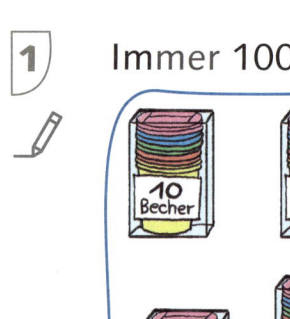

H	Z	E

H	Z	E

1. In Hundertern bündeln, Stellenwerttafel ausfüllen und Anzahl notieren.

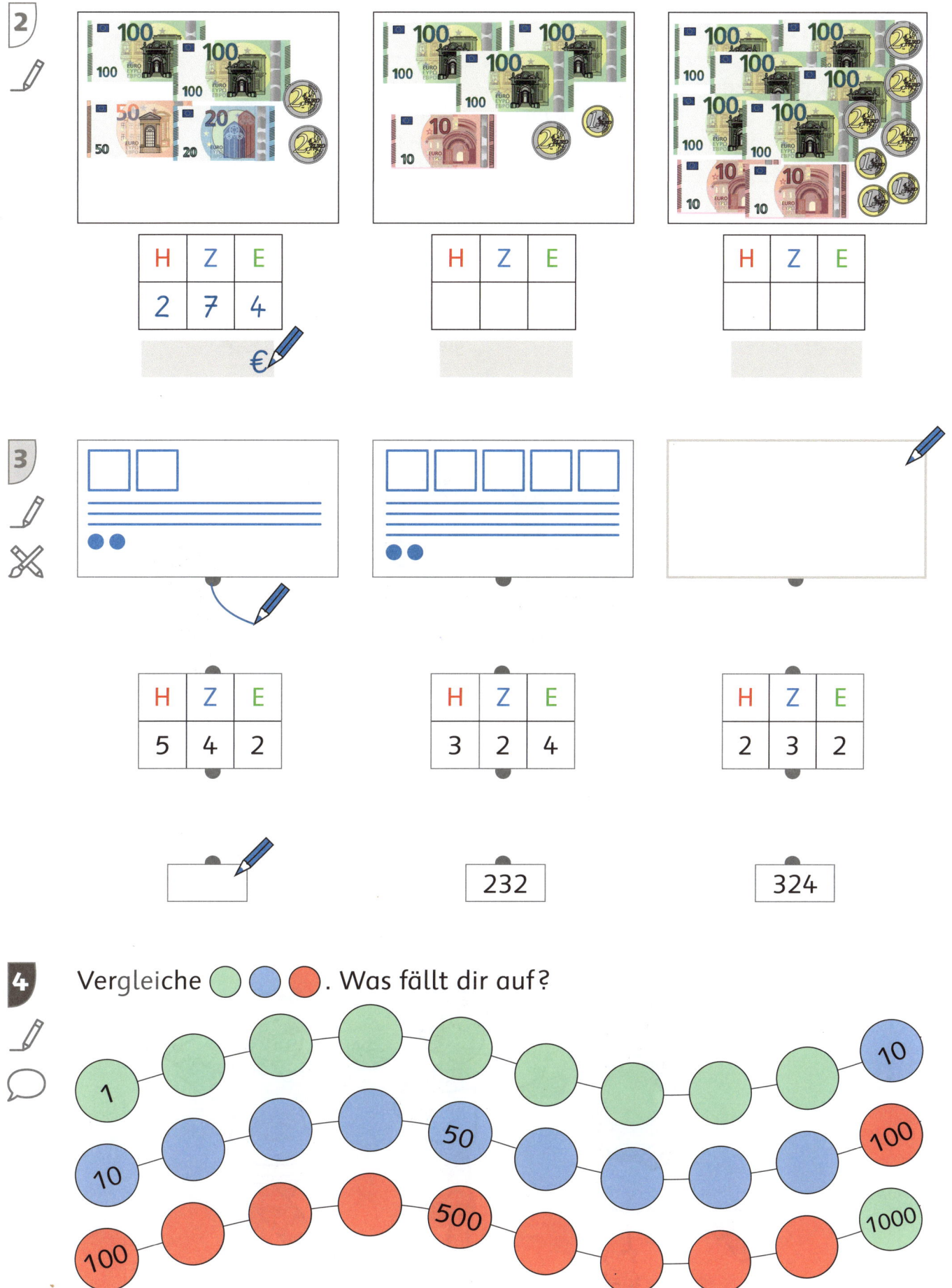

2

H	Z	E
2	7	4

€

H	Z	E

H	Z	E

3

H	Z	E
5	4	2

H	Z	E
3	2	4

H	Z	E
2	3	2

232

324

4 Vergleiche ⬤ ⬤ ⬤. Was fällt dir auf?

1 · 10 · 100 · 50 · 500 · 10 · 100 · 1000

3. Hinweis: Richtige Sprechweise thematisieren.
4. Struktur der Einer-, Zehner- und Hunderterzahlen vergleichen. Auffälligkeiten beschreiben.

101

Merkwissen

Die Multiplikation S.4

multiplizieren

$$4 \cdot 2 = 8$$

1. Faktor 2. Faktor   Produkt

1. Faktor mal 2. Faktor gleich Produkt.

Die Division S.32

dividieren

$$8 : 2 = 4$$

Dividend Divisor Quotient

Dividend durch Divisor gleich Quotient.

Aufgabenfamilien S.44

die Tauschaufgabe

die Umkehraufgabe

5   15   3

$$5 \cdot 3 = 15$$
$$3 \cdot 5 = 15$$

$$15 : 3 = 5$$
$$15 : 5 = 3$$

3 Zahlen, 4 Aufgaben.

Die Wahrscheinlichkeit S.52, 56

Sicher ✓ bedeutet, dass etwas auf jeden Fall passiert.

Möglich ? bedeutet, dass etwas passieren kann.

Unmöglich ✗ bedeutet, dass etwas nicht passieren kann.

Das Messinstrument

S. 62

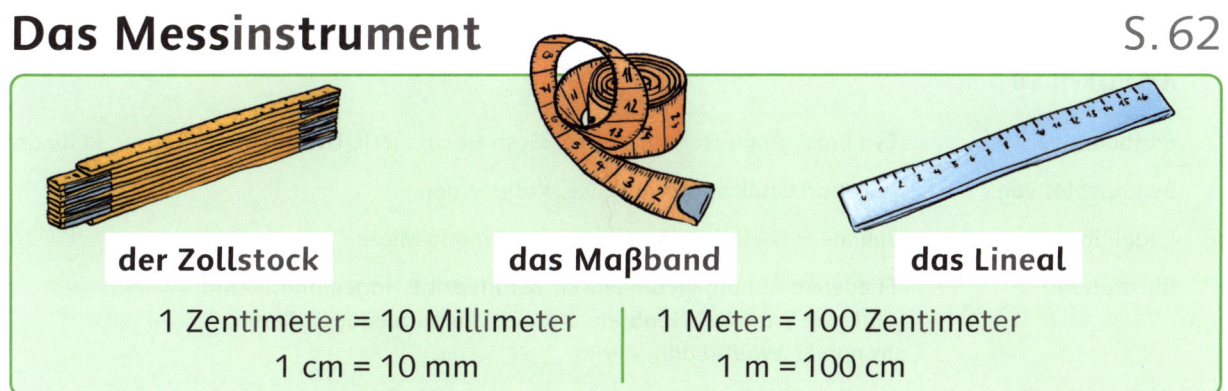

der Zollstock	das Maßband	das Lineal

1 Zentimeter = 10 Millimeter	1 Meter = 100 Zentimeter
1 cm = 10 mm	1 m = 100 cm

Die Rechengeschichte

S. 70, 74

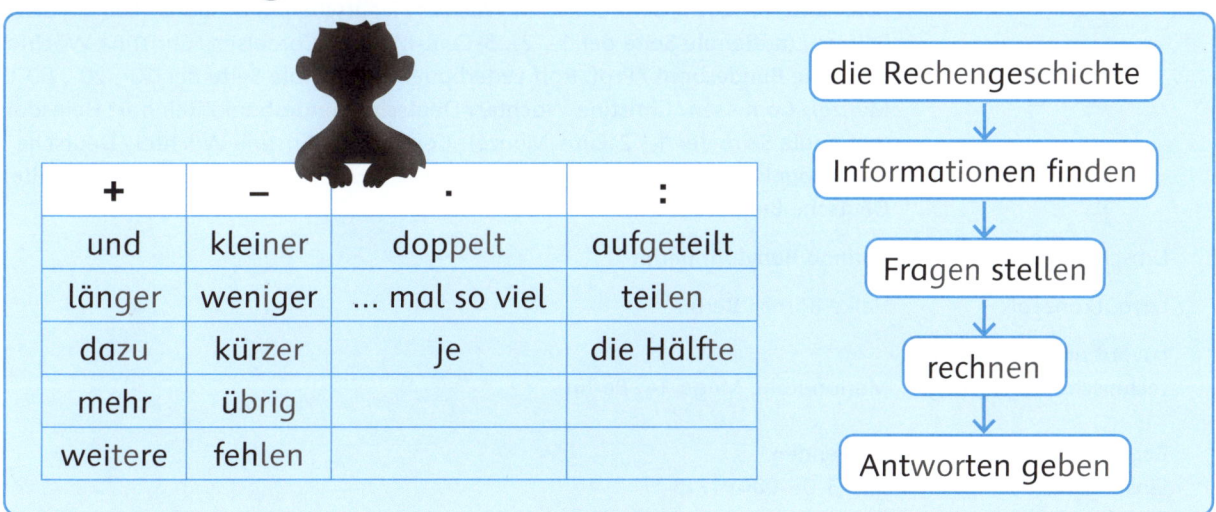

+	–	·	:
und	kleiner	doppelt	aufgeteilt
länger	weniger	... mal so viel	teilen
dazu	kürzer	je	die Hälfte
mehr	übrig		
weitere	fehlen		

die Rechengeschichte
↓
Informationen finden
↓
Fragen stellen
↓
rechnen
↓
Antworten geben

Das Mal-Plus-Haus

S. 76

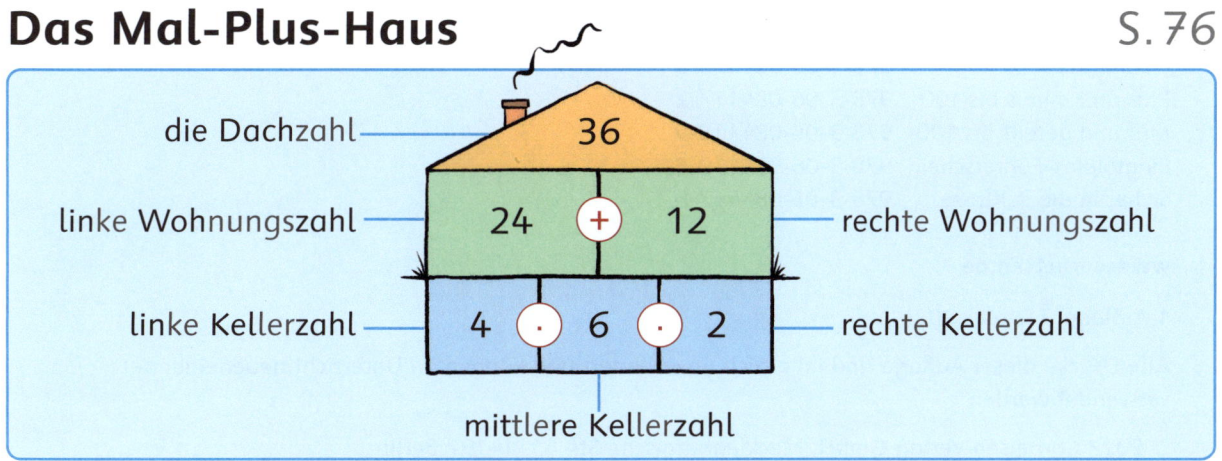

die Dachzahl — 36

linke Wohnungszahl — 24 (+) 12 — rechte Wohnungszahl

linke Kellerzahl — 4 (·) 6 (·) 2 — rechte Kellerzahl

mittlere Kellerzahl

Die Raumorientierung

S. 86

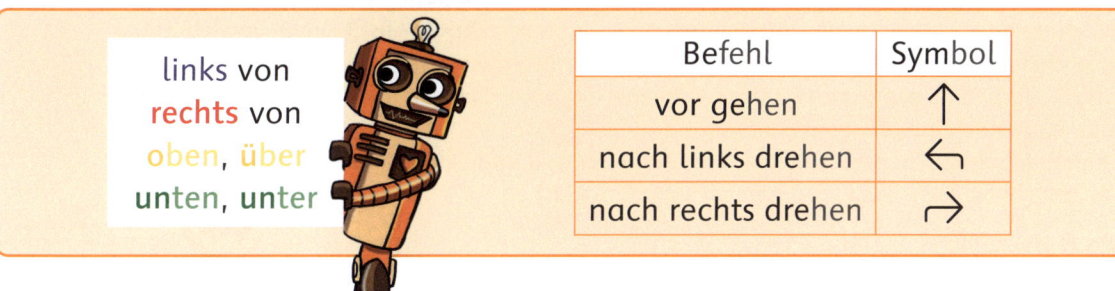

links von
rechts von
oben, über
unten, unter

Befehl	Symbol
vor gehen	↑
nach links drehen	←
nach rechts drehen	→

Nase vorn!

Mathematik

Arbeitsheft 2 B

Erarbeitet von:	Eva Brosi, Anna Harrich-Voßen, Gesa Hochscherff, Uwe Nienhaus, Anna Pöllinger
Begutachtet von:	Christian Grulich, Maria Kruse, Katja Simon
Redaktion:	Juliane Hasselbrink, Angela Lucke, Simone Micek
Illustration:	Friederike Ablang (Team Nase), Berlin, Antje Hagemann, Berlin, Christine Wächter (Geobrett, Körper, Würfelgebäude), Berlin, Josephine Wolff (Eddi), Berlin
Bildquellen:	S. 10, 94–97, 99, 107 sowie Kartonbeilage zu den Arbeitsheften (Euroscheine): Christine Wächter / Deutsche Bundesbank. S. 10, 94–97, 99, 107 sowie Kartonbeilage zu den Arbeitsheften (Wertseite aller Euromünzen): Cornelsen / Christine Wächter / Deutsche Bundesbank / Luc Luycx aus Belgien; (nationale Seite der 1-, 2-, 5-Cent-Münze): Cornelsen / Christine Wächter / Deutsche Bundesbank / Prof. Rolf Lederbogen; (nationale Seite der 10-, 20-, 50-Cent-Münze): Cornelsen / Christine Wächter / Deutsche Bundesbank / Reinhart Heinsdorff; (nationale Seite der 1-, 2-Euro-Münze): Cornelsen / Christine Wächter / Deutsche Bundesbank / Heinz Hoyer und Sneschana Russewa-Hoyer; (Euroscheine): Quelle: Deutsche Bundesbank
Umschlaggestaltung:	Corinna Babylon, Berlin
Layoutkonzept:	Heike Börner, Berlin
Layout und technische Umsetzung:	Marion Röhr, Mega 14, Berlin

Begleitmaterialien für die Lernenden

Einstiegsbuch	978-3-06-084947-5
BuchTaucher-App	978-3-06-084945-1
Sachrechnen	978-3-06-084185-1
Größen	978-3-06-084469-2
Geometrie	978-3-06-084470-8
Plus und minus bis 100	978-3-06-084117-2
Mal und geteilt bis 100	978-3-06-084118-9
Einmaleins-Führerschein	978-3-06-084119-6
Sicher in die 3. Klasse	978-3-06-084467-8

www.cornelsen.de

1. Auflage, 3. Druck 2024

Alle Drucke dieser Auflage sind inhaltlich unverändert und können im Unterricht nebeneinander verwendet werden.

© 2023 Cornelsen Verlag GmbH, Mecklenburgische Str. 53, 14197 Berlin

Druck: H. Heenemann, Berlin

ISBN 978-3-06084944-4

PEFC zertifiziert
Dieses Produkt stammt aus nachhaltig bewirtschafteten Wäldern und kontrollierten Quellen.
www.pefc.de
PEFC/04-31-1156